苏霍姆林斯基
教育经典

МУДРОСТЬ РОДИТЕЛЬСКОЙ ЛЮБВИ

给父母的
建议

［苏］**苏霍姆林斯基** 著

罗亦超 译

长江出版传媒
长江文艺出版社

图书在版编目（ＣＩＰ）数据

给父母的建议 / （苏）苏霍姆林斯基著 ；
罗亦超译.-- 武汉 ：长江文艺出版社， 2021.4
（大教育书系）
ISBN 978-7-5702-1050-3

Ⅰ.①给… Ⅱ.①苏… ②罗… Ⅲ.①家庭教育
Ⅳ.①G78

中国版本图书馆 CIP 数据核字(2019)第 092520 号

责任编辑：秦文苑　　　　　　　　责任校对：毛　娟
装帧设计：柒拾叁号　　　　　　　责任印制：邱　莉　　王光兴

出版：长江出版传媒 | 长江文艺出版社
地址：武汉市雄楚大街 268 号　　　　邮编：430070
发行：长江文艺出版社
http://www.cjlap.com
印刷：武汉市首壹印务有限公司

开本：720 毫米×970 毫米　　　1/16　印张：19.125　　插页：1 页
版次：2021 年 4 月第 1 版　　　　2021 年 4 月第 1 次印刷
字数：236 千字

定价：39.80 元

代前言

苏霍姆林斯基教育思想在
中国的传播及其现实意义

　　苏霍姆林斯基是乌克兰著名的教育家，虽然在苏联早已闻名于世，但是在中国，直到改革开放以后才被介绍进来。最先介绍他的事迹和教育思想的是北京师范大学外国教育研究所，即现在的国际与比较教育研究所。1981 年该所连续翻译出版了苏霍姆林斯基的《要相信孩子》《把整颗心献给孩子》《给教师的一百条建议》，后来又翻译出版了《帕夫雷什中学》。几乎与此同时，华东师范大学外国教育研究所的杜殿坤教授翻译出版了《给教师的建议》一书。苏霍姆林斯基的教育思想一经在中国传播就受到教育界的广泛重视，一时间在中小学校教师中掀起了学习苏霍姆林斯基教育思想的热潮。25 年来虽然国外各种教育思想像潮水般地涌入中国，但中国中小学教师仍然念念不忘苏霍姆林斯基。这是因为苏霍姆林斯基的教育思想具有普适性、先进性、丰富性，是符合教育的普遍规律、符合儿童的成长规律的。他懂得儿童的心，能用自己的满腔热情灌浇儿童的心灵。他的事迹，只要是教师，看了无不为之感动。

　　苏霍姆林斯基教育思想的核心是人道主义。相信人，相信每一个孩子是他的教育信条。1960 年他写了一本书，就叫《要相信人》，中国翻译过来的时候，因为当时正在批判人本主义、人道主义，因此把它译为《要相信孩子》。其实他的原意是不仅要相信孩子，而且要相信人。他教育学生要关心人。他说："我认为，对人漠不关心是最不能容忍、最危险的一种缺点。"他又说："我们内心中应当对人，对他身上的良好开端具有无限的信心。"这有点像我国古代孟子的心善说，认为每个人生下来是善的。至于社会上还有坏人，那是因为没有受到良好的教育，再加上恶劣的环境的影响。教师应该相信纯洁无瑕的学生，这种信念是我们每个教育工作者都应该具备的。我国现在社会正处在转型时期，社会上各种思潮影响到青少年的思想，因此现在青少年的思想有点混乱，出现了不少问题。但是我们仍然坚信每一个孩子的天性是很纯洁的，都是要求上进的，都是可以教育的。只有有了这种信念，才能做好教育工作。我们把这种信念概括为"没有爱就没有教育"。爱学生这是教师最高的职业道德。这种爱不同于父母对孩子的爱，它是一种对教育事业的爱，对人民的爱，对民族的爱，是无私的爱，不求回报的爱。只有具有这种感情才能相信每一个孩子，才能把他们培养成才。

苏霍姆林斯基认为每个人身上都具有某些好的素质，教师要善于挖掘这些素质。他说："每一个儿童身上都蕴藏着某些尚未萌芽的素质。这些素质就像火花，要点燃它，就需要火星……教育最最重要的任务之一，就是不要让任何一颗心灵里的火药未被点燃，而要使一切天赋和才能都最充分地发挥出来。"我认为，任何学校，每一个教师都应该把这种思想作为自己的教育理念，作为自己教育行为的准则。

教师要相信学生，首先要让学生自己相信自己。为了建立孩子的自信心和自尊心，老师要特别注意自己的一言一行，不说损害学生自尊心的话，慎重地对待给学生的评价。

我国教育现实中绝大多数教师都是热爱学生的，但是也有一些教师对学生不那么热爱，有些教师只爱一部分学习好的、听话的学生。从而让有些学生受到伤害。如果我们把苏霍姆林斯基作为一面镜子拿来对照一下，我们就会发现有许多值得改进的地方。

我认为，教师热爱孩子要建立在信任和理解的基础上。教师要理解孩子的需要，理解孩子的想法，同时让孩子理解自己。教师对孩子的要求要让孩子理解，而不是强迫命令。这就需要教师和学生沟通，从而建立起互相信任、互相理解的关系。有了这样的师生关系，教育也就很容易了。

苏霍姆林斯基设计的教育目标是要培养人的和谐全面发展。什么叫和谐发展。他说："所谓和谐的教育，就是如何把人的活动的两种职能配合起来，使两者得到平衡：一种职能就是认识和理解客观世界，另一种职能就是人的自我表现，自己的内在本质的表现，自己的世界观、观点、信念、性格在积极的劳动中和创造中，以及在集体成员的相互关系中表现和显示。"又说："和谐的教育就是发现蕴藏在每个人内心的财富。……就是使每个人在他的天赋所及的一切领域中最充分地表现自己。人的充分表现，这就是社会的幸福，也是个人的幸福。"他的话语中充满了以人为本，以学生为本的精神。他说，每个教师都应该想一想，我们要把学生培养成什么样的人。我们培养的就是和谐的全面发展的人。在人的和谐发展中，苏霍姆林斯基特别强调要培养学生的精神生活。他认为，我们要培养的人，不只是有知识、有职业、会工作的庸庸碌碌的人，而是要培养大写的人，就是有高尚的精神生活，有理想、有性格、关心别人、关心集体的人。他说，我们时刻不能忘记："有一样东西是任何教学大纲和教科书，任何教学方法和教学方式都没有做出规定的，这就是儿童的幸福和精神生活。"他说："我认为教育的理想就在于使所有的儿童都成为幸福的人，使他们的心灵由于劳动的幸福而充满快乐。"要做到这一点，就需要把学校各方面的工作结合起来。

苏霍姆林斯基的和谐全面发展教育思想很值得我们今天来学习。我国十多年来一直在推进素质教育。所谓素质教育就是把提高每一个孩子的素质作为教育的目标。素质包括身体心理素质、思想道德素养、科学文化素养，具有创新精神和实践能力。各种素质中最具统率作用的是人的世界观、价值观等核心观念，也就是苏霍姆林斯基所说的精神生活。培养全面发展、和谐发展的人，就是要培养他们具有高尚的精神生活。要培养学生的精神生活，教师首先要有高尚的精神生活。我们有些老师起早贪黑，辛辛苦苦备课教学，但是脑子里想的是学生的学习成绩，眼睛盯着的是学生的分数，很少思考和关心学生的精神生活。这样的工作虽然辛苦，却缺乏方向，孩子将来能否成为有丰富的精神世界和创新能力的人，却要打个问号。

苏霍姆林斯基认为，学校里智育起着重要作用。但是，智育不等于简单地传递知识。学生获得知识是为了增长智慧、增长才干，以便于以后能创造性地工作，造福于人类，同时成为一个精神充实、文明幸福的人。苏霍姆林斯基说："对我这个教育者来说，一件必须的、复杂的、极其困难的工作，就是使年轻人深信：知识对你来说之所以必不可少，并不单单是为了你将来的职业，并不单单是为了你毕业以后考上大学，而首先是为了你能享受一个劳动者的丰富的精神生活；不管你是当教师还是当拖拉机手，你必须是一个文明的人，是你的子女的明智的和精神上无比丰富的教育者。"他认为，知识既是目的，又是手段。知识不是为了"储存"，而是为了"流通"。教师不只是让学生记住知识，而且要注意发展学生的精神世界。他意味深长地说："不要让上课、评分，成为人的精神生活的唯一的、吞没一切的活动领域。"我觉得这句话好像是直接针对我国当前的教育现实讲的。

这些话对我们也有很大的启发意义。我们现在的教育受到的升学压力越来越重。升学是重要的，是每个家长都期望的。但是如果从我国民族的长远利益来考虑，升学就不是唯一的，更重要的是要把我们的下一代培养成全面发展的，有高尚精神境界的，有创造能力的人才。这不仅对国家、对社会来说很重要，就是对每个人的发展、每个人将来的幸福生活也是至关重要的。教育的任务就是要促使学生和谐全面的发展，将来不仅能为社会作贡献，而且自己能够过上文明幸福的生活。因此，我们的老师不能只顾眼前考试的成绩，让上课和评分吞没一切。

培养学生的精神世界是道德教育的主要内容。他说："形象地说，道德是照亮全面发展的一切方面的光源，而同时又是人的个性的一个个别的特殊的方面。"他强调道德教育要从童年抓起。童年时代由谁来引路，周围世界中哪些东西进入了他的头脑和心灵，这些都决定着他今后将成为一个什么样的人。对祖国、对劳动、对长者、对同志的关系都应从孩子开始观察，开始认识，开始评价周围世界的时候就开始培养。

道德教育需要有自己的独立大纲，需要学校和老师精心设计。同时德育也离不开智育，要防止教学与教育脱节：即在传授那些本来可以培养高尚的心灵的知识时，不去触动学生的思想，不使知识转化为学生的信念。也就是说，道德教育要渗透到教学中。

结合当前我国新的课程改革，这个观点也是很有意义的。新课标强调三维目标，即知识与技能、过程与方法、情感态度与价值观。这三维目标是有机结合的。这和苏霍姆林斯基的观点不谋而合。

苏霍姆林斯基非常重视学生的个性的发展。他认为，学生都是具体的，没有抽象的学生。学生的禀赋、才能、爱好和特长是各不相同的，要让它们充分发展，就要提供良好的条件。他说，为什么经常在一年级就出现成绩不好，落后的学生呢？这就是因为在智力劳动领域中没有对孩子个别对待。他说："教学和教育的艺术和技艺就在于揭开每个儿童的力量和可能性。"他重视研究每一个学生。他在帕夫雷什中学担任校长23年，一直坚持不脱离教学，不脱离学生。他担任一门课的教师同时还兼任班主任，从一年级一直教到十年级学生毕业。23年中，经过他长期直接观察的学生达3700多人。他了解每一个学生的个性，注意培养他们的个性。他提出学校要达到三项具体要求：一是让每个学生都有一门特别喜爱的学科，鼓励他"超纲"；二是让每个学生都有一样入迷的课外制作活动；三是让每个学生都有他自己最爱读的书。他说："如果一个学生到十二三岁在这三方面还没有明显的倾向，教师就应当为他感到焦虑，必须设法在精神上对他施以强有力的影响，以防止他在集体中变成一个默默无闻，毫无长处的'灰溜溜的'人。"所以他非常重视培养学生的学习兴趣。

什么叫个性？就是一个人不类同于别人的思维品质、智能结构和人格品貌。个性的核心是创造性，创造就不是类同的。个性的发展首先源于兴趣。我曾经总结一条，就是"没有兴趣就没有学习"。学习是从兴趣开始的。教育要从小培养学生的学习兴趣，有了兴趣，他就会把学习当作快乐的事，就会以苦为乐，刻苦钻研。社会上任何一个成功者都是对自己的事业充满兴趣，同时执著追求，刻苦钻研。每一位诺贝尔奖获得者是这样，比尔•盖茨更是这样。因此，学校不是只给学生死的知识，更重要的是要培养学生对某门学科的兴趣，并使之成为他的爱好。这样的学生将来才能成为有个性，有创造能力的人才。所以苏霍姆林斯基说的，如果孩子在十二三岁还没有什么感兴趣的学科，还没有什么爱好，老师就应该为他感到焦虑，这句话有着深刻的含义，值得我们细细品味。

苏霍姆林斯基也非常重视美育、体育、劳动教育，把它们作为和谐发展的重要组成部分，它们之间是互相联系的，而最重要的都是为了培养学生丰富的精神世界，为了学生的幸福的生活。

以上我只是作了简要的介绍，我们可以看到，苏霍姆林斯基的教育思想具有丰富性、全面性、深刻性。所谓丰富性，表现在苏霍姆林斯基不仅在理论上论述了教育的规律、原则，而且身体力行，亲身实践，有着丰富的活生生的案例。他的理论不是苍白的，而是有血有肉，五彩缤纷的。所谓全面性，他几乎论述到了教育的各个方面：德育、智育、体育、美育、劳动教育都在他的视野之内，都有精辟的论述。所谓深刻性，就是他提出的每一个教育命题都有着深刻的哲理。他讲德智体美劳各育的任务不是孤立的，而是统一的，统一在培养学生的精神生活，和谐发展。他把人的价值放在教育的第一位。因此，我们学习苏霍姆林斯基的教育思想就不能就事论事，应该理解他的教育思想的精神实质，学习他的教育思想的精神。近些年来我国教育界引进了许多西方教育思想，大多是教学的技术层面的。例如建构主义理论、多元智能理论等，都是论述如何使学生在智力方面得到发展，如何主动地获取知识，却很少涉及学生的和谐全面的发展，尤其很少涉及学生精神世界的培养。因此我觉得今天我们有必要重新审视苏霍姆林斯基的教育思想的深刻意义。今天，我们提倡素质教育，就是要让学生和谐全面地发展。培养学生的高尚品质是核心，培养学生的创新精神和实践能力为重点。苏霍姆林斯基的教育思想不就非常切合我们的实际吗？我们要学习苏霍姆林斯基的教育思想，推广他的办学经验，明确教育目标，把提高学生素质，培养学生的精神生活放在重要位置。教育是一门科学，需要认真研究它的规律，遵循教育规律施教，就能事半功倍，取得较好的成绩。教育又是一门艺术，需要每个教师去创造，教师要根据学生不同的素材去创造出一个个具有鲜活个性的人才。

苏霍姆林斯基既是一名教育科学家，又是一名教育艺术家。他所创造的美丽的作品永远是我们的楷模。

北京师范大学比较教育研究中心

顾明远

译者的话

亲爱的读者，您手中这本《给父母的建议》，收集的是苏联著名教育家瓦·阿·苏霍姆林斯基（1918—1970 年）关于家庭教育的著述。

苏霍姆林斯基出生在乌克兰的一个农民家庭，十七岁时开始了自己的教师生涯，除了卫国战争时期在前线作战和身负重伤住院治疗的一年多时间，他始终没有脱离中小学校的实际工作。他在乌克兰一所普通的农村十年制学校——帕夫雷什中学工作 23 年，从 1948 年开始担任这个学校校长，一直到生命的最后一刻。

早在青年时代，苏霍姆林斯基就认定"学校工作是最有趣、最引人入胜的工作"。他把自己的一部著作命名为《我把整个心灵献给孩子》，他也确实把自己的心血和全部生活献给了地球上最光辉的事业——教育。

在苏霍姆林斯基眼里，教育是个整体，教育面对的是儿童完整的精神世界，没有也不可能有孤立的"智育""德育""劳动教育"……促进儿童个性全面和谐发展，为社会培养真正的人，是苏霍姆林斯基毕生为之奋斗的理想。苏霍姆林斯基长年坚持在学校实际工作中研究和检验教育理论，用他自己的话来说，他一生的教育劳动都充满了紧张的探索和思考。从五十年代中期起，苏霍姆林斯基就作为一个成熟的教育实践家和理论家活跃在苏联教育界，在国内外享有很高的声誉。他领导的帕夫雷什中学成为世界著名的实验学校，他的教育著作被誉为"先进教育经验的完整的总结"，是"活的教育学"和"学校生活的百科全书"。苏霍姆林斯基极为勤奋，在不算太长的一生中写了41本书，600多篇论文，1200篇供儿童阅读的故事和童话。他的著作被译成30余种文字在国内外发行，发行量达400万册。苏霍姆林斯基曾经两次获得列宁勋章，多次获得苏联奖章，1957年当选为俄联邦教育科学院通讯院士，1958年被授予乌克兰功勋教师称号，1968年被授予社会主义劳动英雄称号，同年当选为苏联教育科学院通讯院士。

在苏霍姆林斯基的眼里也没有孤立的学校教育。他把家庭教育比作树木的根须，供养着学校教育这棵大树的树干和枝叶。他坚信"家庭是滔滔大海上神奇的浪花，从这一朵朵浪花上能够飞溅出美好。如果家庭没有孕育人世间美好事物的神奇力量，学校所能做的，就永远只能是再教育了"。他说"学校教育的成果是建立在良好的家庭道德的基础上的"。因此，建立完备的"学校—家庭教育体系"，就成为苏霍姆林斯基实施全面发展教育的一个重要方面。他创办家长学校，向家长传授心理学和教育学的基本知识，和家长一起研究应该怎样为人父母，应该怎样教育孩子。他把家长组织起来，利用家长集体的力量，积极有效地开展学校教学教育活动。他把家长学校的工作看作学校领导必须去做的最重要的工作之一，他说"没有家长学校，就不会有真正的家庭—学校教育"。

苏霍姆林斯基认为，养育孩子是一种把理智、情感、智慧、能力融合在一起的复杂劳动，他说"没有什么比父母教育孩子更加需要智慧的了，我一生都在努力探求这种智慧"。这本《给父母的建议》，就是苏霍姆林斯基长期探求的结果。这是一本关于家庭、婚姻道德修养和子女教育的书，是一本精辟生动的"家庭教育学"。在这本书里，作者会告诉您青年人应该怎样对待爱情和婚姻，应该怎样为建立家庭、教育子女做好精神、道德的准备；会告诉您教育孩子是一种需要付出全部精力的崇高事业，把自己的孩子培养成好公民、好劳动者、好的父亲和母亲，也是您对社会的贡献，也同样能向社会证实您的价值；他会告诉您，家人间的相互关心和尊重是最具有教育力量的精神财富，夫妻相亲相爱、相互忠诚是最有利于孩子成长的教育气氛；他会告诉您怎样积极而谨慎地使用家长的权利，怎样使自己在孩子的心目中变得高大，怎样使孩子心灵的琴弦变得敏锐，只要轻轻拨动，就能和父母产生共鸣；他会告诉您怎样爱孩子才能使他真正幸福，怎样教育孩子才能使他懂得回报父母和社会；他还会告诉您应该怎样启发孩子的智力，怎样保护孩子心灵的纯洁，怎样让他懂得珍惜自己的尊严和人格……

您在读这本书的时候，不会碰到枯燥、晦涩、让人望而却步的"理论"，也不会听到教育家教师爷般装腔作势的说教。不会。这是谈话，是作者与家长、儿女及所有读者的倾心交谈。它说的是现实生活中家长教育子女的痛苦和欢乐、教训和经验。它热情洋溢，富有诗意，既有精辟的理论概括，又有生动具体、令人信服的典型事例，还穿插着许多富有教育意义的有趣传说和故事。译者相信，无论您已经是孩子的父母，还是正沉浸在恋爱幸福之中的青年男女；无论您是幼儿园或中小学、大学的教师，还是研究机构的教育科研人员，读一读这本《给父母的建议》，都一定会有所收益。相信您在读这本书的时候，会像译者一样，被作者的热情、坦诚、睿智和人格所吸引、所感动，会随着作者感人肺腑的谈话，反思自己在爱情生活、家庭生活和子女教育中的对错与得失。

读者面前的这个中译本，是根据莫斯科青年近卫军出版社 1988 年出版的俄文本翻译的。1992 年夏天，译者在基辅拜会苏霍姆林斯基的夫人阿·伊·苏霍姆林斯卡娅和女儿奥·瓦·苏霍姆林斯卡娅，她们把这本书送给译者作为纪念。现在她们授权长江文艺出版社出版它的中译本，借这个机会，译者向她们致以深深的敬意和衷心的祝福！

限于译者的水平，译文中难免有谬误不当的地方，在此恳请读者批评指教。

罗亦超

2014 年 5 月于鹏城雅居

目　录 | CONTENTS

第一辑

家长教育学

不是所有的人都要成为物理学家、化学家，但是所有的人都会成为父亲、母亲、丈夫、妻子。家庭教育学的意义正在于此。

前　言

亲爱的母亲、父亲们：

　　最近两年我收到了你们寄来的数千封信。我不能一一回复，但是不回信也是不可能的。每当我打开放着许多母亲、父亲们来信的文件夹，我就仿佛触摸到了一颗颗完全裸露的心。这一页页薄薄的信纸，承载了那么多的痛苦、悲伤和忧愁。就是在今天，邮局又送来了九封信，读着读着，我心中充满了别人的痛苦。不，不能说这些痛苦是别人的。如果读了这些信后无动于衷，如果不做点什么事情帮助他们每一个人，那么谁来帮助他们呢？

　　在一些信里，我看到最让母亲不安的，是儿子或者女儿的某些表现违背了父母的期望，于是家庭生活蒙上了阴影。"我的儿子上三年级，"新西伯利亚的一位母亲写道，"上学之前他就学会了读书和写字，一年级时还是一个优等生。但是我发现，这孩子对学习越来越没有兴趣，三分也好，五分也好，他都无所谓。这是怎么回事？为什么成了这个样子？不仅我家的孩子，据别的家长说，他们的孩子也是这样。我们该怎样培养孩子的学习兴趣？怎样做才能使孩子喜爱读书，甚至到废寝忘食的程度呢？我认识一个这样的少年。"

　　"我们该拿十三岁的儿子怎么办呢？"伏尔日斯克的一位父亲写道，"他曾经是个安静、听话、温顺的孩子，可是，突然无缘无故地——就像老人们说的，好像被谁用毒眼看坏了——变得粗野、蛮横、和我们的劝诫对着干。怎么办？如果听任孩子身上的坏毛病继续发展，将会出现怎样的后果？"

在第三封信里我看到的，已经不是担忧，而是痛苦和绝望。"我只有一个儿子，"顿涅茨克的一位母亲在信中说，"前不久他还在九年级读书。我把全部心血和整个生命都给了他。我放弃了个人的幸福，放弃了自己的一切，为的是全心全意照顾他，不让他感到任何缺憾，成为一个幸福的人。但是巨大的不幸却突然向我袭来。有一天，儿子回家对我说：'我已经三天没去上学，我再也不上学了。要是你强迫我，我就离开这个家……'我哭着劝说他，不料儿子却怒气冲冲地对我说：'我去工作，去挣钱，把你在我身上花的钱全都还给你，从今以后我再也不想认你这个母亲了！'他为什么要这样侮辱我？他的话就像一把尖刀扎在了我的心上。我怎么会落得这样的下场？要知道，我活着只是为了他呀……"

在这些信中我看到了各种各样的事例，它们都重复着同样的悲剧，这就是孩子们不再相信善良和仁慈，他们的心变得粗野、冷酷……于是母亲们发出了同样的哀号："怎么办？"

不仅仅是写信，一些母亲还带着自己的苦恼，从许多城市来到我这里。我们的交谈很不轻松，但是非常坦诚，和那些直言不讳的来信一样。和她们的谈话使我确信：我们的社会，无论是父母，还是将要建立家庭的年轻人，都需要一本家庭教育学，需要一本关于家庭、关于婚姻道德修养、关于孩子教育的书，它应该成为每个公民案头必备的书。家长教育学要在专门的家长学校学习。应该把培养人的科学看作最重要的科学。

社会教育是从家庭开始的。形象地说，家庭教育好比树木的根须，供养着教育的树干、枝叶和花果。学校教育的成果是建立在良好的家庭道德基础上的。

很久了，大约有三十多年，我每天都要和家长接触。无论是个别交谈，还是在家长学校的课堂，家长提出的最尖锐、最急迫的问题，就是："怎么做？"——怎样教育孩子？怎样使对孩子的爱与严格要求协调起来？怎样才能给孩子幸福？没有什么比父母教育孩子更加需要智慧的了。我一生都在努力探求这种智慧。你手中的这本薄薄的《家长教育学》就是我长期思索的结果。它可能只是那种父母必备的家庭教育学中的一页，这也很好。但愿它能为家长的智慧宝库增添一点点财富，真是这样，作者将会感到莫大的幸福。

1. 重要的是，从小就培养孩子 为人父母的责任感

不是所有的人都要成为物理学家、化学家，但是所有的人都会成为父亲、母亲、丈夫、妻子。

母亲领着女儿来到学校。

这位母亲……与十年前相比几乎没有变化。那时，她走向考桌，抽出题签，不经准备就通过了考试——她出色地回答了所有的历史问题，然后是文学、数学、化学、物理，她都回答得同样出色。她是学校的骄傲。许多年过去了，如今她做了母亲，带着女儿来学前班报名。我想知道她的一些情况，她好像猜出了我的心思，说道：

"我在大学学习了两年，成绩很好，但是命运却捉弄了我。我出嫁了。由于丈夫工作的原因，我们经常搬家，我只好退学。半年以后我和丈夫分了手。和别人谈起这件事情，别人要么是同情地默不作声，要么是找些什么话来安慰我。同情也好，安慰也好，我都不需要，现在我只是非常怨恨那些在我少年时代教育过我的人。"

她叹了口气，不再说话。我感觉到，她气恼的，也正是多年来一直困扰我、让我不安的问题。于是我便问她："您有哪些抱屈的事情？"

"没有学会生活。要知道，我和丈夫分手，既不是因为相互失望，也不是

因为人们常说的性格不合。不是的，我们只是不会生活。我们不会做丈夫和妻子——我不会，他也不会。我们不会相亲相爱，而爱一个人是需要很大技巧的。我们简直想象不出夫妻之爱是什么样子，从来没有人给我们讲这个，甚至连尝试着讲一下都没有。我们没有学会相互尊重，不会体察身边的人，不善于相互忍让。我们也不善于用理智驾驭感情，不善于珍惜生活。啊，珍惜生活，这该有多么重要啊！"

我和这位年轻母亲做了一次长谈。这次谈话永远留在了我的记忆中，留在了我的心里。就是现在，在我着手写这本《家长教育学》的时候，我还在想，这本书的第一页究竟在哪里？连第一页都没有，就好像不打地基，却要建造大厦一样，太糟糕了。可不是吗？我们的学校确实没有教给学生最主要的东西——学会生活。我们教了几乎所有的东西，我们的学生知道许多有益的、必须知道的知识（当然也有一些不很有用的知识），例如太阳由哪些物质组成，一立方厘米的星际空间有多少个原子，《汉穆拉比法典》有些什么条文，什么叫作引力……可是应该怎样准备未来的家庭生活，怎样做妻子和丈夫，怎样做自己孩子的父母，他们却一无所知。教师也好，家长也好，我们都没有思考生活中最重要、每个公民都应该懂得的学问——和人相处的学问。形象一点说，我们忘记了，人在刚出世时还不能称之为人，需要把他培养成人。人，一旦学会了思考，有了情感，就会急急奔向那口被称为人类幸福之泉的井。每个人都渴望幸福，但远远不是每个人都会想到用自己的劳动继续挖掘这口幸福之井，发现新的幸福源泉。应该从小就教育孩子为了别人的幸福寻找新的源泉——可是遗憾得很，在我们的教育中至今没有这样的课程。

假如有一位教师打算利用八年级或九年级的教育谈话课，和学生们谈谈"年轻家庭中的夫妻关系"这个话题，他一定会被当作一个怪人。然而，和年轻人讨论这个问题，要比讨论亚西利亚王陵墓或者银河系的中心重要得多。

您肯定也觉察到了这种情况：在高年级课堂，只要一谈到爱情、婚姻、生养孩子（我说的是文学课，大纲内容涉及，避不开的），少男少女们就会窃窃私语，脸上的笑容也变得诡秘起来。这就像一面镜子，让我看到学生对人生重大问题和自己未来生活的轻率态度。我认为理想的情景是这样的：在谈到爱情、婚姻、生养孩子的时候，人——无论是小孩子、儿童还是少年——都应该像一个有教养的人看到有千年历史的艺术古迹一样，产生一种激情。我们年长一辈应该善于和儿童少年谈论爱情、婚姻、生育、忠贞这些人类美好、伟大的事情，也应该善于和他们谈论死亡和心中的记忆。在学会和孩子一起谈论和思考这些问题之前，我们不可能培养出他们纯洁的心灵和美好的情感。对人世间美好事物一无所知，总有一天会让我们的孩子痛苦、流泪。

在最近十年里，我分析了二百对年轻夫妇离异的原因，发现其中一百八十九对都是因为不能相互理解而导致婚姻破裂的。他们步入了婚姻的殿堂，却对夫妻关系中复杂、奥妙的学问一无所知，而这恰恰是婚后生活所必需的。谁也不曾给他们讲过这些，因此他们也就不知道，结婚意味着年复一年、日复一日地在一个屋子里过日子；婚姻不是几个钟头的幽会，而是终身的厮守；婚姻生活是巨大得无与伦比的创作，是紧张的精神劳动，需要很高的精神素养。孩子们需要精神准备，需要一所使他们聪明的学校。

然而，无论多么令人惊奇，这样的学校我们确实没有，家长教育学因之缺少了第一页。于是，一些年轻人结了婚，却对生儿育女毫无精神和道义的准备，面对家庭生活，就像一字不识的文盲面对着一堆哲学难题，手足无措。生活要求我们为中学高年级的小伙子和姑娘们开设有关家庭、婚姻、子女的课程。这门课应该由精神富有、道德高尚的人来讲授。要用让人信服的事例在未来的父亲、母亲面前揭示一个真理：结婚意味着从此你要时时刻刻用思想、心灵、情感去关爱人，先是关爱丈夫或者妻子，然后是关爱自己的孩子。生活上的事情，乍一看，好像简单得很，其实很复杂，很微妙，需要用心灵和智慧去细细体会。做好这件事情需要父母和教师具有很高的智慧。如果我们真的能让孩子们看到生活中复杂的、需要用心对待的一面，就能帮助他们变得成熟、谨慎，像现在这样许多年轻人轻率地对待生活的事情就不会发生。

　　如果委托我来为高年级最重要的课程"家庭，婚姻，爱情，子女"编写教学大纲，我会把人应该如何对待自己的欲望摆在第一位。因为，什么叫善于过婚姻生活，什么叫善于和身边的人相爱、相知、相互尊重？这首先就是善于驾驭自己的欲望，善于为了家庭、父母和孩子的幸福放弃自己的一部分欲望，善于限制自己的欲望。这个世界为人类愿望之花开得兴盛灿烂提供了广阔的天地，但是，只有那些能够主宰自己欲望的人才是真正幸福的人。亲爱的父亲、母亲们，请记住这句话，用它来教育您的孩子！您看，忙着离婚的，首先是那些利己主义者，那些个人至上者。在这些年轻人眼里，自己的欲望高于一切。亲爱的父亲、母亲们，在我们传授给子女的各种学识才智中，最核心的一页，是"怎样使年轻家庭中夫妻的欲望协调起来"。在讲解这一页时，我们应该分析年轻家庭可能发生的各种情况；要用能够启迪思考的事例阐明：人的欲望怎样产生；哪些欲望可以满足和在什么条件下满足，而哪些欲望应该受到遏制；怎样使自己的欲望服从全家人的共同利益。我可没有夸大其词：不会做丈夫和妻子的年轻父母，常常像孩子一样显得软弱无能、没有经验；很遗憾，我们也只能像帮助孩子那样去帮助他们；这些成年的孩子去生养孩子，巨大的痛苦就会来临，对社会、对他们的子女都是灾难——因为，在道德和精神方面，他们自己也只是个没有发育成熟的孩子。

　　告诉您一个小秘密："家庭，婚姻，爱情，子女"这门课其实是有的，就在我们学校。已经好几年了，我们教少男、少女怎样做好婚姻和家庭生活的精神准备；告诉他们，哪些知识、修养是处理人际关系所必需的；应该怎样教育自己未来的孩子。毫无疑问，在教学计划没有安排的情况下，讲授这门非常重要的课不是一件轻松的事。但是无论多么困难也要讲，因为这门课程和数学、物理、化学同样重要，甚至更加重要。不是所有的人都要成为物理学家、化学家，但是所有的人都会成为父亲、母亲、丈夫、妻子。想想看，不是这样吗？

　　但愿您不要以为我在贬低数学和其他自然学科的作用。很清楚，没有这些知识，甚至都不能跨进科学的大门。但是，关于人的知识毕竟更重要些。所以，倘若不是今天，那就是明天，关于人和人的关系的文化修养课，一定会在教学计划中占据最重要的位置——因为我们毕竟是生活在人的社会。

亲爱的父亲、母亲们，教育自己的孩子做好为人父母的道德准备吧！

什么是为人父母的道德准备呢？责任感，责任感，再说一遍，还是责任感！一个人总是要为他人负责的，人的本性在责任中表现得最为鲜明。要营造一种人人承担责任的环境氛围，应该在这种环境气氛中教育我们的孩子，使他们无愧于"人"这个崇高的称号。

2. 父母的公民义务和道德责任

　　世界上的职业、专业有几十、几百种：有人修路，有人盖房，有人种地，有人行医，还有人在纺纱织布……但是有一种最包罗万象、最复杂、最高尚的工作，所有的人都在做，但在每个家庭又各有特色，绝不雷同——这就是造就人。

　　父爱和母爱很难用言语表达清楚，只有等到自己也做了父亲或母亲，才能真正理解它们。我还记得在我们学校发生的一个激动人心的故事。一对年轻夫妇——一位男教师和一位女教师——结婚很久没有孩子。他和她等候了十年，企盼着做父母的幸福。他们已经没有什么信心了。可是您瞧，年轻的妻子终于怀孕了！在教员室里，她含着眼泪高兴地讲了这件事，先是讲给女教师，女教师又很快把喜讯传给男教师。大家非常高兴，纷纷祝贺他们。当年轻的父亲把妻子和儿子接回家时，他是多么幸福、激动啊！他抱着儿子来到了学校，想对大家说些什么，却禁不住哭了起来。他努力让自己平静下来，说："从听到孩子哭声的那一刻起，我就感到自己完全变成了另外一个人。这个娃娃像是从我心里分出的一块，这种感觉，就好像他是我的第二颗心脏，第二条生命。"他又说，现在，教室和课堂里的孩子在他眼里也完全变了样子，"每一个孩子的痛苦，都变成了我自己的痛苦。"

　　父亲、母亲们，让我们仔细想一想这些话语吧——孩子是我们心中分出的一部分。人是创造者，对他们来说，没有什么比做父亲或母亲更高尚、更伟大的了。与你骨肉相连的婴儿开始呼吸，慢慢地睁开眼睛，看着世界；从这一刻起，你就把巨大的责任放在了自己的肩上。你看孩子的每一个瞬间，你也在看你自己；你教育孩子，你也在教育你自己，在检验自己的人格。

　　世界上的职业、专业有几十、几百种：有人修路，有人盖房，有人种地，有人行医，还有人在纺纱织布……但是有一种最包罗万象、最复杂、最高尚的工作，所有的人都在做，但在每个家庭又各有特色，绝不雷同——这就是造就人。

　　这项工作的特点是，人在其中可以寻找到无可比拟的幸福。父亲、母亲在延续人类的同时，也在儿童身上复制着自己。这种复制行为的自觉程度，取决于父母对人类、对孩子未来的道德责任感。我们把这种复制称作教育，它的每一个瞬间都在创造未来，都在为着未来。

　　在这项工作中，社会教育和家庭内父母个人的教育不可分割地交织在了一起。我认为，人类幸福的和谐就在于社会教育和家庭教育的有机融合。

　　如果您想身后给社会留下点什么，那也不是非做著名作家、学者、宇宙飞船的发明者、元素周期表上新元素的发现人不可。教育好自己的孩子，把他们培养成好公民、好劳动者、好的儿子、女儿和好的父母，也同样能向社会证实您的价值。

　　造就人是一项高度紧张，需要付出全部精力的事业，它需要生活的智慧，也需要技巧和艺术。孩子不仅仅是幸福的源泉，更重要的，孩子本身就是幸福，是您辛勤劳动创造出的幸福。记住这些吧，你这位惴惴不安、等着和亲爱的人约会时刻到来的年轻人；还有你，身边摇篮中的婴儿已经学会咿咿呀呀唱歌的年轻父亲；当然还有您，已生华发、家庭生活的欢乐和愁苦使您变得睿智的孩子的父亲、自己孙子的爷爷。请记住，为人父母的幸福不是天上掉下来的，它也不会因为你们——年轻小伙儿和姑娘——刚刚办完喜事，成了丈夫和妻子而光临。它艰难，饱经痛苦——这就是幸福。幸福只会走向那些不畏惧单调和艰辛，长年忘我劳动的人们。养育孩子的劳动是复杂的：它是理智和情感，智慧、爱情和能力的融合；眼前的幸福使你陶醉，孩子的未来又使你惶恐。哪里失去了做父母的聪颖和才能，哪里的幸福就会变成幻影。

我想起了一段痛苦的往事。在我们区住着一个善良的人，一位大家景仰、敬重的优秀联合收割机手、劳动勋章获得者。他的照片经常见报。有一次，甚至路边的橱窗里也摆上了伊万·菲利波维奇的大幅相片，上面写着："我们学习的榜样！"伊万·菲利波维奇有个儿子，也叫伊万。父母疼爱这唯一的孩子，但爱得没有理智。他们满足伊万西克（儿子的爱称）一切刁钻古怪的要求，小宝贝（双亲这样称呼都快十四岁的儿子）要什么就买什么。儿子沐浴在父亲荣誉的光环中，没有经受过任何磨难。孩子就这样长大，成了一个游手好闲的人。对他来说，一切都来得太容易。但是，在童年、少年时代幸福和欢乐来得越是容易，成年以后真正的幸福就越少。这是教育的一个规律，亲爱的父亲、母亲们！老师几次约请伊万·菲利波维奇，但他总说没有时间，不是要到集体农庄管委会开会，就是要到区里交流经验，或者是到邻近的集体农庄检查社会主义竞赛合同。不幸的事情终于发生：有一天，伊万打伤了班上的女同学，伤得不轻，不得不请来医生。学校派人去找父亲，告诉他："快，伊万·菲利波维奇，快去学校，你儿子出了不幸的事！""什么不幸的事？"父亲惊惶地问。来人把事情说了一遍，父亲松了一口气，说："我还以为什么大不了的事儿呢……我现在没空，我要出席突击手代表大会。"

晚上，伊万·菲利波维奇还是被请到了学校。听完教师焦虑不安的叙述，他一句话没说，回家把儿子痛打了一顿。他发泄着自己的愤怒，吼道："别再让我去学校了！"就在第二天，伊万西克跑到野地抓了两把烂泥，涂抹在报纸上父亲的眼睛里。伊万·菲利波维奇明白了，教育是要对人的理性和心灵做细致的工作……明白了，但是晚了。这个生活中的真实故事确实值得我们深思，它对那些儿子还睡在摇篮中，或者女儿正在待嫁的父母也是很有意义的。

不久前我收到乌拉尔一位优秀工人的来信。他写道："我获得了政府勋章，大家都来祝贺，屋子里一片欢乐。而我那十二岁的儿子、五年级学生，却是这样祝贺我的——他离家出走了……这些日子对我来说简直太可怕了。我反复思量我做过的事情，我是怎样生活的。我终于得出结论：儿子没错，是我错了。我不了解他的心事，我唯一的功劳好像就是生下了他。我没有让他享受过一点童年的欢乐。只要儿子在学校有点什么过错，我就狠狠打他，儿子因此而恨我。瞧，现在我就像站在了十字路口：勋章、荣誉、同志们的尊敬……但是，如果最重要的东西丢失了，这些对我还有什么意义呢？"

请认真想一想这些用泪水写成的字字句句吧！无论您在生产岗位的责任多么重大，无论您的工作多么复杂、多么富于创造性，您都要记住：在您家里，还有更重要、更复杂、更细致的工作在等着您，这就是教育孩子。这不仅是您最重要、最必需、最刻不容缓的工作，也是我们社会的要求，因为世界上最可宝贵的，就是人。尊敬的父亲、母亲们，我们每个人都应该清楚，不受教育、学识浅薄、在道德方面一无所知的人，就如同发动机已经损坏的飞机，一旦飞上天空，不仅自毁无疑，还会给别人带来灾难。

如果学校约请，您就去，可以和单位商量请假。我们这里已经有十几个集体农庄这么做了：如果家庭在教育孩子方面遇到麻烦，父亲可以请两周假。毕竟，孩子道德无知和不学无术给社会的危害，比起给父亲两周时间（当然，没有工资）去认真思考孩子的教育，检查自己的过失所造成的损失要大一千倍。

有一次，我问一位严格执行给失败父亲放假制度的农庄主席："这样做，经济损失大吗？值得吗？"主席回答说："没有直接的损失，不得不为教育孩子请假的父亲是不拿工资的。间接的损失倒是有——整个农庄全年大约损失一百卢布。不过，社会损失一百卢布，总比社会丢掉一个人要好得多吧！"

3. 看看自己的精神世界

　　　　教育孩子需要付出特殊的力量，这就是精神力量。我
们用爱——父母之间的爱，用对人的尊严和人性美的执着
信念去塑造人。

　　据报道，在莫斯科每个月都有几千对新人办喜事，这真是太好了。真希望每一个步入婚姻的人，都能检查一下自己是不是做好了教育孩子的准备。

　　"怎么，要是没有准备好，就不结婚了？"一个未来的父亲这样问我。

　　当然不是。在结婚这个人生中非常短暂的时刻，不能提出如此苛刻的要求。自我教育是一生的事情，在一生中都起重要作用。只有坚持自我教育的人，才是一个真正有教养的人。

　　关注自己的内心生活，看看自己的精神世界，对于你，一个年轻人来说，从你产生结婚念头的那一刻起，就变得格外重要，因为婚姻和教育子女，本来就是同一朵鲜花上的两片花瓣。记住，未来的父亲，再过几天就要把妻子送进产房的年轻人：做父亲的快乐好似园丁，年复一年，废寝忘食，呵护幼苗免遭严寒和酷暑的侵袭，但是他最终还是看到了自己辛勤劳动的果实。

　　教育孩子需要付出特殊的力量，这就是精神力量。我们用爱——父母之间的爱，用对人的尊严和人性美的执着信念去塑造人。出色的孩子，总是生长在父母彼此真诚相爱中，也真诚热爱、尊重别人的家庭。这些人家的孩子

我一眼就能辨认出来。这些孩子心境平和，心灵健康，听从教导，真心相信人世的美好。语言教诲和美的熏陶这些影响人心灵的教育手段对他们很起作用。

检查一下自己，年轻人，问问自己：你爱别人吗？你能为他们献出自己的精神力量吗？如果不能，家庭教育学就是一纸空文。要记住，孩子最先是从你对妻子真诚的爱中受到教育的。而真正的爱，就要付出，要投入，要把另一个人看作是你要为之谋幸福的许多人中的一个。一个好的丈夫用爱为自己的家庭创造幸福。就像太阳的光和热能使玫瑰盛开一样，父亲的爱也能使孩子的品德变得高尚。

爱妻子，就要尊重她、珍惜她、宠爱她，不要羞于使用这些字眼。要用你的智慧和心相信妻子是世上最好的女人，因为她是你的妻子，是你孩子的母亲。

尊敬的父亲们，这些话在你看来或许有些古怪。你可能会问："这些和教育孩子有什么关系？"有关系，有直接的关系，因为夫妻间的爱情、信任、忠诚和帮助，是使父母智慧之树常青的营养源泉。

因此，请你，明天的父亲，检查一下自己是否有足够的精神力量从事这并不轻松的劳动——用整个的一生来爱自己的妻子。

那么应该怎样检查自己，怎样去爱呢？有一种危险的东西，这就是心灵的麻木。检查一下自己内心有没有这种罪恶的种子，如果有，就赶紧扔掉它，不要让它萌发。心灵麻木的人对人漠不关心。你走在繁华的大街上，在熙熙攘攘的人群中看到一双与众不同、绝望惶恐的眼睛；你的眼睛从这双眼睛扫过，内心却没有产生丝毫的不安；你没有觉察到在你面前有一个痛苦的人，也可能，他整个的精神世界正在崩溃。如果是这样，就说明你已经有了心灵麻木的初期症状。要战胜这种疾病，要关注周围发生的一切，要学会观察人和体贴人。记住，在你周围的世界中，最重要的就是人！人有多个方面，非常复杂，每个人都有自己的欢乐和痛苦。如果不在心灵麻木症还处于萌芽状态时就战胜它，你就不会把自己的妻子作为一个人来体察和呵护，你就不会去爱她，不会努力地帮助她更加完美和高尚，这样，你也就不会教育好自己的孩子。

4. 什么使你在孩子的心目中变得高大

我们做父母的，最重要的，是用自己的行为教育影响孩子，这是我们应该永远记住的。

家庭是社会的细胞，家庭成员之间有着多个方面的关系——经济的、道德的、精神—心理的和审美的。

让我们看看一个家庭的命运。年轻的农艺师尼古拉·彼得罗维奇和国营畜牧场的女工玛丽娅开始了自己快乐、幸福的家庭生活。大家帮助这对年轻人盖起了一座石屋。男主人在屋旁的空地盖上蜂房，种上葡萄，他还弄到罕见的良种苹果苗和梨树苗栽种在这里。石屋、果园、葡萄园连成一片，成了一个静谧宜人的小天地。但是这个家庭的气氛却显得有些沉闷。一年年过去了，男主人变得越来越贪婪、吝啬。他在宅院四周围起高高的栅栏。为了防止有人偷摘果子和鲜花，从早春到晚秋，他天天都在园子里过夜。园子里收获的所有东西都送到了自由市场，妻子请求给家人留下一点，可男主人毫不理会。为了赚更多的钱，他在住宅旁边挖地窖，搭板棚，添置电灌设备，还在园子深处建起温室，培植早熟的西红柿和鲜花。

尼古拉·彼得罗维奇和玛丽娅有个独生女儿奥克萨娜，父亲从来都不允许女儿邀请小伙伴来家玩耍。中学毕业后，奥克萨娜在乳制品厂工作，和一个农机手相爱。有一次，姑娘偷偷带着小伙儿来到白雪覆盖的果园，进到温室，给他摘了几枝鲜花。不料父亲突然闯了进来，怒气冲冲，一把夺过鲜花，把它扯得稀烂……

"我再也不会踏进这个可恶的家门！"奥克萨娜伤心地说，"您，父亲，总是粗暴地践踏我们所有的人的感情，是您让我的童年没有一点欢乐，您是一个冷酷无情的人！"

奥克萨娜离开了双亲。几年以后，母亲也搬到女儿那里，家里只剩下了尼古拉·彼得罗维奇孤身一人与自己的"宝贝"终日相伴。建立在贪婪基础上的幸福，就这样变成了害人的魔鬼和毒药。

财物，只有在它能给人带来幸福时，才是财富。尊敬的父母们，在营建自己幸福之巢的时候，千万要记住这句话。我们社会的最高准则是一切为了人，一切为了人的幸福。这不是什么空洞的道理，它是我们处理和子女、父母、亲人相互关系的准则，是命运把我们这些人聚在了一起。

有一次，一位五年级学生的家长对我抱怨说："我该对儿子怎么办呢？他变得不听话、撒谎、逃避干活。就在前不久，他不参加少先队义务植树活动，跑去踢球，却对人说生病了。"最使父亲不安的是，儿子只为自己活着，冷漠无情，他想些什么也让人捉摸不透。

听完他的抱怨，我说："请原谅我的坦率：您这个父亲自己做得怎样？""还行！"他答道。"是吗？那您的母亲怎么孤独地住在一间小屋子里？为什么您让她和自己的儿孙分开？您母亲的屋子只有一扇窗子，还是破的，难道您没看见？您这个样子，还指望儿子是个集体主义者！您在他面前高谈集体主义、国家利益，他能听吗？要知道，参天大树需要纤纤细根提供养料，孩子的爱国之情也是这样。让你的儿子为祖母送去刚刚摘下的苹果和鲜花，端上一杯新鲜的泉水，为老人摆正床头的枕头。这些点滴的小事，就是滋养爱国之情这棵参天大树的纤纤细根。"

为了别人的幸福，努力播种耕耘吧！孩子能从您的劳动中看到您生命的崇高意义，这样，您就会在他的心目中变得高大。

我们再来看看另外一个完全不同的家庭。

镇上来了一位年轻教师，刚刚大学毕业，他去畜牧场讲课时结识了一位美丽的姑娘。姑娘对他讲述了自己的命运：父亲在前线牺牲，母亲病重，自己五年级就退学来到畜牧场工作。年轻教师爱上了姑娘，请求姑娘嫁给他。姑娘坚决地拒绝了："您大学毕业，而我……"年轻人没有退却，没有放弃自己心爱的姑娘。三年里，他一直教她读书。在漫长的冬夜，他们一起学习到深夜。姑娘聪明又勤奋，通过了中学毕业考试，又考进了医学院，直到这时，她才同意嫁给了他。毕业后姑娘成了医生，现在夫妇二人养育着五个孩子，生活十分幸福。他们的孩子勤劳、友善、热诚，体贴父母，关心别人。特别引人注目的是，这对幸运父母的孩子都自觉地不让父母为自己痛苦、惊恐和忧愁。孩子们的这些良好品德，是父母用自己多年心血浇灌而成的。多少年来，夫妇俩相互关心，相互忠诚，也无微不至地关心和帮助别人。我们做父母的，最重要的，是用自己的行为教育影响孩子，这是我们应该永远记住的。

5. 珍惜孩子心中对高尚、美好和坚毅的信念

孩子就是这样，从母亲和父亲——从母亲怎样对待父亲，父亲怎样对待母亲开始，逐渐认识人的世界。孩子正是由此形成了关于善恶的最初的观念和概念。

世界展现在了孩子面前，从中他认识了许多新的东西。射进房间的阳光，"胖娃娃伊瓦西卡"的故事，色彩斑斓的蝴蝶，远处地平线上的森林，白云飘动的天空，甚至老奶奶头上的苍苍白发……所有这一切都使他感到新鲜，使他激动不已。然而，在孩子面前还有另外一个世界，这就是人的世界。孩子最初是从母亲温柔的微笑，甜蜜的摇篮曲，慈爱的目光和温暖的双手开始认识这个世界的。如果世界也像母亲一样关注孩子的心灵，如果孩子在自己生命旅途中遇到的一切都像母亲一样慈祥和温暖，世界上就不会有任何痛苦、罪恶和悲剧。

孩子就是这样，从母亲和父亲——从母亲怎样对待父亲，父亲怎样对待母亲开始，逐渐认识人的世界。孩子正是由此形成了关于善恶的最初的观念和概念。

在一个有教养的家庭里，父母关系融洽，志同道合，能很好地理解对方的话语、思想和观点，就连极为细小的情绪变化都能彼此察觉。他们慷慨，友善，相互尊重，相互支持。父母展现在孩子面前的这一切，都使他确信人

间的美好，使他心境平和，心胸坦荡，使他能毫不妥协地面对一切不道德、反社会的丑恶现象。假如这个信念破灭，悲哀和痛苦就会闯入儿童的心灵。对于家庭、学校和社会的道德完美来说，没有什么比儿童因为信念破灭而痛苦不幸更加危险的事情。

说到这里，我想起了可怜的小尼古拉·普罗霍连科。只要听到"儿童苦难"这个词，他的身影就会浮现在我的眼前。小尼古拉找到弃家而走的父亲，用充满痛楚和哀求的眼光注视着他："爸爸，你什么时候回家？我多么盼望你回家啊……"九岁以前，在尼古拉眼里，父母的关系还是好好的。父亲常常帮着妈妈干家务，晚上就和儿子一起，坐在桌旁画鸟，画兽，画各种各样稀奇古怪、想象出来的东西。父亲是司机，到了夏天就带着儿子去附近旅行。那时的科利亚（尼古拉的小名）是多么的快乐啊！

可是突然之间，一切都改变了。妈妈、爸爸成了陌生人，连吃饭都低垂着眼睑，谁也不看谁。最可怕的事情终于发生：爸爸再也不回家了。妈妈说："现在我们家里没有父亲了。"这话如五雷轰顶，给了小科利亚重重一击。

在学校，教育这类孩子是一件难上加难的事情。这些孩子不仅需要教师，还需要治疗心灵创伤的医生，需要救命的人。这些孩子不再相信高尚、完美和坚毅，必须花费许多心血才能走近他们，使他们重新树立起对善良人性的信心。

科利亚的遭遇不是偶然的。那些不想或者不能攀上道德情操高峰的家长们，正在不断地播撒着不幸，收获着罪恶。

也有这样的情况：孩子没有失去向善的信念，但是却变得不听规劝，哪怕是金玉良言也听不进去。这时，尊敬的家长们，你就要反省一下自己，看看你们的夫妻关系是不是在什么地方出现了裂痕。要知道，最初这些裂痕非常细微，不易察觉。家庭生活的道路不会总是平坦，在精神—心理和道德—审美上可能出现一些很小的坑坑洼洼，例如：应该终身相依的夫妻彼此冷漠，相互怨恨，因为相互厌烦而在精神上相互排斥。

　　夫妻要共同保护自己的家庭顺利渡过这些坎坷，要善于为家庭生活创造最高尚、最珍贵的财富——相亲相爱。只有这样，家庭才能营造出最有利于孩子成长的教育气氛。

6. 珍惜人的爱的情感

　　　　　　　人的爱是一股巨大的教育力量。谁用自己的生活为爱
　　　　的宝库增添财富，谁就能在教育自己的同时也教育孩子。

　　要爱护、尊重、激励、完善人的爱的情感。这种情感非常微妙，变化莫测。它最温柔也最强烈，最脆弱也最坚固。它最富于智慧，是人最宝贵的精神财富。

　　千百年来，人们用无数首诗歌纵情赞美人的爱情。而我，想和你们，我尊敬的父亲、母亲们，一起欣赏爱情的一个很少为人提起的侧面，这就是爱情在子女教育中的作用。

　　　　在我记忆的苍穹里有一颗永远明亮的星，它就是关于尼古拉·菲利波维奇的记忆。尼古拉·菲利波维奇是位好医生，一位极富同情心的人，他在第聂伯河边的一个镇子生活了四十二年。妻子玛丽娅为他生了六个孩子——三个儿子，三个女儿。每当尼古拉·菲利波维奇做完大手术，疲惫不堪地回到家时，玛丽娅总是对他说："就在这儿，就在葡萄藤下的凉亭里躺下歇歇，没有什么比你的工作更劳累的了……"尼古拉·菲利波维奇却总是笑着回答："不，亲爱的，世界上最辛劳的是母亲。母亲的工作最繁重，最劳累，也最光荣。我解救人脱离痛苦，而你，却在创造幸福，

创造人。"

　　我之所以经常想起尼古拉·菲利波维奇，是因为他的生活充满了爱，体现了人的精神的完美。夏日的拂晓，因为照料孩子十分劳累的玛丽娅还在熟睡，孩子们也都还在梦中。尼古拉·菲利波维奇轻轻起床，到花园剪下一枝玫瑰，拿回卧室插进妻子床头的木制花瓶里。这个花瓶是他婚后第一年用了好几个月的时间雕制成的，现在它静静地立在桌上，像一片竖起的槭树叶。玛丽娅似睡非睡，朦胧中听到丈夫小心翼翼的脚步声，枕旁的玫瑰香气扑鼻……她再也不能入睡，幸福地闭着眼睛，再躺上半个小时。

　　几十年里，尼古拉·菲利波维奇天天如此。他盖了一个小温室专门用来养花。无论是严寒的冬季，还是坏天气的秋天，或是寒气未退的早春，他都早早来到这里，剪下一枝新鲜玫瑰送给妻子。孩子们一个接着一个长大。长大的孩子每天和父亲一起早早起床。于是，花瓶里就有了两枝鲜花，然后，就是三枝、四枝，一直到七枝……

　　尼古拉·菲利波维奇去世了，孩子们也飞向了祖国的四面八方，只剩下玛丽娅还生活在第聂伯河边的那个镇子里。儿女们无论工作在多么遥远的地方，每到母亲生日，都会飞回她的身旁。于是，木制花瓶里又有了七枝红得耀眼的玫瑰——六枝是孩子们送的，而另一枝，是孩子们替父亲送的……玛丽娅不能到任何一个孩子那里定居，因为如果把这个特权给了一个孩子，她就会大大"得罪"其他五个孩子。

　　每当说起怎样教育孩子，我就想起尼古拉·菲利波维奇。人的爱是一股巨大的教育力量。谁用自己的生活为爱的宝库增添财富，谁就能在教育自己的同时也教育孩子。正像列·尼·托尔斯泰说的：教育孩子，实际上就是教育自己。父母的自我教育是影响子女的强有力的手段。

　　尊敬的父亲母亲们，在家庭生活的道路上即将迈出第一步的小伙子、姑娘们，为什么今天我们要谈爱情这个话题呢？因为谈论爱情就是在谈论最神圣的教育。必须反复强调对人的爱：因为爱不单是幸福，不单是幸福和快乐的最清纯的源泉，爱还在带给我们最大幸福和愉悦的同时，要求我们承担起婚姻的责任。这是最艰巨、最复杂、最重大，也最长久的责任。伏尔泰曾经说过：婚姻带来的，要么是最大的幸福，要么是最大的灾难，美满婚姻本身就是一座人间天堂……如果懂得了结婚就意味着承担起公民的责任，意味着必须用心灵、肉体、智慧、理想来履行这个责任，你就不会只是尽情享受婚姻带来的幸福，你还会在婚姻的沃土上不知疲倦地耕作，不断地播种和收获爱情。

教育孩子的智慧就蕴含在这精细的劳动中。尽管爱情以异性间的相互吸引为基础，但人的爱情不是自然的欲望和本能。假如只是与生俱来的欲望和本能驱使你步入婚姻，那么，用不了一个月，你的"爱情"就会消耗殆尽，因为，情欲和本能不是人的爱情。人的爱情是心灵和肉体、智慧和理想、幸福和责任的结合。

劳动、劳动，还是劳动——不知疲倦、极为精心的劳动，像一根红线贯穿在人的爱情生活之中。在播种爱情的劳动中，你——父亲或者母亲——也在为自己创造精神的财富。

正在热恋的年轻人，建议你们好好审视对方，彼此要多一些了解。我们相信自己的爱情，它应该是永恒的。然而确实也有一些人，结婚才几个月，妻子怀孕了，年轻的丈夫却盯上了别的姑娘，于是他突然觉得对妻子没有了爱情。你们可以就此分手，但是社会却多了一个悲剧。你们的孩子就更加不幸——还未出世，悲哀就已经笼罩了他的全部生活。怎么会发生这样的事情？应该怎样教育我们的年轻人，才能预防这类事情的发生呢？

不仅要教育孩子，还要自我教育，而且首先是自我教育，这是非常重要的。我们的年轻人没有爱情，只有享乐的渴望，还以为这就是爱情。他们的婚姻缺少最重要的东西——不倦的劳动。这种劳动的实质，是用自己的精神的力量去影响另一个人，使他在精神上更富有、更幸福、更美好。这种劳动本身也是幸福。如果年轻夫妇拥有这笔财富，在日常生活中相互关爱，为对方创造幸福，他们的爱情就会持久，突然一天发现有人比对方更好的事情就不会发生。在爱情和婚姻生活中，一般不要做这样的比较——这一个好些，那一个差些，因为每个人都是独一无二的。随着一个新人出世，新的世界也诞生了。女人在生养孩子时，作为妻子和母亲，她会表现出千变万化的美。当然，这种独特的美的变化是丈夫创造出来的。我们用自己精心的劳动把妻子雕琢得更加美好。正像乌克兰的一个古老民谚说的那样，妻子是口清澈的井，看她一眼，就能知道自己的模样（当然，丈夫也是妻子的一口井）。

爱情这种精神财富，最有力也最精巧，它像音乐和有魔法的美女那样影响着孩子的心灵。爱的情感经常不断地调拨孩子的心弦，使它对话语、友善、爱抚、真诚的感受越来越敏锐。在父母爱的阳光沐浴下长大的人会彼此创造幸福，他们对父母的教导，对他们的善意、赠言、建议和警告有特殊的敏感和很高的领悟能力。在尼古拉·菲利波维奇家有这样的规矩：每次饭后，所有的孩子都必须一起收拾餐桌，洗刷餐具（孩子们年龄相差不大——最大和最小的相差九岁）。有一次全家人在院子的梨树下用餐，最小的六岁的女儿忘记了自己的职责，妈妈责怪地摇摇头，做了本该她做的事情。小女儿哭了，她深深感受到了良心的责备……

那么，到底应该怎样教育自己、教育孩子呢？

如果要我们在许许多多关于爱情的同义词中，选择一个最能表达爱情的本质——一种不倦的劳动——的词，这个词就是"义务"。爱情的教育力量，就在于爱情是人对人的一种美好的义务。爱情意味着用心灵去感知人的哪怕最细小的精神需要。这种用心灵感知人的能力，不是可以用语言传达的，它只能通过父母的榜样展现给孩子。尼古拉·菲利波维奇没有要求孩子们和他一起早早起床给母亲采摘鲜花（儿女们把它叫作"清晨的花"），也没有特意让孩子知道他怎样走进花园或者温室，怎样把鲜花带回屋子插进瓶里。孩子们仿佛是在梦境中感觉到父亲在做什么，他们体察到父亲为什么这样做，它表达了怎样的感情，又给母亲带来怎样的感受。父亲的行动使孩子们懂得，人最大的幸福是为别人带去幸福。他们也想获得这种幸福，于是就照着父亲的样子创造了幸福，给了母亲快乐。对于母亲来说，"清晨的花"是全家人用不懈的劳动精心创造出的最美好、最珍贵的精神财富。为了养育六个孩子，母亲每天都要付出很大的体力和精力。父亲的一举一动，都使孩子们从内心深处感受到父亲对母亲繁重劳动的态度。从孩子们刚刚懂事时起，父亲就不只这一件事情——还承担起所有力所能及的家务，让母亲轻松一些——使孩子们感动。父亲的细心和敏锐，他对母亲的体贴，他了解母亲需要什么帮助的才能，都使他们特别钦佩和感动。在论及榜样的作用时，伟大的哲人列·尼·托尔斯泰曾经说过：体察别人的困难和需要，就是在教育自我；这是最好、最直观的榜样。一个家庭，如果在幼小孩子的眼里，年轻的父亲总在无微不至地关心、帮助妻子，妻子的忙碌和操劳渐渐变成他的忙碌和操劳，那么，这个家庭就成了对孩子进行情感和道德教育的学校。谁也没有特意去教，但是父亲在自我教育的同时，培养了孩子们勤劳、善良、热情、细心的品质。

卡尔·马克思说过：有持久爱情的婚姻才是合乎道德的婚姻。爱情是人类无价的精神财富，但它不是永恒的。爱情不是钻石，色泽和光辉几十年都不改变。爱情是宝石，它的色泽和光辉每一年、甚至每一个月都在变化。而且最令人吃惊的是，谁拥有爱情的宝石，谁就能主宰它的颜色和光亮。要向魔术师学习。魔术师使宝石永放光彩的技艺来自他的智慧。您的爱情的教育力量，还有您的婚姻（一种心灵和肉体、智慧和理想、幸福和责任的结合）的牢固程度，也取决于您使爱情永放光彩的智慧和技艺。如果除了强烈的情欲，婚姻没有任何其他的支撑物，夫妇之间炽热的爱就会转瞬即逝，婚姻这块宝石也就变成了一块木炭。从此您的家就不再是天堂，孩子就要遭罪，苦难会使他们变得冷漠，对人失去信任。有高尚道德情操的婚姻，最初的爱情之火会成为最珍贵的记忆，终生不会忘怀；它会因为不断更新的生活——为对方创造幸福、共同养育孩子——而越烧越旺。持久而高尚的爱情使得一家人的关系，首先是丈夫和妻子的关系和谐融洽。一个人对妻子和母亲的态度，就是对生活本身的态度，因为妇女——妻子和母亲是新生命的最主要的创造者。如果这个思想像一根红线贯穿于整个家庭生活，孩子就会以父母——首先是父亲——为榜样，珍惜生活，把它视为无与伦比的宝物。

要学会珍惜生活，因为珍惜生活是道德行为的主根，它滋养着关爱、同情、真诚、正直的枝叶。我认识一个很好的家庭，丈夫是拖拉机队的统计员，妻子是挤奶员。妻子的工作很不轻松，一周有好几天要在清晨六点上班；要是做早餐，就必须四点起床。丈夫不忍心妻子这样劳累，他自己四点钟起床准备好早餐和午餐，然后送妻子上班，再回来送孩子们上学。下午丈夫下班回家时，孩子们已经放学，而妻子还在上班。午饭后，父亲又和孩子们一起兴致勃勃地准备晚饭。他们想："我们的妈妈多辛苦啊！今天她一定够累的。我们要做出最可口的晚餐，把所有的活儿干完，让妈妈回家后能好好休息。"干家务对孩子们来说不是游戏，他们是在用这种方式表达自己对妈妈的关爱：给妈妈精神和身体的力量，要让妈妈天天快乐！对人来说，倾注了精神力量的东西最为珍贵。如果您，一位母亲，想成为自己儿女最爱的人，您就让他们尽力地为您创造欢乐和幸福吧！

孩子能从细小不为人察觉的事情中，体察到成人是怎样对待人类头上美丽的花冠——妇女的。母亲还没有到家，父亲就拿出一块洁净的毛巾在洗脸池旁挂好。母亲是最最辛劳的人，这块洁净的毛巾，表达了父亲对她的劳动、对人类美的化身、对生命的源泉的敬重。

这就是在培植爱情，这就是在教育自己并且用自己的行动教育孩子。有了父亲的自我教育，才会有孩子的自我教育。没有父亲鲜明的榜样，所有关于儿童自我教育的言语都只是空话。没有父母的榜样，没有父母在相互关心和相互尊重时迸发出的爱情的光和热，要孩子学会自我教育是不可能的。只有孩子亲眼见到美好的事物并且被它吸引，他才会产生做个好孩子的愿望。

道德观念只有在人类高尚情操的基础上，在非常微妙的教育气氛里才能形成。而孩子的情感首先是被父母的情感激发起来的。

我的学生瓦利娅·科布扎莉在毕业典礼前夕讲述了自己童年时代的一段深刻记忆：

> 在我七岁那年，妈妈得了一场重病，父亲日夜守候在床头。记得有一次，不知怎么，天还没亮我就醒了。只见妈妈呼吸急促，父亲正俯着身子，望着她的脸。他是那样悲伤，眼睛里充满了痛苦和爱恋。就在那一刻，人的生命在我面前展现了它不为人知的一个侧面——忠诚。我觉得，就是从那一刻起，我真正爱上了父亲。
>
> 十年过去了，爸爸、妈妈的世界还是那样的幸福和谐。在这个世界上，他们是我最亲爱的人。我以一种特殊的感情爱着爸爸。我从来没有过不听他的话或者对他说谎。每当我注视他的眼睛时，我总能从中看到永不熄灭的伟大的人类之爱的光芒。

仔细想想这些话吧，父亲、母亲们！想一想我们自己的所作所为、言谈话语、思想情感会给孩子心灵留下些什么？想一想我们将用什么充实我们的孩子，怎样提高自己在他们心目中的地位？有一种精神力量，它无比强大，只有它才能把我们的形象——一个真正的人的美好形象铭刻在孩子们的心中，这就是人类伟大的精神财富——爱！让我们用自己的生活来创造这个财富吧。爱就在父母的心中。有了爱，我们就有了教育的手段。

7. 家庭的道德价值

孩子们学着用父母的眼光观察世界，像父亲那样尊重母亲和奶奶，尊重妇女，尊重人。

乌克兰民间对幸福家庭的理解，我们伟大的诗人伊·普·科特利亚列夫斯基是这样描绘的："家庭是个温馨、宁静的地方；在这里，人人都自在、快乐、幸福……"每当我琢磨"家庭和谐"这个大而内涵丰富的概念时，脑海里就会立即浮现出阿列克赛·马特韦耶维奇一家。阿列克赛是集体农庄庄员，一个乡亲们都尊重的人。他和妻子玛丽娅曾经是我们学校的学生，现在我们又在培养他们的三个孩子。

让我们这些老师感动的是，在这个家庭里，父母和孩子是那样地相爱、坦率和真诚。正是父母和子女的这种关系，是每一个期望掌握家庭教育奥秘的人都应该特别注意的。

玛丽卡刚刚推开门，母亲就从她的眼神得知女儿遇到了麻烦。她轻轻地问："今天怎么了，我的小女儿？"于是女儿告诉妈妈，今天算术测验，题目难，计算时可能出了点错……看到祖母神色忧愁、默默无语地坐在窗前，孩子们就会不安地走到她的身边，问："奶奶，您哪儿不舒服？我能为您做点儿什么吗？"放学以后，休息一会儿，奥列霞、彼特里克、玛丽卡就开始做家庭作业。用自己的力量做好每一件事情，是家里的一个重要规定。

有一次开家长会，大家谈起了这家的孩子，夸他们细心、温存、荣誉感强，做什么事情都很努力。于是班主任对母亲说："尊敬的玛丽娅·米哈伊洛夫拉，给大家讲讲，讲讲您是怎样教育孩子，在孩子心灵培养这些珍贵品质的吧！要知道，对于大多数家庭来说，这些品质还像空中飞翔的小鸟，看得见，却抓不到手。"

妈妈笑了笑说："我和丈夫没有时间教育孩子，我们每天都要上班：丈夫在畜牧场；而我，冬天在畜牧场，夏天或者在地里，或者在打谷场和果园，反正哪里需要，就在哪里干活。孩子们和奶奶一起待在家里。我们家有一个谁也不能破坏的规矩，这就是孩子学会了走路就要学着干活，不光为自己干，还要为别人干。孩子必须尊重别人，必须用人的眼光看待人。我们没有时间专门教育孩子。所以，怎样教育孩子，还是请那些不用上班、在家专门教育孩子的家长谈谈吧……"

我们这些教师、家长终于明白了，母亲说的好像没有教育的做法，实际上才是真正的教育。

母亲所说的教育——那个不能破坏的规矩，它的实质又是什么呢？

它的实质，就是在人和人之间建立高尚、美好的关系。使阿列克赛·马特韦耶维奇一家紧密团结的那种精神力量，我们在其他家庭也看到了；对它，我们已经思考了不止一年。现在答案变得清晰了：最具有教育力量的精神财富，是家人间的相互关心和尊重。在阿列克赛·马特韦耶维奇家和其他许多美满家庭里，都充满了对人、对人的义务的崇敬之情。

强大的精神教育力量是在这个基础上发挥作用的：孩子们学着用父母的眼光观察世界，像父亲那样尊重母亲和奶奶，尊重妇女，尊重人。可以说，妇女——母亲和奶奶成了家庭的情感、审美、道德和精神中心，是家庭的首脑人物。父亲下班回来的第一件事情，就是问孩子们今天祖母和外婆的身体怎么样。无论他有多忙、有多么紧急的事情要办，对他来说，最重要的还是奶奶、妈妈的健康。女儿玛丽卡一生也不会忘记父亲三十岁生日那一天的情景。庆祝喜宴已经准备就绪，客人们就要来了，外婆却突然生病。"还管什么生日！"——父亲说着，赶紧把外婆送进了医院。

母亲在家长会上说的规矩，它的实质就在于必须用人的眼光看待人。奥列霞（最小的孩子）四岁那年外婆去世了。孩子们在外婆坟前栽上了鲜花，在自家的屋旁也栽上了玫瑰，孩子们把它叫作"外婆玛丽娅玫瑰"。每年的五月（外婆是五月去世的），三个孩子都会在阳光灿烂的日子里到外婆的坟前献上一束鲜艳的玫瑰。阿列克赛·马特韦耶维奇家把这一天叫作外婆日。

也许有人认为没有必要谈论什么坟前的鲜花、外婆的玫瑰、外婆日；但是，如果没有这一件件具体的事情，就谈不上真正的教育；没有它们，家庭也就没有了精神的支柱。法国有一句古老的民谚：生者如果忘记了死者，死者就会报复。生活告诉我们这种报复是残酷的，它会使充满生机的肥沃土地长出满身荆棘的野生灌木——使人心硬如铁、冷漠无情、小气吝啬；而以尊敬、爱戴的心情纪念逝者，则会使活着的人更加生机勃勃。坟前的鲜花、外婆的玫瑰、外婆纪念日……它们就像植物的根须，吮吸大地母亲的乳汁，用它滋养人性这棵大树的枝叶。

在阿列克赛·马特韦耶维奇家，父亲做的一切，都是为了让孩子们懂得珍惜母亲。夏天和早春，畜牧场的活儿要比在大田栽种甜菜轻松一些，于是在大田活重的时候，父亲就去大田工作，让妻子去畜牧场。父亲总是挑最重的活儿干，孩子们对此已经习以为常。他们学习父亲，也用一个男人刚强、大度的胸怀拥抱母亲。

在阿列克赛·马特韦耶维奇这样的家庭里，教育的艺术在于：在家人的相互关系中，爱情与幸福是和庄严的义务、辛勤的劳动以及父母的榜样紧密交织在一起的。正是人与人之间这种美好的关系创造了家庭的精神财富。阿列克赛·马特韦耶维奇和玛丽娅·米哈伊洛夫拉的孩子们之所以勤劳、诚实、热情，是因为他们最亲爱的人——父亲和母亲——为他们树立起了人的崇高形象。父亲一方面以自己为榜样，向孩子们展示一个高尚的人应该具有的哪怕是最细微的精神特点；另一方面，从小就培养他们敏锐的良知，要求他们珍惜自己的幸福，做一个严格要求自己的人。

如果用几句话来表达家长教育学的全部精华，那就是：要使我们的孩子做一个坚强的、严于律己的人。要让孩子们做到——这里我要夸张些说——即使宴会上所有的客人都喝成醉鬼，做母亲的也坚信自己的儿子会清醒地回来……孩子们严格要求自己，有良好的道德操守，诚实，正直，这是父母最大的期望和理想。如果把对孩子的柔情、爱抚与严格要求结合起来，把培养孩子的仁慈心肠与教育他们忠实地履行义务、毫不妥协地反对邪恶结合起来，父母的这个期望和理想就一定能够实现。

玛丽卡在参加隆重的入团仪式之前曾经告诉我：

> 我记不得自己是从哪一天起开始干活儿的，只知道从记事起就在干。那是很久很久以前的事了，那时我大约七岁。父亲让我把三棵葡萄苗栽上——当时我干这一类活已经非常熟练了。我掘了坑，浇上水，然后把树苗栽了下去。但是在栽下树苗之前，我没有按照要求把它们的根在泥浆里浸一下。记得当时我还想了想：反正要埋进土里，有没有浸过谁也不会知道。晚上父亲问我：葡萄苗的根在泥浆里浸过了吗？我长这么大，无论在这之前还是之后，我都没有撒过谎，但是这一次我却说了谎话。父亲自然立即就察觉到了。他没说一句话，只是紧盯着我的眼睛，有些沉重地叹了口气，仿佛有人在他肩上压上了一副重担。他挖出我栽下的葡萄苗，在桶里的泥浆里蘸了蘸，重新栽进土里……我在一边站着，看着，脸颊羞得通红……干完活儿后父亲对我说："你可以骗过别人，但你永远骗不了自己。"

常常听到有家长抱怨："对儿子我们该怎么办呢？他什么话也听不进去。你告诉他这是好事，能做，那是坏事，不能做，他却好像没有听见，简直是个榆木脑袋。"听不进教导，这真是教育的悲哀。父母对说服教育失去信心，于是就挥起了拳头和鞭子……怎样预防这种不幸？怎样才能使孩子心灵的琴弦敏锐起来，只要轻轻地拨动，就能和父母产生共鸣？要做到这一点，就必须让孩子从幼年起就经历和体验细腻、真诚的人际关系。这种人际关系是家庭中最重要的精神财富。

第二辑

睿智父母

许多父母完全不懂应该怎样教育青少年，怎样塑造他们的性格，培养他们的观点和习惯，不知道这个过程包括一些什么内容。没有哪个父母不希望自己的孩子成为诚实劳动、对社会有益的好人，然而不幸的是，并不是所有的父母都会教育孩子。

8. 论家长的教育学素养

　　为什么夏天的太阳反而升得比冬天高？为什么高大的橡树只结着小小的橡实，而细细的瓜藤却结出大大的西瓜和南瓜？天空为什么会有电闪和雷鸣？冬季里，为什么有些小鸟要飞向温暖的南方，而另一些小鸟却留了下来？你的孩子在无边无际的大自然中漫游，不时会提出成千上万个类似的问题。幼年时从周围世界看到的东西越多，提出的问题越多，孩子的眼睛就越明亮，记忆就越敏捷。让我们努力培养孩子的智慧，教他们学会思考吧！

利用家长集体的力量

　　许多年来我们和大多数学校一样，也是通过定期召开家长会，以及平日在学校或者家里与家长交谈的方式做家长工作；家长委员会也有自己的工作计划。但是总的来说，我们没有建立起家长集体。家长们只在家长会上见面，这时家长关心的只是自己孩子的成绩和表现，对全班或者全校孩子的事情，就不大感兴趣了。

　　因为没有形成家长集体，在需要家庭和学校在儿童教育中统一步调的时候，家长们就很难形成一致的意见。这就是我们为什么要努力建立友好而且目的明确的家长集体的原因。很清楚，只是召集各种家长会议不可能建立起这样的集体；除了开会，家长集体还必须有自己的工作，要使它像任何一个工厂、农庄、机关集体一样，积极并且有创造性地开展活动。

教育儿童，这是一种劳动，而且是一种极需细心和耐心的劳动。既然孩子们是在同一所学校学习，那么他们的父母就一定会有共同关注的问题，这是建立团结一致的家长集体的基础。

首先，我们应该明确家长集体在完成学校的主要任务，即提高学生知识质量这方面的地位和作用。我们研究了学生家庭，发现我们家长的文化水平发生了多么巨大的变化。大多数学生的父母和兄姐都具有高等或中等学历，家长中有许多工程师、技术员、农艺师以及其他方面的专家。毫无疑问，他们有能力在教学—教育的所有方面帮助我们。现在的问题，是怎样积极而有计划地吸引他们参加这项工作。

我们决定召开一次家长会，专门研究家长怎样帮助学生完成家庭作业。这是一个所有家长都感兴趣的重要问题，我们想，建立我们的家长集体，就从它开始吧！在召开家长会之前，我们详细了解了家长是怎样监督孩子完成家庭作业的：一般来说，只要孩子是在看书写字，家长就认为他是在做功课，至于他做了些什么，怎样在做，结果如何，家长就不大关心了。

教师们曾经在学生做家庭作业的时段里到45名学生家查看过，发现他们都只做第二天老师要检查的作业。譬如，七年级周二和周六有几何课，那么几何作业就在周一和周五放学后做，其他时间不仅不做几何作业，连几何书都不碰一下。其他课程也是这样。学生们之所以几乎每天都在忙碌，是因为几乎每一个明天都有课。家长对孩子们的表现十分满意，以为自己的孩子是在按照应有的方式做了应该做的一切。

在家长会上，我们介绍了学校编排课程表的原则：告诉大家，家长的任务不仅是督促孩子做作业，更重要的，是帮助孩子学会用经济有效的方法完成作业。我们告诉家长：不仅要准备明天上的功课，还要及时完成今天课上布置的任务，只有这样知识才能记得最牢。

家长会上，家长们也提请教师注意学生的学习负担问题，指出每天的作业量不均衡，每周有几天作业特别多。家长的批评使我们相信，只要共同努力，我们很快就能克服教学工作中的缺点。

这次家长会有了明显的效果：家长们开始提醒孩子做作业时不要急急忙忙，要防止一知半解。建立家长集体的下一步工作，是组织"家长日"活动。为此我们做了长时间的准备，因为我们希望所有的家长这一天都能来，希望能用具体事例使他们知道，孩子们做功课时他们应该怎样做，不应该怎样做。

学校设置了专门的展览室，家长在里面能够看到学生的各种作业和他们亲手制作的直观教具。家长委员会还专门出版了一期墙报——《家庭和学校》。

十月底，全校各个年级都开展了"家长日"活动。许多学生的父亲母亲都来了。班主任当着学生的面，介绍了学生的学业情况以及在课堂提问和书面作业中反映出来的、在做家庭作业时存在的问题。六年级班主任玛·阿·雷萨克详细介绍了女学生 T 在家是怎样准备功课的。班主任告诉家长，学校为每一个年级都编制了各门功课的复习时间表。编制这个日程表的目的，是让学生多次复习学过的知识。学生应该及时复习当天的功课，尽管这时离下次上课还有两三天的时间。在这几天里学生还应该大体浏览一下这些内容，在下次上课前，再最后仔细地复习一次。

班主任讲完后，学生回家，家长们留下座谈。班主任举出各种实例，说明在准备功课时怎样做正确，怎样做不正确；希望家长提醒孩子按照复习时间表准备功课，培养按时学习、独立完成作业的习惯。教师举出的实例使家长信服：经常两三个人一起做作业，会使理解知识较慢的学生成绩下降，还会使一些孩子养成不动脑筋、抄袭作业的坏习惯。

这里就有一个实例。工人 M 家的女儿玛丽娅和娜杰日达都是七年级学生。玛丽娅理解力强，记得也快，而娜杰日达则需要长时间的思考才能掌握教材。姐妹俩天天一起做功课，娜杰日达总也赶不上玛丽娅，就只好照抄她的作业。家长帮助学生做作业，也会出现同样的问题。

教师告诉家长，帮助学生不是替他做作业，而是督促他独立工作，尤其要指导他大声记诵，因为出声记诵能使学生及时了解自己对知识的掌握程度。

"家长日"活动之后，全体教师和校长、教务主任开始了每周两次的家访。家访安排在学生做家庭作业的时间。老师们首先来到不会独立工作因而常常不能完成作业的学生家，看看他们是不是在独立做作业，有些什么困难，然后帮助他们安排学习计划以便顺利完成每一次的作业。

举一个例子：五年级学生 K 在第一学季里①俄语、历史、地理三门功课都得了坏分数。家长不明白为什么会这样：要知道儿子学习可没少费劲，常常一坐就是几个小时。班主任瓦·阿·斯科契克家访时发现，K 在复习功课时从来不自我检查。比如背书，他坐在那里，捧着课本一遍又一遍地从头读到尾，企图一次记住所有的内容。女教师告诉学生，应该先把课文从头到尾看两遍，理解所有的内容，然后把它分成几个部分，一部分、一部分地复述，最后再复述全部的材料；重大历史事件的时间应该单独摘抄出来，以便经常复习。父母按照教师的建议指导儿子学习，一个月后，K 的地理、历史、俄语成绩就有了很大的进步，让人伤心的分数再也没有出现了。

让学生养成既准备好明天的功课，又做好今天的作业的习惯，是一件很困难的事情。学生们不理解：如果要准备好明天的功课，怎么又来得及做好今天的作业呢？改变学习习惯需要几个星期的时间，但是我们最终还是成功了。学生们回到家里，先休息一会，然后在规定的时间开始做今天的作业，

———————————————

① 在苏联，一个学年有四个学季。——译者注

先是书面作业，然后是口头作业……学生们很快就发现了这样学习的好处，因为老师刚刚讲过的内容还记忆犹新，很容易就能记住，剩下的时间可以从容不迫地准备明天的功课。

每一位教师每周都要访问两个学生家庭，二十五名教师，每周可以访问五十个家庭，这样，在两个半月内，我们就对全校学生都进行了一次家访。我们不仅研究、指导了每个学生的家庭作业，还弄清楚了，为了统一所有家长对学生的要求，下一步我们该做些什么。现在，每个家庭、每位家长怎样督促自己孩子学习，我们都有十分具体的了解。家长非常欢迎我们家访，乐意为提高孩子的学习成绩做任何的事情。

六月末，我们召开了第二次家长会。像第一次一样，我们也把这次家长会称为学术会议。称它为学术会议毫不夸张：我们家长的思想和文化水平，使我们能够在现代教育科学要求的高度进行家长工作。在家长会上，我们和家长一起讨论教学—教育问题，学习巴甫洛夫学说和马卡连柯极富创造性的教育思想。

几乎全体家长都出席了第二次会议，我们借到镇俱乐部的礼堂才勉强把大家安置下来。校长做了报告，总结了在教师和家长共同努力下，学校在培养学生独立学习习惯方面取得的初步成绩。因为大多数家长已经掌握了指导孩子家庭作业的正确方法，校长就可以把主要的注意力放在分析个别家长的问题上。

家长们也交流了自己在督促孩子做好家庭作业方面的经验。比如，四年级学生 B 的父亲告诉大家，自从儿子独立做作业以来，成绩提高了。五年级学生 Л 的母亲说，由于严格遵循了复习功课的时间表，她成功地培养了孩子学习的耐心和在规定时间学习的习惯。

家长们在发言中也对个别家长、教师提出批评意见。比如，批评个别家长不应该用不断买礼物的方法刺激孩子学习，指出有些教师布置的作业太多，加重了学生的负担。

　　家长的发言说明家长集体和教师集体开始有了共同的追求，家长不仅关心自己的孩子，也为整个学校的工作操心，以致现在我们需要专门安排时间听取家长的意见和建议。

　　在学年末，我们又召开了第三次家长会议，研究家庭怎样对孩子进行思想政治教育的问题。集体农庄庄员 E 做了题为"我的家庭"的报告，讲了自己怎样教育孩子从小热爱劳动、关心别人，怎样让孩子了解自己在集体农庄的工作。报告深深吸引了听众，引起热烈的讨论。所有的发言都认为家长应该用自己的日常劳动和个人行为为孩子们做出榜样。

　　直到学年末我们也没忘记主要的事情——要求家长用正确的方法指导学生完成家庭作业。教师们仍然坚持家访，只是次数不像当初那么频繁，因为这个问题已经基本解决。

　　在家长集体的帮助下，我们改善了学校的综合技术教育。家长帮助我们与农机站、发电站、集体农庄建立起密切联系。物理教师组织了一系列参观活动，使孩子们有机会亲眼看到内燃机、电动机和各种农用机械。家长集体还帮助我们组织了与农业生产先进工作者的座谈。

　　家长会上也讨论过社会主义农业对我们毕业生的要求。这次会议使教师集体和家长集体更加紧密地联合在了一起。

　　本学年我们继续进行了巩固家长集体的工作：每个学季召开一次家长会讨论最重要的教育问题；家长委员会每月出一期墙报；定期向家长提供咨询，这已经成为学校的传统。现在每个父母都更加关注孩子的教育，每天都会挤出一些时间照管孩子，坚持指导孩子用正确的方法完成作业。孩子们这样做了，学习劳动变得轻松而有成效。

　　这一学年，在地理、物理、历史、自然、化学、文学、苏联宪法这些学科中，没有一个学生不及格。我们相信，随着家长工作的不断完善，我们会完全消灭留级现象。

让孩子学会思考（与家长的谈话）

不久以前，我在基洛夫格勒旅行时与一位年轻的铁路工人相识。他工作的地方是一个小站，那里甚至都没有一所小学。年轻的父亲从学校开完家长会回来，忧伤的眼睛使我惊奇，他内心深藏的痛苦让我久久不能平静。

"我的儿子上三年级了，住在一个远房亲戚家，"这位父亲告诉我，"如果您不仅是一位老师，还是一位父亲，您就能够理解我了。难道还有什么比从老师那里听到这样的话更让人痛苦吗？老师说：'您的儿子安静、守纪律、爱劳动，但是……他的智力不行。他的学习能得三分就不错了。'我理解老师的意思：儿子很少得四分，从来没有得过五分，连三分也很少。别的孩子一堂课能做三四道题，而我的萨什卡一道也做不出来，他甚至连题目的意思都弄不明白。这是怎么回事？难道小儿子的发育出了什么问题？请相信，我愿意用我的后半生让我的儿子聪明起来。"

和一位父亲谈论这样的话题实在是太沉重了。对于喜爱孩子的父母来说，还有什么比孩子更加珍贵呢！这是一个永恒的真理，因为人生活的意义，就在于能在一个新人身上再现自己，而且要在更高的水平上再现自己；要使自己的孩子在智慧、道德、审美各个方面都比我们——孩子的父母——有更高的发展水平。尽管进行这样的谈话不轻松，但是一定要谈。

在现代，在每个公民的创造力都得到蓬勃发展的社会主义时代，个人的命运和幸福决定于他智力的发展。一个在某种程度上感到自己智力发展有缺陷的人是很不幸的。在我们的社会里，只要还有在学习上不断失败的倒霉人，我们就不可能使所有的社会成员都毫无例外地获得真正意义上的幸福，而个人幸福是社会幸福的保证。毫不奇怪，孩子学习困难会使他们的家长非常不安：为什么别人的孩子可以学得很好，而自己的孩子却超不过三分？难道是命该如此？命运对人为什么厚此薄彼？要知道我们就要对年轻一代实施中等义务教育，这是历史上从未有过的新鲜事。每一个人都必须接受中等教育，这就意味着被人死拉硬拽、勉强读完八年级的瓦洛佳或者科利亚还必须继续学习，他们必须读完十年级。

于是问题就变得非常尖锐：不仅要正确回答伤心的父母提出的各种问题，还要帮助父母找到他们的瓦洛佳或者科利亚发展智力的途径，还要尽量防止出现这样的悲剧：年轻的公民丧失了自信，不仅从学校这艘航船落水，还把自己与社会对立起来，不断与之发生冲突。

防止这种悲剧不能只靠学校。父亲、母亲也是教育者，也是富于智慧的人的创造者，在这一点上父母丝毫也不亚于教师。而且，在孩子出世以前，他的智力就已经在自己父母的根基上生长出来，对孩子的教育是从母腹里就开始了的。

亲爱的父亲、母亲们，你们都希望孩子聪明伶俐、希望人类所有珍贵的精神财富都能成为孩子的财富。那么，实现这个愿望取决于什么？是哪些因素决定了儿童和成人的智力？

影响智力的因素很多，首先要提到的是一些年轻父母对待新生命的不负责任的态度。

这里就要说到遗传的问题了。脑是智力活动的物质基础，它在母腹中就开始发育。儿童健康，尤其是儿童智力发展有个可怕的敌人，这就是父母嗜酒。酗酒者生下的孩子，大脑发展或多或少总会出现一些偏差和异常。要想生一个先天残疾者，只要父亲或者母亲喝得烂醉就足够了。在父母醉酒时受孕的胎儿易患"胎儿酒精综合征"，它的严重后果之一，就是损伤胎儿脑的发育。损伤严重的孩子，还未出世，就注定要在智力落后儿童学校学习；轻一些的孩子也会思维迟钝，记忆力薄弱。这些孩子一生都要承受父母轻佻行为强加给他们的痛苦。

　　为什么要说这些话呢？因为非常遗憾，我们这里就有因为父母酗酒而导致智力损伤的孩子。有个少年就是这样一个不幸的人，无论怎样的教育也无法弥补父母的罪过给他造成的损害：费了好大的力气，才学会写字；上到五年级，才第一次能够独立解答三年级的简单算术题；刚刚记熟了一个规则，两个钟头以后就忘得一干二净；算术题念到题尾，就忘了题头。记忆发展的缺陷是脑细胞损伤的结果，在这里医学起不了任何作用，只有耐心细致的教育才有可能在某种程度上帮助其智力发展；但是坦白地说，只有百分之一的教师有能力做这样的工作。

　　年轻的父亲、母亲们，请记住，你们孩子的健康和智力发展决定于你们自己。要记住，创造人，这不是一个简单的生物行为。人之所以区别于动物，就在于他的活动包括他的生育是有意识的，他能自觉地在孩子身上重现自己。

　　儿童智力的发展在很大程度上还决定于环境，孩子从身边的环境获得对世界的最初认识。我们先谈谈人的环境，谈谈人和人之间复杂、多样的相互关系对孩子的影响。儿童是在人和人的相互关系中认识世界，认识自我的；他认识到自己是自然的一个部分，是自然界中有理性、有才能、有创造性的生物。

　　从孩子有了意识时起，父母就应该引导他观察周围的各种事物和现象，留心它们之间的因果联系。观察的能力，发现那些一眼望去没有什么特色的事物的能力，是支撑思维翅膀飞翔的空气。理性、思维、智慧的最初源泉就隐藏在周围世界之中，隐藏在那些使人感兴趣、被人发现和认识的事物之中。可以想象，几万年以前，我们的祖先迸发出第一颗思想火花的时刻，一定是他发现了他不明白，但是很想弄明白的某种事物的时刻。

　　从有人类文明开始直到现在，周围世界，首先是自然界，一直是人极为丰富、取之不尽的思维源泉。智慧最初表现为求知欲。您带着自己四岁的儿子去散步，对他说：瞧，这就是森林，森林的后面是人工栽植的小树林，有松树、杉树、橡树、白蜡树……孩子自己发现不了天然林和人工栽植林的区别，但要培养他的求知欲望，教他去观察。你可以提醒儿子："看看这些大树和它后面的小树有什么不同？"孩子一下子说不出来，但是只要他用心观察就一定能够发现。他的眼睛会突然高兴得发亮，喊道："森林里的树木没有排成行，可是你瞧，小树林的树排列得多么整齐呀！"

"想一想，为什么会这样呢？"你问儿子，于是儿子又要动脑筋了。他很想弄懂他不明白的事情，当然他不是总能成功。即使他回答不了您的问题，即使是您自己说出了答案，儿童意识里求知的火花也会被点燃。您的儿子将会发现那些在您激起他的求知欲望之前，在他知道人可以用双手培植森林之前从不注意的东西。

你们走进一片古老的森林，眼前是橡树和白蜡树粗壮的树干。这时孩子自己就会发现，这些树干上长有绿色的苔藓，而且它们只长在背向太阳的一面。"这是为什么？"孩子会问。他还没有足够的知识来解释这个令人惊奇的现象，大自然的神秘又一次让他激动不已。你们走进森林的深处，孩子大声喊叫："爱——琴——海！"远处传来的回声在山谷里荡漾，听着这神奇的声音渐渐在远处消失，孩子又会提出新的"为什么？"

孩子认识世界的道路就这样开始了。要利用每一个机会帮助孩子在这条路上一步一步走下去。和他一起去田野，去森林，去池塘边。只要您善于发现并将自己的发现展示给孩子，就连灌木丛生、最不起眼的小沟壑里，也能发现许多令人惊奇的东西。那令人难忘，使孩子迷惑、诧异的时刻，就是孩子求知欲望升腾的时刻。

在孩子提问、思索的过程中，他的大脑进行着复杂的活动，思维细胞之间建立起极为精细的联系网络。周围世界在孩子面前展示的现象越是丰富多彩，让孩子迷惑不解的事情也就越多：为什么夏天的太阳反而升得比冬天高？为什么高大的橡树只结着小小的橡实，而细细的瓜藤却结出大大的西瓜和南瓜？天空为什么会有电闪和雷鸣？冬季里，为什么有些小鸟要飞向温暖的南方，而另一些小鸟却留了下来？你的孩子在无边无际的大自然中漫游，不时会提出成千上万个类似的问题。幼年时从周围世界看到的东西越多，提出的问题越多，孩子的眼睛就越明亮，记忆就越敏捷。让我们努力培养孩子的智慧，教他们学会思考吧！

没有惩罚的教育

基洛夫警察局的儿童收容所收容了一个十四岁的少年。他机灵、活泼，是一个在五年级待了近三年的学生，这次是从家里跑出来的。在警察局里他反反复复地说着一句话："我决不回家，也决不上学！"

儿童收容所要求学校给男孩写个鉴定，校长就做了以下答复：学生费奥多尔·斯是个不可救药、坏得透顶的流氓和无赖。他嘲弄老师，简直是个二流子和笨蛋。现已查明，在离家之前，费奥多尔曾多次在课堂上出洋相，学猫叫，学狗叫；在出走的路上，他曾取下车站商店的玻璃，从橱窗里拿走了一个背囊、一个小手电筒和几节电池。"这种犯罪行为应该受到严惩。这样的学生绝对不能留在普通学校！"校长威严地结束了对自己学生的鉴定。

我们还是回过头来看看费佳（费奥多尔的小名）的命运吧。家长同志们，无论你是工人、医生、教师，还是党务工作者或者经济工作者，或者你还是个年轻人，是明天的父亲或者母亲，让我们都来想一想这个问题：为什么至今还有无人监管的孩子？这种社会反常现象的根源在哪里？要知道，它的危险性不仅仅在于事情本身，还在于它会使一部分少年带着被扭曲的道德精神进入社会。童年无人照管是颗恶种，一旦时机成熟，就会结出自己的恶果。

我坚信，家庭和学校教育的失误，是造成儿童流浪街头、违法犯罪的主要原因。家长也好，教师也好，都应该深刻认识到，无论是家庭还是学校，都不可能独自承担起最精细、最复杂的造就人的任务。然而现在的情况却是家庭和学校互不理睬，都只按照自己的一套教育孩子。

许多家长完全不懂应该怎样教育青少年，怎样塑造他们的性格，培养他们的观点和习惯，不知道这个过程包括一些什么内容。没有哪个父母不希望自己的孩子成为诚实劳动、对社会有益的好人，然而不幸的是，并不是所有的父母都会教育孩子。

实践使我们相信：对于成人来说，孩子本身就是巨大的教育力量。事实上，有孩子的家庭完全可以成为教师培养纯洁道德、高尚思想、诚挚人际关系的教育基地。如果在学校的帮助下，年轻家庭有了较高的家庭—学校教育的教育学素养，就连孩子也能创造奇迹：这种家庭的孩子不会允许父亲成为酒鬼，他会制止家长粗野的谈话和无谓的争吵。这就是我们把指导家长教育孩子也作为教师最重要的任务的原因。

在我们学校，家长学校已经成立了十五年，经常开展活动。它有好几个组：为没有孩子的年轻夫妇设置的第一组；为即将入学的学前儿童家长设置的第二组；为其他年龄段学生的父亲、母亲也设置了相应的组。孩子们在学校学习十年，而他们的家长却要在家长学校学习十三年。父亲、母亲都要参加学习，没有例外。如果哪位家长因故不能出席，需要得到校长或班主任的许可。

每个小组每月学习两次，每次一个半小时，由校长、教务主任和优秀教师主持。作为校长，我一向认为家长学校的工作是学校领导人最必需、最重要的工作之一。

在给家长讲课时，教师总是尽量具体地说明应该怎样教育儿童、少年和男女青年，给父亲、母亲提出适用的建议，而不是空喊口号，或是泛泛地号召。

例如，对新婚夫妇——未来的家长，主要讲怎样处理夫妻关系，怎样控制各自的欲望，使家庭的各种愿望能够协调起来。在讲课时，我们既尊重个人隐私，又轻轻触动人内心深处最隐秘、最珍贵的角落，这也正是能够吸引年轻夫妇的地方。顺便说一句，这些年轻夫妇几乎全是我们从前的学生。

列·尼·托尔斯泰说过：孩子的降临使父母置身于一个特殊的"敏感领

域"。我们要赶在孩子降生之前，把这个敏感领域尽可能清楚地展示给他的父亲和母亲。

我们和即将入学的孩子们的家长讨论怎样发展孩子的智力和语言，怎样培养孩子的情感，为他们开设了"父与子""母与女""家庭是学习人际关系的学校""儿童的道德教育"等专题讲座。

儿童的劳动锻炼是家庭教育最重要的组成部分。说到这里，我想起民间有一条非常明智的训诫：从孩子学会用勺吃饭的那一天起，就应该教他劳动。在我们的学生家里，劳动成了建立家庭成员文明关系的基础。为了人，为了人的幸福和快乐而劳动，就像一根红线贯穿在整个家庭生活之中。

我们和父母一起努力，在孩子刚刚懂事和即将成年时，都要求他为别人做点什么事情。比如七岁即将入学时，在自家院子里为妈妈栽上一棵苹果树，把树上摘下的第一批果实献给妈妈。

如果孩子在世上生活了十一二年，回顾童年却看不到自己劳动生活的最初成果，不能满意地对自己说："这片绿色小树林，是我为大家休息种上的；那棵葡萄，也是我为大家栽的。"那么，对孩子的教育就是片面的。

"哪里的儿童、少年把为别人、为社会劳动当作快乐的源泉，哪里就完全用不着惩罚。"——多年的经验使我们坚信这个教育规律的真实性。这样的孩子不需要惩罚，甚至连与惩罚有关的问题都不会发生。

是的，我可以肯定地说，我们学校的学生不知道什么是惩罚。这首先是因为他们童年快乐的源泉，是对创造的渴望和在为别人做好事时体验到的满足感。在我们这里，少先队和班级都不训斥孩子；家庭中抽皮带，打后脑勺和其他形式的惩罚也完全消失了。

做不到这一点，就很难说家长和学校教师集体具有最起码的教育学修养。列宁说过：只有学校能够巩固革命的成果。然而，没有惩罚的教育不只是小小学校的事情，它是对社会、对社会最精细最复杂的领域——人的意识、行为、相互关系——进行共产主义改造的最重要的问题之一。

常常会听到一种议论，说是为了杜绝犯罪，对孩子的惩治必须更加严厉。这种说法是错误的！假若在儿童、少年和青年早期没有惩罚，准确些说，如果没有惩罚的需要，就不会有儿童、少年犯罪。

我一开始就讲到离家出走的男孩子费佳。当时就弄清楚了，学校也好，家庭也好，对费佳来说都好像是地狱。他学习吃力，怎么努力也学不好功课，而老师却只会没完没了地在家长联系簿上写："您的儿子不愿学习，请采取措施……""表现很坏，请采取措施……"父母每次一撂下联系簿，就"采取措施"，把孩子痛打一顿。孩子恨透了老师和父母，于是开始故意不做作业，故意破坏纪律。

每个人都应该记住：如果孩子因为惩罚而常常受到恐惧、痛苦、羞辱的折磨，他内在的、天赋的自我教育力量就会渐渐衰弱。惩罚越多、越残酷，自我教育的力量就越小。

惩罚，尤其是它的公正性受到怀疑的时候（这种情况时有发生），人心会变得粗野、凶狠、残忍。在儿童和少年时代经受过惩罚的人，不会害怕警察局，也不会害怕法庭和劳动教养院。

最让我们教育工作者惧怕的和伤脑筋的，正是心灵的粗野、道德上的厚颜无耻和对高尚美好事物的麻木。它也会在家庭，在儿童幼年时萌生。只有在学校的帮助下，家长不断提高自己的教育学修养，才能预防家庭的这个灾难。

当然，也有难教育、非常难教育的家庭。但是，我在学校工作了几十年，还没遇到过完全不可救药的家长。再难教育的家长，心里也还是有善的火花，哪怕只是一粒微不足道的火星。教师的任务，就是把这小小的火星变成明亮的火炬，这是一个非常艰巨同时又非常高尚的任务。

论家长的教育学素养

1. 语言的魅力

无论我们的学前教育机构有多么出色，母亲和父亲仍然是培养幼儿智慧和思想的最主要的"行家"。儿童在与父母、家人的相处中走进长辈成熟和智慧的世界，家庭生活是儿童思维的基础，父母家人的这种作用是任何人都无法替代的。学者们在托儿所、幼儿园的观察证明：同一年龄（例如 3—4 岁）的幼儿，如果长期只有孩子之间的交往而没有年长者个人的精神影响，他们的思维发展就会迟缓。只有每天都能和母亲、父亲、奶奶、爷爷、哥哥、姐姐接触的环境，才是适合儿童思维发展的环境。当然，我并不因此而否认学前教育机构对幼儿的巨大影响，但是不能把为儿童全面发展，包括智慧发展操心的责任完全推给它们。

公民的首要社会职责是教育年轻一代。在我们这个时代，全体居民，特别是父母的教育学修养，已经成为影响公民履行这个职责的重要因素。因此，必须提高家长的教育学素养，特别是影响儿童思维全面发展的那些方面的素养。在我们学校，孩子还没有上学的父母也参加"家长学校"的学习。我们全体教师都坚信，对于教师和家长来说，很难找到比帮助儿童形成和发展思维更为重要的事情了。确实是这样。比方说，一个孩子入学时很机灵，观察力敏锐，悟性高，记忆力也好；而另一个孩子，却思维缓慢，理解力和记性都差。原因在哪里呢？我们要帮助家长提高修养，找到答案。讲座是提高家长教育学修养的主要形式。家长学校的每一次讲座都结合生动和令人信服的范例讲解一个专题，例如儿童的解剖生理特点，儿童的神经系统，儿童的身心发展，儿童的精神世界等等。

我们努力让家长清楚自己在儿童精神发展中的重要责任。记得为了让家长清楚环境对儿童智慧形成的影响，在一次课上我对他们讲了几百年前印度国王阿克巴尔的故事。

阿克巴尔听哲人们说，无论儿童处于什么环境，即使没有人教，印度人的儿子都会说印度语，中国人的儿子都会说中国语，他想检验一下哲人的话是否当真。遵照国王的命令，三十个不同民族的吃奶婴儿被安置在了一个与外界完全隔绝的屋子。几个没有舌头的仆人照料他们，食品则由一个不准说话的太监从小窗口递进来。国王把钥匙挂在自己胸前，谁也不准出入这个屋子。孩子们就在这样的环境里长大，从来没有听到过人说话的声音。

七年过去了。一天，在哲人的陪同下，国王打开了房门，然而他听到的不是人的语言，而是一片含混不清的嚎叫……面对这种情景，这些"最聪明"的哲人丢尽了脸。

从科学的观点看，这个试验（如果这种灭绝人性的行为也能称作试验的话）是严密的。阿克巴尔像许多人一样，证明了人的环境在生命早期对于儿童有多么重要。今天大家都知道世界上有几十例野兽养大的孩子。这些孩子在婴儿时期不幸落入兽群，和它们一起生活。若干年后，偶然的机会使这些"野"孩子重新回到人类，这时他们中的多数人已经是十至十七岁的年龄。学者们用了许多年的时间帮助这些孩子，教他们说话，希望他们能够回到人的社会。但是他们的希望落空了，没有一个孩子真正成为人类社会的一员。之所以如此，是因为他们在心理发展最关键的时期离开了人的环境。2—7岁是儿童发展最关键的时期，在这一时期，儿童在不知不觉中从周围世界获得很多的知识、技能和习惯，它们形成了儿童心理发展的基础。思维、语言、情感，以及对周围世界的态度，这些心理能力都是在这个时期形成的。不断地涌来的各种信息大大刺激了他的求知欲望，使它越来越强烈。长大以后，这种求知欲望就演变为他对知识进行理性思考的强烈爱好。

而在野兽群中度过心理发展敏感期的孩子，大脑半球的皮层细胞始终处于最原始的状态，即使以后回到人类社会，也不会改变。

缺乏这些知识和其他许多知识，家长就谈不上有教育学修养。但是，尽管如此，母亲和父亲的教育者身份仍然是别人无法代替的。我曾经对未来学生的父母这样说过：

——你们生下了孩子。请记住，当他能用自己的眼睛看到五光十色的花朵或玩具，能用自己的耳朵听到树叶的沙沙声和蜜蜂的嗡嗡声时，你们就要开始培养他们的智慧。儿童入学时有多高的发展水平，他是不是聪明、机灵，就决定于婴幼儿时期成人对孩子智力的投入。如果家长对孩子的教育漠不关心，造成的后果，即使是最能干、最有经验的教师也将无力改变。

在培养家长的教育学素养时，我们努力保证教育的系统性和连续性。我们强调孩子的作息制度要有利于他的身体健康，强调儿童要参加多种多样的游戏活动，同时我们也提醒家长关注孩子精神的发展。我们对怎样发展儿童的感觉和知觉提出了具体的建议。我特别强调，感觉和知觉是培养个人精神财富的主要基础之一。感觉是通向外部世界的窗口，儿童就是透过它来观察外面的世界。我们要使儿童的这个窗口永远清洁、明亮、通透。

情绪记忆在幼儿的感性认识中起着重要作用。很多事实证明，幼时使儿童产生过深刻情绪体验的事物，会给儿童留下妙不可言的印象，使他终生不忘。那些入学时机灵、好学的孩子，记忆里储存有许多关于世界的感性映像。在提高家长教育学素养的同时，我们也在不断完善自己，因为教育别人和教育自己总是联系在一起的。一年级的小学生尤里·姆给大家讲了一个春天的故事。他描述了早春的清泉，描述了屋顶融化的雪水怎样滴穿地面厚厚的雪毯……他的故事讲得那样鲜明、生动，使我深受感动。这使我再一次深深感到，利用一切机会带领孩子走进美丽的大自然该有多么重要！一定要让孩子看看鲜花怎样开放，蜜蜂怎样采蜜，看看天空中飞飞扬扬的雪花如何精美，仿佛由神话中的能工巧匠精制而成；还要让孩子观看远处晨雾中耸立的城市和村庄，观看人欢马叫、洋溢着丰收喜悦的金色麦田……

观察力、注意力、求知欲，这些心理素质在很大程度上决定着儿童智慧的发展水平和学习成绩。对学龄前儿童多年的观察使我们得出这样的结论：孩子的求知欲望和观察能力不是天生的，它们是幼儿时期由成年人培养出来的。

带有强烈情绪色彩的感性认识同样也是儿童语言发展的基础。

非常遗憾，我曾经见过这样的学生，都读到二三年级了，"黎明"这个词还不能激起他任何的表象和感觉，当然，这个词对他来说也没有任何的感情色彩。为什么会这样呢？这是因为这些孩子从来没有亲眼见过黑夜怎样逝去，白昼怎样来临。这个词他只是在书上看到，是从书本硬塞进脑子的。思维不清晰、言语不准确、笨口拙舌，是这些儿童智力发展的特点。在他们二至七岁的记忆里没有铭刻下鲜明的映像，这样，进入儿童意识的词也就像转瞬即逝的暗淡火星，没有留下任何痕迹。

大概我们每一个教师都不得不思考这样一个问题：为什么有的孩子记忆力很强，而有的孩子却像人们常说的那样，"一只耳朵进，另一只耳朵出？"观察学龄前儿童的智力发展使我们发现了一个重要的规律，这就是幼儿时期进入儿童意识的词汇是否鲜明，是否带有强烈的情绪色彩，在很大程度上影响甚至决定小学生记忆能力的强弱。

2. 学龄前儿童的五百项发现

我给学生们讲述春天森林中的生命是怎样复苏的。我要让孩子们的脑海中出现这样一幅美丽的画面：雪花莲稚嫩的小茎钻出多年积下的层层落叶，开着浅色小花的风铃草惊奇地望着已经解冻的蓝色湖面……这时我看见，一些学生因为兴奋而两眼放光，他们刨根问底，并且按捺不住，也抢着讲了起来，和老师一起继续描绘这幅美丽的图画；而另外一些学生，尽管也在注意听，但两眼无光，神情淡漠，我的话没有激起他内心的反响。这样的孩子教起来很困难。他们听讲很吃力，要费很大的劲才能记住我的讲解。在他们的情绪记忆中没有鲜明、深刻的表象，而这些表象是记忆力、求知欲和观察力赖以发展的基础。

我在为未来的学生家长讲课时讲了这一切。我和家长们一起分析，看看在我们周围有哪些能够用来激发和丰富孩子语言感情色彩的事物。啊，有了！在离镇子不远处有一片橡树林，林子里有几处很凉的森林清泉，还有一块很特别的空地：还在寒风料峭的二月，被阳光照暖的土地就已经开始苏醒，在雪堆之间，雪花莲正在返青。橡树林里还有一块林中草地，我们把它叫作"铃兰波良拉"①。老师经常带孩子们来这里，不仅仅是观赏自然，还教学生思考。橡树林里有几棵橡树，直到春天都不落叶。整个冬季它们都挺立在皑皑白雪之中，满树的叶子，有些深红，有些金黄，有些橘黄，色彩斑斓，仿佛有魔术师在为它刻意装扮。林中有个偏僻的角落，很久以前就有狐狸在那里筑起自己的小窝……而这边，是灌木丛生的峡谷。一眼看去，好像里面没有什么使人感兴趣的东西，但是只要仔细瞧瞧，就会发现峡谷里隐藏有多少引人入胜的去处和多少能给我们的语言增添色彩的生动事物啊！谷底还有一道清泉，寒冬腊月也不结冰，一年四季静静流淌。原野里遍地都是丁香，就是在校园里，我们的孩子也能看到本地少见的树木——松树、云杉和花楸！我们对家长说：带领你的孩子到大自然中去吧，大自然能激发孩子的情感，能使他的语言变得生动、丰富！让你的孩子发现问题吧，让他尽可能多地发现问题！我们相信家长的教育才干，许多家长简直就是教育孩子的天才。父母的语言和生活智慧，是使人民教育学永不干涸的源泉。只要走进这个源泉并给它注入科学知识的养料，我们枯燥的教育学理论就会变得生机勃勃。

把年长一辈充满父母之爱的生活智慧传递给幼小的孩子，这个过程是在生活中自自然然地进行的，不可替代，也不能刻意创造。我们看到，在人们不得不对教育失败的事例进行剖析时（很遗憾，这样的事例生活中并不少见），家庭应该为孩子创造良好的发展环境这个道理就更加使人信服。

从孩子五岁时起，我们学校就开始对他们进行系统的教育。每周一至两次，孩子们要在规定的时间来学校，由他们未来的一年级老师负责，主要是发展他们的思维。天气好的时候，孩子们便去森林、果园、田野，就像我们告诫家长的那样，去那些能丰富他们的语言，能给他们思维以活力的各种地

---

① 铃兰，一种多年生草本植物；"波良拉"，俄文音译，意思是林中空地。——译者注

方。在和大自然接触时，我们尽力引导孩子们发现和领悟那些乍一看相互没有什么关系，但实际上却有着密切联系的事物。我们认为，发展观察力和求知欲有特别的意义，它们是儿童思维发展的重要前提。

在教师的指导下，每一次与自然接触，孩子们都会有独特的发现，他们的思维都会触及自然界不引人注目、不易觉察的奥秘之处。一年之中小孩子们会有五百个以上的"新发现"。请看，下面就是孩子们的"发现"：我们周围的一切，要么有生命，要么没有生命；水和太阳的光和热是生命不可缺少的条件；植物从种子来，种子是活的，它会成熟，植物结果实是为了延续后代；水有三种样子：水、冰和汽；如果人给土地施肥，植物就会长得茂盛；地球的表层是黑土，它是植物生活的环境。这每一个发现，都得益于生动、鲜明的感性形象。正是在不断"发现"的过程中，孩子们的语言越来越生动，越来越富于感情，同时也逐步形成了对事物的初步概念，比如生物和非生物的概念。

在这期间，我们已经发现了一些儿童智力发展的某些异常情况（在这个年龄不太明显，往后会越来越明显）。大多数孩子发现了自然的奥秘后会深感惊奇，而这些孩子却神情漠然。可是你要知道，惊奇和诧异是给思维提供动力的心脏。

深入研究了这些孩子的家庭后我们发现：病弱、感性认识贫乏、缺少能够影响儿童情感的鲜明表象，是他们智力怠惰的主要原因。弄清孩子的智力缺陷后，我们开始深入的个别教育。它的目的，是首先使孩子的感性认识积极起来，在这个基础上培养他们语言的感情色彩。我们坦率地告诉家长：如果父母不每天坚持对孩子进行系统训练，他们的孩子上学时智力发展会很差，学习成绩也会很差。

六至七岁是对孩子进行更系统教育的时期。和头一年一样，为了发展思维，我们也组织孩子走进大自然；此外还教孩子们阅读，方法是把阅读和游戏紧密结合起来。这样，孩子们入学时就已经掌握了初步的阅读技巧，这就有利于在学龄时期进行内容丰富的发展学生思维的工作。

9. 小心，你的面前是孩子！

　　　　每个家长都应该清楚地知道：他的直接权利的边界在哪里，他特别关注、但是又不能贸然闯入的孩子隐秘世界的疆界又在哪里。每个小男孩、小女孩都可能有自己小小的隐私，它们多和游戏、同伴、友谊之类的事情有关。成人对这些事情公开干涉得越少，孩子的"秘密"也就越少，他们对待成人也就越是坦诚和信赖。成人贸然闯入孩子的内心世界，会造成孩子孤僻冷漠的性格。

怎样使用父母的权威

　　有些家长认为，孩子不听话，是因为他还小，意识水平还没有发展到这一步，孩子长大了就会懂得该听父母的话，到那时再教他也不迟。因此，这些家长对自己不到上学年龄的子女采取了完全放任的态度。

　　在我们工人住宅区住着彼得·阿法纳西耶维奇一家，他家有三个孩子：一个小男孩，两个小姑娘。他们家生活富裕，父母对孩子们的要求从不拒绝，特别是对儿子。还在上学以前，维佳就养成了由着性子胡闹的坏习惯。吃饭时，看见妈妈给他往小孩子用的小盘里盛菜汤，他就闹了起来：

　　"为什么倒在这个盘子里，我要那个大盘子！"

妈妈只好把小盘子里的汤转到大盘子里。

"但愿他长大了能变得听话一些。"——每当儿子提出新的无理要求时，妈妈就这样说，爸爸心里也是这样想的。

父母经常给维佳买些儿童读物，他却把书一页页撕下，叠成纸鸽子或者飞机。父亲制止他，但是小男孩有自己的法宝——大哭大闹。于是母亲出面了，她当着儿子的面对父亲说：

"他就要上学了，到时候他会爱惜书本的。为什么现在要禁止他做自己喜欢的事情呢？长大了就会好的。"

维佳上小学了，父亲说应该在上课前两小时叫醒他，但是母亲心疼儿子。于是维佳上学时总是慌慌张张，不是把书落在家里，就是忘记了带作业本，而且还经常迟到。休息日，维佳会在床上一直躺到中午十一点。他懒洋洋地躺在被窝里，听着父亲怎样责怪母亲不该对他放纵。但是父亲的话对他不起作用，因为他知道母亲会迁就他，而父亲，最终是会向母亲让步的。孩子发现父亲、母亲经常对他提出完全相反的要求，于是孩子就要想一想：谁的话可以不听，谁可以保护自己。结果，当然是谁的命令符合自己的心愿，他就听谁的。

就像我们看到的那样，在彼得·阿法纳西耶奇家，父母没有从小培养孩子听从教导的习惯。维佳的父母知道自己有教育儿子的权利，如果使用这个权利，就能不费气力地管教好儿子。但是他们有意放弃了这个权利，总以为儿子大一点后自然会服从父母管教的，在这之前不应该向他提出这个要求。这说明他们不明白培养孩子纪律性的意义和方法，忘记了自己作为家长应有的权利和义务。

应该树立家长的权威，家长必须享有一定的权利，因为他承担着为国教子的责任。法律在赋予家长教育子女责任的同时，也赋予了家长相应的权利。

还有一些家长认为，应该在孩子明白了必须听话的道理以后，再要求他照着做。这种观点也是错误的。事实恰恰相反：孩子是先养成听话的习惯，然后这种习惯反映在他的意识里，他才慢慢明白了必须听话的道理。如果对孩子的任性行为不加制止，他就会形成胡作非为的习惯；久而久之，胡作非为反而成了理所当然的事情。

为了更好地管教孩子，应该把讲道理和培养服从听话的习惯紧密结合起来。要知道，远在孩子能听懂道理之前，孩子的生活就已经开始了。孩子应该首先从实际生活中获得听话和服从的经验。而且，也不是任何时候和任何要求，都能够或者都有必要对孩子讲清道理——比如，完全不需要对一个三岁的孩子讲清楚为什么他应该比成人早些睡觉的道理。

只有父母的要求是为了更好地培养公民时，父母才能正确使用自己的权利。首先，父母的要求应该合乎情理。孩子长大后懂得了这些要求的必要性，就会为自己养成了好的习惯而感激父母。还有，对于孩子来说，只有父母意见一致的要求才是必须无条件执行的。命令也好，禁止也好，如果父母的要求在相互争吵中产生，特别是当着孩子的面，那么，无论是否合理，都没有权威，孩子都会认为是可以不执行的。

有些家长以为自己的权利主要表现为禁止，这也是错误的。过多的禁止只会束缚孩子，使他变得胆小、消极、没有活力。家长的权利不仅表现为禁止孩子做什么，更重要的，是要提醒孩子去做大人规定的积极的事情。

多年来，我们一直在观察集体农庄生产队长依万·依万诺维奇家是怎样教育孩子的。他们夫妇二人要教育五个孩子：两个正在上大学，三个还在我们学校学习。他们的孩子无论在家还是在学校，表现都很好。家长成功的奥秘在哪里呢？首先，父母对孩子的要求总是坚决一致，而且这些要求很少是禁止，更多的是鼓励。父母有意识地避免使用"不能"这个词，努力使自己的命令从"应该"开始。

一般说来，只有当孩子已经在做某种错事时，才需要说禁止。为避免或尽量减少禁止的需要，应该防止孩子积累消极的经验。这一点，依万·依万诺维奇家成功地做到了，因为他们总是一次就教会孩子正确的行为。父母的权利主要体现在鼓励、指导和培养孩子们的良好行为，而不是经常的制止和纠正。这样，即使有时家长不得不禁止些什么，也很容易被孩子理解和采纳。这是很自然的：如果孩子平日养成的是些好习惯，他正确地做事情当然比犯错误要容易得多。依万·依万诺维奇夫妇从来不抱怨孩子任性，孩子们也从不胡闹。对待同一件事情他们从来不提两种对立的要求。他们清楚，夫妇间的任何分歧和冲突，都会使孩子先是产生心灵的困惑，进而就导致行动的违抗。因此，他们总是相互让步，避免争吵；必要的时候，甚至也会向孩子们让步。

让孩子们严格要求自己并不意味着要求他们盲从，要善于摸透孩子的思想和感情。在孩子的愿望非常强烈、简单禁止会使他感到极大痛苦的情况下，可以允许他做一些不完全符合父母意愿的事情。让实践教育孩子认识错误也是很有益处的。

我们说说依万·依万诺维奇家发生的一件有趣的事情。十二岁的儿子格里沙性格有点内向，心里藏着一些不让兄弟姐妹知道的小"秘密"。有一次，父母发现，格里沙和他的伙伴们常常避开别人，到荒地里一所废弃的旧棚子去。"他们去那儿干什么？"父母很是疑惑，但是没有出面禁止；他们知道，如果有什么严重的事情，孩子自己就会来找他们。确实没有想错：一天，爸爸正准备下地，格里沙走过来请求道：

"请允许我今天在棚子里过夜……"

"为什么？"父亲惊奇地问。

儿子解释说，他和伙伴们在玩"游击队"的游戏，荒野上的旧棚子是游击队的司令部，今晚所有的指挥员都必须待在司令部里。父亲不很喜欢这个游戏，但是他看到小男孩对它是那么迷恋，觉得自己"值日官"的责任是那么的重大，知道用坚决禁止的办法破坏这种感情是愚蠢的。还有一个不能忽略的事实是：格里沙并没有自作主张，而是向父亲提出请求，诚实地揭开了自己的秘密，儿子多么信任和尊敬自己的父亲啊！父亲也考虑到了其他情况，确信一个不眠之夜不会影响孩子的健康。父亲决定："让他去吧！让事实来证明他们的游戏有些过分！就这样！"正如父亲所料，夜间游戏遇到的麻烦比孩子们想象的要多得多。他们困得要命，恨不得一头栽倒在床上，于是很快就散伙，各自回了家。这件事后，孩子们游戏时不再有过火的举动，格里沙也更加信赖父亲了。

这件事情说明了什么？说明父母在使用手中的权利时应该非常谨慎，应该了解孩子的内心世界。每个家长都应该清楚地知道：他的直接权利的边界在哪里，他特别关注、但是又不能贸然闯入的孩子隐秘世界的疆界又在哪里。每个小男孩、小女孩都可能有自己小小的隐私，它们多和游戏、同伴、友谊之类的事情有关。成人对这些事情公开干涉得越少，孩子的"秘密"也就越少，他们对待成人也就越是坦诚和信赖。成人贸然闯入孩子的内心世界，会造成孩子孤僻冷漠的性格。尤其是不能简单粗暴地干预孩子与同伴的关系和友谊。有些家长明确规定怎样的孩子可以交朋友，怎样的孩子不行，这是非常错误的。父母的职责不是"禁止"或"允许"友谊，而是很有分寸地指导孩子怎样建立友谊。孩子越大，他个人生活的世界越宽广，父母能够直接干预的范围就越小。如果说幼儿和儿童天真无邪，会在无意中把自己全部的"秘密"泄露给父母，那么，少年和青年在敞开自己个人世界方面就沉稳得多了；而且，他们对父母刺探和干涉自己个人世界的企图也非常敏感。

这时候父母的态度要有根本的改变：父母要更加尊重少年、青年的个性，承认并且尊重他们保护自己的隐私的权利。这样，无论孩子长得多大，父母和孩子也不会疏远。

父母的威信取决于许多条件，明智而又有分寸地使用家长的权利就是一个必要条件。家长的权利是权利，同时也是艺术。

孩子们的精神依赖是怎样产生的？

每当追究起谁应该对少年犯罪负主要责任，无论是写文章还是发表谈话，人们首先想到的总是学校。

这些违法少年是些什么人？他们来自何种家庭？其中有多少人是在没有父亲的情况下长大？又有多少人失去了母亲？他们的文化程度怎么样？这样一些重要的问题，却很少有人去思考。

文学家们常常指责教育科学院，说那里的学者没有利用自己优越的条件好好研究难教少年的问题。他们说科学院拥有几十万名教师的经验，还有许多高速运作、能快速处理很多资料的电脑……

教育学，它的理论连同它的实践，都受到了责难。

我没有掌握全国性的统计资料，只能根据我所熟悉的材料谈谈自己的看法。

我做了三十年的教师，亲眼看到几千名孩子在我身边长大成人，结婚生子，然后，他们又把自己的孩子送到了我们这里。在几十年的教育工作中，我和二百七十名难教少年打过交道，他们都是一些心灵上受到过家庭创伤的孩子。早在童年时代，他们就知道了许多不该他们知道的事情；他们对任何高尚、圣洁的东西都失去了信任。他们中有一百八十九人是单身母亲的孩子；七十七人家庭破裂；剩下的四个孩子，乍一看，似乎有个正常的家——既有母亲，也有父亲，但是如果知道了这些家庭的内情，我相信谁都会为他们伤心和担忧。

这好像已经不是谈经验，而是在罗列数据了。这二百七十名难教少年，每一个我都建有卡片，上面记载了我认为了解一个人必须掌握的全部资料。我三十年来积累的这些资料告诉我一些什么呢？它告诉我，难教的儿童和少年，首先是那些没有父亲、没有享受过美好家庭生活的孩子。他们觉得自己是在父母意料之外偶然来到这个世界的，自己是上天对母亲错误的报复。这种想法从小就折磨着他们。一个没有父亲、时时都感觉到没有人需要自己的儿童，他心中的伤痛是很难用语言表达的。这些孩子从懂事的那一天起，听到的就是母亲抱怨的话："你是我的报应，你出生的日子真是个应该诅咒的日子!"这些话像针一样刺痛他们的心。

慢慢翻着已经发黄的记事簿,这些儿童、少年一个一个走到了我的面前:瞪着愤恨的眼睛,对老师发着脾气,教师温存的话语让他们浑身不自在,时时处处想着法子和老师对着干……

只有那些幼时经受过善良、真诚的熏陶,体验过人与人之间美好情意的人,才能获得人道、热诚、同情、助人为乐这些能够抵制丑恶和罪行的道德力量。和美的家庭,父亲母亲两颗相爱的心紧紧相连的榜样,就是学习这些优秀品质的学校。

对人的爱,只能用爱来培养,如同火只能用火来点燃一样。

我想起了十二岁的科利亚。有一次我给孩子们讲卓娅·科斯莫杰米扬斯卡娅[①]的英雄事迹,小男孩两眼透着恶意,说:

"这不是真的。"

"你为什么这样想?"

"因为所有的人都在骗人,因为世上没有真话,好话都是书上编出来的。"科利亚好像背着很重的东西,一边喘气,一边低声说。

小小的人儿,要在经受多大的痛苦之后,才会对真理、善良、人性如此的失望啊!这个男孩曾经生活在一个使人胆战心惊的环境,身边充满了谎言、虚伪和欺诈。他的母亲曾经三次被欺骗,三个男人让她生了三个儿子,却没有一个男人成为她的丈夫。母亲每天都对孩子们说:谁也别相信,什么也别相信;只要能骗就去骗,谁会骗,谁就能赢。母亲自己就教孩子们欺骗、伪善、偷窃。

在我们学校,班级日志上记载父亲姓名的一栏被取消了;因为在每个班都有这样一些孩子,你要是对他提出有关父亲的任何问题,就等于往他的伤

---

① 卓娅·科斯莫杰米扬斯卡娅,苏联卫国战争时期的女游击队员,在一次执行任务时被捕,受尽折磨,英勇不屈,牺牲时年仅十八岁,是首位获得苏联英雄称号的苏联女性。——译者注

口里撒盐。我们从来不向学生打听他们的父亲。我们通过其他途径了解父亲的情况，因为这是重要的教育资料。

在我国该有多少这样的孩子？社会人士要求废止在出生证上用空格线代替父名的规定已经十多年了，它违背了正确的道德观念和我们的道德标准。

最近一期的《文学报》刊登了民警中校弗·奇诺夫与该报特派记者的一次非常有趣的对话。中校经验丰富，善于分析犯罪分子细微的心理活动。他认为，目前犯罪的主要根源是犯罪者的个人过失。不错，在任何环境中人都应该坚持做一个人，对环境的任何抱怨都不能减轻个人的罪过。但是把个人过失当作少年犯罪的主要根源，这种论断是不全面的。如果把犯罪看作是一种有深刻社会根源的现象，就会有另一样的见解了。既然我们还存在犯罪现象，这就意味着，有那么一些人，他们在社会、道德、精神和审美关系上存在着一些问题。

指责学校首先要对一切道德败坏负责的议论，我们已经听得够多了。这种议论混淆了舆论，首先是使家长产生了错觉。许多家长因此就推论：既然全部过错都在学校，这就说明学校本来是能够完成所有的道德教育任务的；既然学校可以解决所有的或者几乎所有的问题，那么，只要学校尽心去做，就会万事大吉；既然有了学校就万事大吉，那么，在孩子的教育中，家庭当然就起不了大的作用。事实上有一些家长确实就是这么想的。

不难想象这种议论将会带来何等严重的后果。这种后果已经产生了。很多家长特别是年轻家长坚信：他们的任务就是生孩子，教育的事情让社会去操心吧。事实上，现在人们所说的社会教育，只是指的学校教育。在很多人的观念里，社会关心正在成长的年轻一代并不包括家庭。然而实际情况却是，家庭的稳固是一个最重要的社会问题，这个问题解决得好不好，在很大程度上影响着青少年的道德面貌。应该让每一个人都深刻地认识到自己对社会的责任，都懂得人最重要的社会责任，就是教育好自己的孩子。父母是儿童最初的也是最主要的教师。在中学就应该教给未来的母亲、父亲教育学知识，教育学应该成为人人掌握的科学。可能某些人会批评我夸大其词，但我确实认为，不学习教育学的基本知识，年轻人就没有权利组织家庭。

社会教育，这是家庭和社会的教育。从精神上塑造人，在自己子女身上再现自己、完善自己，这是具有崇高意义的创造。

应该通过一项法律明确规定父母教育子女的责任。根据这个法律，没有正当理由，父母无权把孩子交给其他任何人教育。如果父母硬要放弃自己的权利和责任，这表明他们是道德不健全的人，他们的孩子就应该送到儿童之家①，交由社会教育。

近些年来对社会教育错误、片面的认识，在青少年中造成了一种仰赖别人、坐享其成的风气。这种风气严重侵入到学校的教育工作，甚至也渗透到了少先队和共青团的组织生活。

弗·奇诺夫在"犯罪现象和对罪犯的惩治"一文中说到过青少年中存在的"精神依赖"现象，深入考察这种现象如何产生，是一件很有意义的事情。

夏天刚到，共青团区委会就不让人安宁了：喂！你们老师想过没有，为了高年级学生能过好暑假，你们该做些什么？于是，假期应该休息的五十岁的女教师就得到夏令营去工作。名为"青年劳动、休息独立夏令营"，实际上干的活儿少得像鸽子嘴里的食。空闲时间太多了，于是就要有为这些"独立"青年服务，使夏令营有一点文化休闲的样子。

一位校长下决心不这样做。整个夏天，他把十七岁的高年级的小伙子派到拖拉机队和大田组劳动。小伙子们高兴地去了，觉得自己是真正在工作。但是共青团区委会却不满意：怎么能够这样——没有老师，没有墙报，也没有人组织他们出早操？

让少年和青年什么都享受现成，我们还能够培养出经过锻炼的共产主义战士和坚强、勇敢的人吗？不久以前，在我们区的一个镇子里发生过一件近

---

① 儿童之家，苏联政府收养孤儿以及父母失去教育资格的儿童的养育机构。——译者注

似笑话的事情。集体农庄俱乐部有个排球场，架球网的两根柱子因为腐烂倒了。几个二十来岁的小伙子就给区里的报纸写了一篇读者来信，抱怨说："像什么话？对我们年轻人也太不关心了！"区报把文章转给了党委书记。为了息事宁人，书记赶忙找到几名老工人，他们为身强力壮的年轻人搬走地下的旧木杆，再埋上两根新的。事成之后党委书记往区里回了个公文："已经采取措施。"

确实有这样一些人，他们真心以为多建一些运动场和跳舞场，多放一些台球桌，就能减少青少年犯罪。这是天真的、孩子式的幻想！道德的坚定性和对邪恶的抵御能力不取决于跳舞场和台球桌。每个青年、每个姑娘都应该有自己高尚的生活目标和丰富的精神需要。读书应该成为主要的精神需要。为什么这个少年天天晚上无事可干，要到处寻找消磨时光的地方？为什么我们要想方设法帮助他打发日子？为什么他从小就心安理得地要我们为他忙碌，要我们讨好他，要我们大小事情都替他想好、做好？这是因为仰赖别人、坐享其成的思想侵蚀了他的心灵：应该有人为我安排好一切，应该有人成天围着我转……为什么这个少年每天都要到外面游逛，或者去文化宫，或者坐咖啡馆，或者进台球室，就是不愿意坐在家里读读书？为什么他热心去任何地方却不愿意留在家里？为什么少年、青年不挽着母亲的手，和母亲一起去剧院或者俱乐部？所有这些都是教育不当造成的后果——学校教育、社会教育，当然也包括家庭教育。

在我们的日常生活中，在各种机构、团体组织的活动中，都有不少的失误和过错，决不能把所有的问题都归罪于学校。

难教的孩子

啊，难教的孩子！他们给老师、家长以及整个社会带来多么沉重的思索，带来多少的焦虑和痛苦啊！不久以前曾经有过一种时髦的见解：没有教不好的孩子，只有不会教的老师。于是，为了保险起见，人们总是把"难教"这个词放在引号里，以为这样就万无一失了。但是事情远远不是这么简单……

回避"难教"二字真的能使学校、家长，乃至社会轻松起来吗？事实上，难教的孩子确实存在，走到哪里也躲不开。千差万别的原因，使得一些孩子在智力、情绪、道德方面出现了异常甚至畸形的发展。

长达三十年的教育工作，使我有机会调查、研究了七十多个难教的孩子。他们每一个人的个性里都有自己特有而又深藏不露的东西。此外，他们的个性也都有自己的根源，都有一个渐进的形成过程。

大概不止一位老师在为这种情景犯愁：全班同学都在注意听讲，很快就能按照老师的讲解解答习题，而别佳却什么也没弄明白。看来每所学校都有几个成绩总是不好，最后只有留级的孩子，但是他们落后的原因却千差万别。难教的标签牢牢地贴在了这些孩子的身上。校长指责老师不会教，老师就指责孩子不听讲、坐不住、偷懒。

为了帮助别佳改掉这些坏毛病，课上老师把他盯得紧紧的，课后还要把他留下来补课，但是别佳的成绩并没有因此而好起来。学习使他厌烦，他学会了欺骗，既骗老师，也骗家长；还学会了抄作业，即使自己能做，也要抄别人的。

于是别佳真的成了一个懒汉。不仅如此，有时候他还要使坏。老师要是遇到什么不痛快的事情，他就幸灾乐祸。他想方设法要让老师伤心、难受。记得有一次在四年级上算术公开课，玛丽娅·彼得罗夫娜想在同行面前显现一下全班学生的积极性，于是向每一个学生提问，不漏过任何人。轮到别佳，她提了一个非常简单的问题：

"说说看，把十平分为两份，得几？"

数学课上无数个两分早已使别佳恼怒不堪，他决心报复一下女教师。

"二！"他毫不犹豫地回答。

女教师强压怒火，温和地说：

"瞧你，别佳，这不是做游戏，是上课。再想想，如果把十分成两等份，得几？"

"二乘二得四。"别佳的回答引起了一阵哄笑……

智力发展的轻微损伤，有可能逐渐以道德问题的形式显现出来。我们有多少个这样难教的孩子，他们又给家长和老师带来了多少的麻烦！但是，亲爱的成年同志们，让我们想象一下：要是你处在别佳的位置，年复一年，日复一日，每天听到的都是"你什么也不行"，"你是个后进生"，"别人都能做的事情你怎么就不会"之类的丧气话，你会是怎样的心情？

有一次基洛夫格勒州儿童收容所的负责人对我说："我们收到过一份鉴定，是一位校长为他四次出走的学生写的。您知道校长写了些什么吗？——'该生在四年级蹲班已经是第三年了，他在三年级还留过两次级。该生厚颜无耻，对待老师粗野无理。老师呵斥他，他就对老师骂娘。难道这样的无赖还能留在学校吗？'"

我真想在这份鉴定书上添上几笔，再把它送还给这位校长："要是让您在一个班蹲上三年，您就会像狼一样嗥叫，而不只是骂娘了。"

教师和校长一个很大的失误，是不研究孩子变得难教的原因。医生总是首先为病人仔细检查身体，努力寻找并确定病因，然后再着手治疗。一个真正的老师，应该像医生对待病人那样，仔细、耐心、深入地研究孩子，研究他们在智慧、情感、道德方面的发展。我们不能想象一位讲人道的医生会对病人这样说："您病得很重，我不能为您治疗。"但是，我们却有多少教师每天都在让孩子感到自己没有希望，而且还常常残酷地以直截了当的方式告诉他。教育的真正意义在于，即使是真正低能的孩子，也要让他不感到自己的残缺，也要让他享受到做一个高尚的人的快乐，享受到认识的快乐，享受到智慧劳动和创造的快乐！

多年的教育工作实践和对儿童智力劳动及多方面精神生活的研究，使我产生了一个坚定的信念：儿童变得难教、成绩不良、落后，根本的原因在教育，在他幼年时期所处的环境——也就是说，儿童在一至七八岁期间没有获得对于思维发展来说至关重要的某种东西。

这些学习困难的孩子几乎用尽了自己的全部智慧力量，但还是不能掌握深奥难懂的科学知识，他们已经绝望。如果教师不了解这些，不去鼓励和帮助他们，反而一味地加压甚至嘲讽，对孩子的伤害就尤为严重。

所有和儿童打交道的人——教师、教育工作者、家长，都应该懂得一些科学知识并在实际中运用它。孩子出世时，他的神经过程的发育并没有结束，这个过程要持续到十七八岁甚至更晚一些。一至七八岁是神经发育最复杂、最深入的时期。在孩子从柔弱无能的婴儿变成人的过程中，儿童最初几年的社会环境起着特别重要的作用。科学界知道三十二例从小被狼、虎、狮子或其他动物叼走养大的孩子。这些"野孩子"后来回到了人类社会，但是没有一个被成功地改造成人。这个可悲的事实再一次证实了童年期的智力教育有多么重要。

……但是，别佳又是怎么一回事呢？为什么别的孩子都能理解题意并且把它解出来，别佳也努力了，却不行呢？是不是他的脑子和大家不一样？不是的。和别的孩子一样，别佳的脑子里也有思维的物质，有许多个亿的神经细胞。那么，问题究竟出在了哪里？

问题出在别佳的早期生活环境。别佳的早期生活环境没有向他提供足够的、大脑发育极为需要的刺激。为了把许多个亿的神经细胞发展成有智慧、有求知欲的人的大脑，儿童一出世，就应该不断受到人的影响。

思维是从提出"为什么"开始的。儿童在周围世界看见了许许多多新鲜的事情并且为之惊奇：蜜蜂向着开着花的苹果树飞去，为什么它又要飞走，它去了哪里？这一只小鸟在树上搭窝，而那一只小鸟却在屋檐下筑巢，为什么？晚间的原野是灰蒙蒙的，可到早上却盖上一层轻柔的白色地毯，为什么？太阳落山了，天空闪烁着星星，这又是为什么？永不满足的求知需要和寻根究底的探索精神对于孩子的正常发展非常重要，它们不是天生的，是从人那里获得的。我们成年人回答孩子的问题越多，孩子的认识兴趣就越大，他在自己周围发现的新东西也就越多，他也就越是惊奇、越是快乐。

就在这一个个问和答的瞬间，孩子的大脑里进行着令人惊奇的过程：思维的发源地和物质基础——大脑紧张地工作，无数个神经细胞进行着最复杂的生化过程，渐渐地，神经元变成了人的思维器官。没有这一次次的过程，神经元就只能停留在沉睡的状态，发育就会中止，神经系统就不会再有可塑性和灵活性。这样，心理发展就会滞留在本能的原始状态。不引发儿童思考，不培养儿童寻根问底的探索精神，儿童思维发展的大好时机就白白浪费掉了。

对孩子的智慧、思维启蒙得越晚，孩子就越迟钝、越难以教育。非常遗憾，这样一个重要的规律，我们的老师却往往忘记了，而家长一般又不了解。至今还有不少家长极为错误地坚持：上学以前不需要教孩子什么，就让他的脑子像一块干净的黑板，连一个字母也不要有。于是，当孩子提出问题时，大人们总是这样回答：上学以后你就知道了。

孩子的求知欲望就这样被扼杀了。

那么，别佳的童年又是怎么度过的呢？别佳的父母都要上班，儿子就交给了奶奶。奶奶是个善良的人，对孩子照料得很好，但只是限于满足孩子吃饭、睡觉、洗澡、换衣这样一些身体的需要。奶奶什么也不给孩子讲，什么也不指给孩子看（她的视力不好），也不让他与周围的孩子们来往。别佳就这样自己玩自己的。他的眼睛看见了许许多多美好有趣的事情：啄木鸟在树干上跳来跳去；黄蜂在齐心协力地工作；苹果树的枝头上有时会停着一只美丽的黄莺，而蓝蓝的天上，有时也会传来云雀的歌声。几千幅画面在他身边出现又消失，但是在他的意识里却什么也没有留下。小男孩已经快两岁半了，连自己身边的许多东西都叫不出名称。

秋去冬来，别佳的活动天地更小了。宽敞温暖的房间里到处铺着地毯，不管别佳怎么走，怎么爬，怎么跳，都不会碰到任何硬的东西，也不会被绊倒。一直到了五岁，奶奶才允许别佳到外面和其他孩子玩耍。让人害怕的事情终于发生了：别佳不懂得什么是游戏。大家一起捉迷藏，别佳要是找不到藏起来的小朋友，他就会倒在地上大哭大叫；要是他找到了哪一个，又会死死揪住人家的头发，用拳头狠狠地打。

孩子们再也不要别佳一起玩了，别佳倒也不显得特别难受。他在灌木丛下找个地方坐下，折下一根枝条，无聊地敲打地面；或者换一个花样，把灌木的叶子揪下来扔在地上。孩子们惊奇地发现：别佳，一个快六岁的孩子，数数还数不到五！

曾经像植物一样地活着，这就是别佳过去的故事。但是不要以为别佳是智力落后儿童。别佳的智力绝对正常，但是发展很弱。这个事实，只有那些了解儿童头脑中在发生些什么，知道思维怎样产生，记忆是怎样巩固和发展的人才能够理解。

如果别佳幸运地碰到一位懂得儿童心理、聪明又负责任的老师，事情就完全两样了。这位老师会把小学低年级阶段变成别佳学习思维的学校。老师会每天都和自己的学生一起去田野，去森林，去河边。他仿佛是在孩子面前揭开大自然的面纱，他要唤醒孩子还在打盹的大脑。于是孩子开始动起脑筋。他会有很多很多的问题，他的求知欲望也就这样逐渐地发展和巩固。

除了和大家一起上课，从一年级到三年级，都应该有对学习困难儿童的专门教学，让他们的智力发展渐渐赶上来。在这里，最重要的，是任何时候都不要让孩子对自己失望，不要让孩子觉得自己生来无用，是个注定会失败的人。

有些教师和家长以为，多学多记一些知识就可以把学习困难的孩子拽上来，这就大错特错了。教师和家长任何时候都要记住，不要强迫孩子不停地读书，而是要培养孩子的智慧，发展他的智力和能力，教他学会思维。特别要指出的是，对于那些上学以前从早到晚都待在幼儿园的孩子，有个聪明而有知识的教师就显得格外地重要。

学习困难儿童的话题是个既大又难的话题。实际上它是一个最复杂的教育问题，如果对它掉以轻心，我们就会付出沉重的代价。

小心，你的面前是孩子！

——致《皮鞭教育学》的作者

读者，首先是我们教师自己，在读过阿·布连科瓦娅的信后会说：嘿，这只是一些个别现象。难道可以根据这些个别现象做结论，提问题吗？让那些不善待儿童的人在信中认出自己，为自己的行为羞愧，这难道还不够吗？

是的，不够。不管我们的学校有多少善于理解儿童、少年心灵的优秀教师，我们也没有权利放任教育中的不文明行为和对儿童命运的冷漠态度，即使这些只是个别现象。

忧伤的母亲们不断在问："我该怎么办？！"其实这也是孩子们的哀鸣。对这些母亲和孩子，我们绝对不能不闻不问，漠然视之。

有些人把学校看作堆放知识的栈房。在他们眼里，学生每天到学校，为的是从这个栈房取出一些有价值的东西；谁取得少，谁就是差生；至于那些获取知识最少的学生，简直就是毫无用处、不可救药的人。

我们忘记了，在一个"一切为了人"的国家，教育的使命要复杂得多。我们教师站在了人的摇篮边，而人是最珍贵的。社会把自己最珍贵、最重要的财富托付给了我们，我们每时每刻都记住了自己的责任吗？

有一次我去拜访一所刚刚翻修过校舍的学校。一切都很漂亮：教师办公室，走廊，与体育馆并排的淋浴间……但是，不知哪个孩子把走廊新油漆过的墙裙弄脏了一块，校长、总务主任，值日老师都聚在这里，一点一点擦洗这块污渍。就在这时，有两个六年级学生没去上课，在校门口踢球。可是谁也没有注意到他们，无论是校长，还是老师。一个小时过去了，仍然毫无觉察。怎么会有这样的事情，在教育者面前，墙裙上的一个污点居然遮挡住了本该最受关注的学生？

看到有些学校为了赶走一个坏学生那么卖力,而且是那么机敏、有办法,你真会感到痛心。这些力量和机智本该用在另外的地方。要知道,每一个儿童,毫无例外都是一个完整的世界,等待我们去揭示和研究,等待我们把它提高到自我意识、自我完善的高度。

什么是教育,可能我的回答违背了科学观点。我认为,教育就是不断地提高人,教育是一件需要耐心,需要坚持的事情,做起来很难,但也很快乐。

教育者真正的本事,是有办法让他的学生珍惜自己的人格和尊严。一个孩子不懂得尊重自己,这是悲剧即将发生的前兆。

在一封来信中有这么几行:"夜里,男孩子轻轻起床,为的是不惊醒母亲。他打开练习本,涂改上面的分数。如果擦去二分,还知道为二分害臊,这还不那么可怕。如果妈妈问放学回来的儿子:'今天得了几分?'儿子满不在乎地扔出书包:'你自己看吧!'那就糟糕了。或者更糟糕,干脆当着老师的面把本子扯得稀烂,然后对老师说:'你就把二分记在我的额头上吧!'"

在集体中长大并在这个集体中认识了自我的人,是愿意做个好人的,也希望别人把他看作好人。我们的天职,是千方百计加强人的这种愿望。

请理解孩子,他们也经常有些伤心的事情:"为什么我不能像别人那样把字写得漂亮一些?别人做算术题那么轻松,可我怎么像钻进了迷宫,半天也走不出来?别人都是好孩子,我却是个坏孩子。"糟糕的今天,糟糕的明天……孩子怎么也理解不了,他和别人一样,都背着书包上学,怎么突然就成了坏学生呢?起先他还害羞,往后他不害羞了,他习惯了他和别人不一样。他已经相信不是所有的人都能做好学生,总有一些人该是坏学生。于是他的心肠就变得麻木、粗野。我不知道,在学校里还有什么比这更叫人悲哀的事情。

用精神的皮鞭(阿·布连科瓦娅所说的)抽打到孩子的心灵,对孩子的伤害就更大了。孩子的心灵是教育的圣地,应该由智慧、善良来驾驭。

至今还有一些家长仍然相信皮鞭比说服更有力量。他们说学校是让人成才的地方，不能像家庭一样充满温情。我们必须不遗余力地揭露《皮鞭教育学》，使它声誉扫地。

阿·布连科瓦娅说得对：我们的悲剧还在于，在这个问题上，有一部分教师的"理论"水平和家长相差无几。

我是一个教师，当然不能动手打人。但是，如果我明明知道上帝只教会了瓦尼亚的父亲生孩子，我还把他叫到学校，对他说："瓦尼亚，您的儿子是个不想学习的懒汉。"那我就是在借父亲的手打孩子，我是一个同谋犯。

不少的人自称是知识分子，但这并不妨碍他们坚持认为不用拳头，孩子就会变得软弱可欺，就不能适应生活。实际上，皮鞭不仅降低了孩子的尊严，还把他心中最黑暗、最卑鄙的魔鬼——萎缩、怯懦、仇恨、虚伪一一唤醒，使他的心灵堕落腐化。那些在童年既没挨过拳头，也没被打过后脑勺的人，也能最坚决、最不调和地面对邪恶。

大约在十五年前，我们学校有个叫凡塔捷尔卡的小姑娘，是个创作故事的小能手。一次，课间休息的时候，她满脸惊恐地跑来："别佳对格里沙，棍子，棍子……"在她的词典里仿佛没有"打"这个字眼，她居然还不知道一个人可以像这样殴打另一个人。那么小姑娘会不会因为这种无知而不能适应生活呢？完全不会。一些年以后，在流氓举刀向一位妇女砍去的紧急关头，十九岁的女大学生勇敢地冲向前去。凡塔捷尔卡受伤了，但她救下了那位妇女，使她免于一死。

皮鞭割断了成人与儿童的精神联系，也使家长和教师的所有努力都付之东流。要是一个小孩子学会在拳头的恐吓下装装样子，这样的孩子你也就犯不着打了。体罚已经不再让他害怕，而理智、温和的话语他又听不进去。家长也好，教师也好，都没有了权威，往后只好由他去了。

和不能容忍恐吓和体罚学生一样，也不能容忍教师挥舞精神的皮鞭，在精神上侮辱学生。无论是因为教育素养低，还是因为不能控制自己的情绪，这种行为都是不能原谅的。

这并不是说我主张宽恕一切，我只是相信真正的教育和"压制""强迫"水火不容。如果教师一方面向孩子提出各种要求，另一方面又对他百般迁就，这种教育，就像在沙浪上划船，也是注定要失败的。

学校不是存取知识的仓库，而是引燃智慧之火的火种。孩子们的秉性千差万别，学校最重要的任务是帮助每一个孩子都得到尽可能好的发展。

本该使人快乐、幸福的学习却让孩子感到痛苦和害怕，面对这种现实难道我们能够平静吗？孩子之所以厌恶和害怕学习，是因为今天也好，明天也好，他每天都感到自己是一个坏学生。我这里还保存着这样一封信，上面写道："我的女儿学习成绩不好，经常得二分，每次回家都很忧伤。有天夜里我突然被女儿的哭声惊醒：'你怎么了，小女儿？'女儿抽泣着哀求：'妈妈，我们搬家吧，搬到一个没有学校的地方去吧！'"

让孩子在学习中成长，这就意味着任何时候都不能忘记，我们是在和一群正在发展成熟的孩子打交道。一些孩子的思维像欢快的小河一样流畅，而另一些孩子却比较迟钝。不要急着给孩子下断语，不要轻易给低年级学生打二分。二分是鞭子，是大棒，会把孩子向上的愿望连根毁掉。

在我们学校有个规矩：在低年级孩子满意地完成作业以前不给他任何分数，而是鼓励他："再试一次，你会成功的！"做个好学生的愿望激励孩子竭尽全力完成作业，真正的教育要求就从这里开始。他，一个小人，在教师的鼓舞下聚集了自己所有的力量，这种精神的力量是取之不尽的。孩子成功了，迈上了一个更高的台阶，他就从学习中获得了快乐。他梦中都会看到自己伸直了腰板，再也不是那种趴在桌上偷偷涂改分数的模样。不记二分，不使用任何强制手段，我们从屈辱和道德堕落中挽救了不止一个孩子。

我们这样做，并不是要让孩子带着二分从一个年级走到另一个年级，这样做对孩子极不负责，极端残忍。我们是要唤醒孩子的自尊。如果孩子懂得了尊重自己，教师的要求就会变成他自己的要求，他就会不断地追求上进。

学校，这是发展最复杂的人的关系的地方。学校进行的是既伟大又困难、既快乐又让人备受折磨的造就人的工作。教育者的智慧，就在于总是用创造者的眼光来看待自己的教育对象。

保护孩子心灵的纯洁

善良要靠善良来培植，邪恶衍生的只能是邪恶，这是教育、日常生活和社会成员相互关系中的一条最重要的规律。

但是有时候生活中也会遇到一些事情，很难一下子用规律解释清楚。在一所学校就曾经发生过这样的事情。

四年级的女教师非常了解自己的 24 名学生，她开玩笑地说："只要走进教室，看看他们的眼睛，我就能知道每个孩子功课准备得怎样，谁今天能得'五分'，而谁只能得'三分'。"

班上有几个小男孩、小姑娘，算术作业总是做得又快又好，但最让女教师引以为自豪的是米沙。他甚至不需要抄下题目，只要听一遍，就能把它心算出来。毫无疑问，米沙的算术得的全是"五分"。同学和老师都称赞米沙有出色的数学才能，米沙对此也颇为得意。

班上还有一名学生叫尼古拉，也很会算题，但速度很慢。他有时得四分，多数情况只得三分——他算得实在是太慢了。

有一天，发生了一件意想不到的事情。女教师出了一道很难的题目，她把尼古拉叫到了黑板前。男孩子不慌不忙，清清楚楚地分析了题目的条件，一下子就把这道难题算出来了。全班同学都被尼古拉的出色表现吸引住了。女教师也很满意，四年来第一次给了他五分。

突然，教室里响起了哭声。学生们十分惊讶地发现，原来是米沙，他趴在桌上伤心地呜咽。女教师一下子就明白发生了什么事情——妒忌折磨着米沙，他不能容忍班上有第二个算术尖子。

孩子的表现使女教师十分不安，她忧心忡忡地来找我。我们一起想了好久：可怕的嫉妒是怎样产生的呢？要知道孩子们一直生活在友好的环境中，老师的评分也是一向公正啊。

但是，即使是这样，邪恶还是潜入了孩子的心灵。这件非同寻常的事情使我思索了很长时间，我得出这样的结论：有时候邪恶完全不被发现，好像它根本就不存在；可实际上，摧残心灵、使它畸形的毒种正隐藏在孩子身边，窥视着他们。

怎样才能保护孩子不受邪恶的侵袭？一块肥沃的土地，如果不种下葡萄，不洒上汗水，即使不去播种也会长满野草；人的心灵也是这样。必须用善良去驱逐邪恶。对于儿童少年，用不着谁去教他学坏，只要不教他行善，就完全可以使孩子的心灵萌发出道德的怪胎。邪恶的种子细微至极，很难察觉，以至于直到它生根发芽，钻出地面，我们的老师才着急起来。有一个重要的教育原则，就是必须时刻保护孩子，不让任何邪恶的种子落进孩子纯洁的心灵。

道德的恶种指的什么？它们来自何方？为了保护孩子心灵的纯洁，我们应该做些什么？

防止心灵的空虚，不让孩子失去神圣、坚定的信念。心灵空虚是最可怕的祸害。对于儿童和少年，心灵空虚不需要任何特别的环境，只要对人冷漠无情、以为人怎么活着都无所谓就足够了。心灵空虚的人就像被蒙上了双眼，既看不到自己的善良，也体验不到自己的尊严。他们不会创造善良，不会用自己心灵的力量抵御邪恶；而创造善良和抵御邪恶，是人最大的幸福。保护孩子的心灵，就要帮助孩子树立坚定、神圣的信念。对于孩子，这种信念和生命、荣誉、良心、平安以及家庭的温暖和抚爱一样，极为珍贵。为了保护孩子心灵的纯洁，应该帮助他们形成以下这些信念：

相信良善，相信人不仅能使自己幸福，也能使别人幸福，为别人创造幸福是人最大的幸福；

相信劳动改造世界的神奇力量，相信人可以用劳动为自己创造美好的未来；

相信自己，善于发现自己的善良和智慧，为自己、为劳动成就、为自己用劳动给别人创造幸福的善举而自豪；

相信展示在社会理想、道德以及现时和未来生活中的伟大真理，相信自己是具有巨大创造力量的人，而不是被命运的旋涡任意摆布的尘埃。

让孩子树立这些信念不能只靠动听的言辞，引导孩子用正确思想指导自己的行为和斗争，这才是真正的思想教育。正确的思想，只有和儿童的个性，和儿童的个人利益、愿望、追求融合在一起，才能成为儿童心中的圣物。

因此，使儿童的行为举止体现高尚的思想和道德具有很大的教育意义。我认为，触动儿童心灵的意义，在于让儿童用自己的行动说服自己，在自己的行为中看到自己的思想和激情。让儿童树立对良善的信心，看起来简单，实际上它几乎是最复杂的教育工作。如果您在这个领域取得了成功，您就可以相信您的学生在任何时候都不会走上邪路。而要孩子相信良善，就必须让他看到用自己的力量创造出的美好事物，让他在为别人做的好事中留下一点自己的心血。只有在儿童用善举来表达自己本性的情况下，对善良的信念才会真正成为他心目中神圣的东西。就好像极度的干渴驱使人不得不走向清泉，良知和本性也驱使儿童不得不做好事。只有这时，我们才算接近了教育的最终目的。因此，使孩子心灵纯洁的关键，是让儿童通过创造美好来展现自己作为一个人的精神实质。激发儿童真心实意追求善良和美好，做好事不是为了给别人看，而是为了使自己更加高尚——教育的"秘密"多半就在这里。

防止对人冷漠无情，不要让孩子变成铁石心肠。利己主义的毒果来自冷酷无情地对待别人："我想做什么就做什么，只要对我有好处；至于别人怎样与我无关。"世上万物中，人最复杂、最美丽、也最难以捉摸。人要在认识世界的过程中使自己高尚起来，首先就要认识最神奇的"人"。一个人，居然会举起手来伤害另外一个和自己一样，充满灵气和生机，有思想、有复杂和独特精神世界的人，这是一个巨大的悲剧。悲剧发生的原因，恰恰在于罪犯不懂得人究竟意味着什么。怎么才能让学生把人，把人的思想、情感和全部精神财富当作世上最为珍贵的东西来珍惜呢？我认为，教育学生，首先就要教育他认识人。儿童任何时候都不会中断自己对人的发现，他对人的认识只会越来越新鲜、美妙、神奇，他会不断地为人的伟大和复杂而惊叹。必须把认识人的活动渗透到学校生活和学生与周围人的关系中，以保护儿童的心灵不受邪恶的侵蚀。

触动儿童的心灵，让他们认识人，这需要高超的教育艺术和丰富的教育知识。我努力使儿童在与周围人相处时做到热情而有分寸，尊重别人内心世界中最为细腻的思想、愿望和感情。我努力在儿童集体中营造一种体贴、真诚、礼让的气氛，使儿童建立起友好的关系。非常重要的是，在儿童幼小时就要让他树立这样的思想：每一个人，无论老幼，都有享受幸福的权利；尊重一个人，就不能粗暴地触动他心灵中最敏感、最疼痛的地方。

应该怎样培养孩子这些精细的精神品质呢？这就需要从小培养孩子敏锐地感应那些最细腻、最温和、最能影响精神世界的教育手段——语言、美好的事物、带有情绪色彩的记忆，就是这样的教育手段。儿童的心灵，应该像琴弦感应同一音域音叉的声音那样，极为敏锐地感应语言的影响。语言是保护儿童心灵不受粗野、冷漠、迟钝、冷酷伤害的强大手段。怎样才能用好这个精巧有力的教育手段？这里最重要的，是要善于用语言描绘出人的精神活动的生动画面。我总是力求找到那些最能帮助儿童认识人的各种细腻感受的词汇。

常常有这样的事情：一个和儿童经常相处的人遇到了不幸，但孩子们却毫无察觉。如果不去教育他们用心去体察人，他们任何时候也不会觉察别人的不幸。而人的心灵需要词语来激发。我给孩子们讲述人的痛苦。孩子们很快就能转换角色，想象自己在别人的位置时的心情（如果没有语言的作用，这种能力任何时候也不会被激发出来）。转换角色、将心比心是同情心的源泉。有了这个能力，不用说话就能理解他的悲伤、痛苦和不幸。一个在昨天或者前天刚见过的人，如果今天他的精神状态有了变化，尽管不明显，儿童也能觉察出来。儿童对人的内心世界的这种敏锐的感知能力，发展和完善了他的情绪记忆——不仅他的智慧记住了，而且他的心灵也记住了；不仅记住了眼睛看到的事物，还记住了由这个事物引起的情感体验，记住了自己曾经怎样面对别人的痛苦和悲伤。培养和完善儿童的情绪记忆是教育艺术的重要侧面。从儿童上学的第一天起，我就教育他们用心去感受最亲近的人（妈妈、奶奶、父亲和祖父）的内心世界。我调动了本民族所有的语言手段，帮助儿童感受不安、不快、痛苦等几十、几百种只有细小差别的心理体验。这些，甚至最亲近的人也不一定会对孩子们讲解，但是他们应该学会觉察和区分。我对孩子们说，母亲下班回来了，用你们的心去听听她今天的心情好不好。人的心情有几十种，引起每种心情的原因也有几十种。你们可以从妈妈的眼神和动作，还有她对你们的态度，去感受她的心情是平静还是焦躁，是快乐还是忧伤。你们要根据妈妈的情绪状态调节自己的言行。

要教育儿童特别关注老人（奶奶和爷爷）的内心感受。我努力使孩子们不仅明白关心老人的道理，而且还善于用自己的心去感受老人已进暮年的生命。敏锐地体察奶奶、爷爷情绪状态的能力，是衡量儿童、少年情感修养的一个重要指标。要热诚、细心地关爱老人，而不要只是给予某种具体的"援助"。我努力让孙子与爷爷拥有一些共同的精神需要，努力使相互需要成为把最小的人和最老的人联系在一起的纽带。

防止儿童滋生利己主义和个人主义。儿童利己主义的最主要的根源来自儿童意识形成的最初阶段。在这个阶段，儿童的心理敏感、柔顺、可塑性强，易于接受教育的影响；但也正是在这个阶段，儿童的意愿是他的"宇宙中心"，他的情绪，他对人对己的态度，一切都取决于个人意愿是不是得到满足，即使是一点点不如意，也会引起他强烈的体验。这个阶段的儿童对别人的精神状况漠不关心，他看不到身边亲人的痛苦和不幸，当然也就谈不上理解和感受。

利己主义使儿童心灵发生畸变。利己主义者甚至对为自己操劳一生的父母也毫不关心。对他来说，别的人都不是有思想、有情感、有追求的万物之灵，他们要么是为他提供享乐的工具，要么是不能为他带来任何好处的中性生物。

儿童的利己主义绝不是旧意识的残余。有些家庭，父母都是好公民，爱集体、待人热诚、富有同情心，儿子却沾染上冷漠无情的利己主义。我想把利己主义称作精神上的自我堕落，因为这种可怕的邪恶主要是在这种情况下滋生和发展的：孩子整天沉湎于享乐，心目中只有自己；而成年人却不敢取下他的眼罩，让他也看一看身边的人，不敢坚决地告诉他每一个人都有享受幸福和欢乐的权利。

怎样才能使孩子免受利己主义的毒害呢？

对付利己主义的主要方法，是教育孩子学会控制自己的欲望。这种教育要从家庭做起。在孩子刚刚懂事的时候，就要让他清楚这样一个事实：自己生活在很多人中间，别人也有自己的愿望，也希望得到满足。我们告诉年轻的家长：教育孩子尊重人，必须首先教育他尊重人的意愿、利益和向往。儿童入学以后，在引导儿童用心灵和智慧认识世界的活动中，教育儿童尊重别人的愿望占有很大的分量。没有也不可能有完全与别人无关、完全不与别人的意愿相冲突的个人愿望。这种冲突是不可避免的。因此，为了维护社会生活的和谐，每个人都应该接受别人的合理愿望，使自己的愿望与整个社会生活协调起来。

所有这些道理，我都力求用生动浅显的事例，特别是利用各种实际的生活情景讲给孩子们听，让孩子们知道在各种欲望、利益、追求错综交织的世界里，怎样做才不会迷失方向。

就在我们学校附近长着一片秋菊花，你们每天都要从它旁边走过。这些菊花太美了，要是能摘下一朵——只摘一朵——细细观赏该有多好。但是，假如每一个人都想怎么做就怎么做，结果会怎样呢？恐怕这些秋菊连皮也要被剥光了。人的愿望各种各样、没有止境，有些甚至刁钻古怪，如果每个人的每个愿望都要满足，社会生活就会搞得一团糟。要记住，你的愿望是一只敏捷的小鸟，它的名字是"我要"；"我要"飞上蓝天，一定会碰上另一只小鸟，它的名字是"不行"。"我要"碰上了"不行"，结果会怎样呢？多数情况下，"我要"只好又飞回自己的小窝。你也应该从此吸取教训，不要再轻易放出这只小鸟。

"我要""不行""能够""必须"——要在这种复杂的情景中不迷失方向，就需要儿童能够以很大的热诚和细心对待别人的精神世界，能够敏锐地感受整个生活的谐音。必须引导孩子用智慧和心灵去认识世界。人们之间的关系纷繁复杂，但生活仍然奏出美妙动听的旋律，这是因为人们像辛勤的工蜂，不断往社会这个大家共有的蜂房送去善良的蜜汁。每一滴蜜汁都是人类宝贵的精神财富，都体现了人的道德精神和社会道德规范。没有这一滴滴甘美的蜜汁，人的生活早就变得极其艰难，人的神经也早就被折磨得疲惫不堪。为了预防利己主义滋生，必须坚持不懈地教育孩子们都来为和谐的社会生活增添善良的蜜汁。在这里遵循以下原则特别重要：孩子从共同蜂房中取出的蜜汁，应该少于他放进的。如果破坏了这个平衡，辛勤劳动的工蜂就将不堪重负。

珍惜儿童纯洁的心灵，不要让他沾染上冷漠的恶习。这一点与预防利己主义紧密相关，冷漠是利己主义的一个方面。冷漠的滋生往往起于很小的事情。父母叮嘱孩子："多想想自己，不是你的事情你别管。"就是这样一句看起来似乎没有什么过错的话，在不知不觉间播下了冷漠的种子。母亲又对孩子说："看到别人打架动拳头，别凑过去，不要惹祸上身。"于是，儿子不仅对同伴间的打斗不闻不问，就是遇上流氓以强凌弱，侮辱姑娘，他也会闭上眼睛。在这里我们又发现了精神生活的一个规律：一个人对一件事情闭上眼睛，很快就会对所有的事情闭上眼睛。没有什么事会让他不安，也没有什么事会让他放在心头。冷漠使利己主义者心灵空虚，使他本来就极其缺乏道德情操的精神世界变得更加苍白。于是，利己主义者就像陀思妥耶夫斯基描绘的那样，只为"自己的肚皮"而活着。

冷漠是利己主义毒树上结出的浆果。对一切都冷漠无情的人，没有任何理想。他会成为叛徒，昨天他还崇敬的东西，今天就可以肆无忌惮地往上面泼脏水。这种人没有可以交心的朋友，不懂什么是人对人的需要，什么是真正的友谊，也不懂得对父母、子女应尽的责任。冷漠无情使利己主义者道德沦落。

要防止儿童心灵变得冷漠，就要在每一个孩子身上找到人性中最美好的一面，把它发扬光大，这是防止人性冷漠的最主要的措施。对孩子来说，生活中总有让他动心的东西。儿童对周围世界善恶的反应，是个人精神生活中最细腻、最敏感的部分，社会的理想和个人的追求在这里汇集，个人的道德信念也在这里诞生和确认。一个善于思考的教育者在任何时候都不会放过的，是儿童对待那些本该使他欢乐、惊叹或者反抗、义愤的事情的冷漠神情。教育的真正艺术，就体现在让儿童不仅学会用眼睛去看世界，还学会用心灵去感受世界。

谨防说谎、欺诈、虚伪、做事只图表现或者讨好上级等恶习侵蚀儿童的心灵。说谎、欺骗、颠倒黑白、做表面文章、粉饰太平，所有这些都在教唆人卑鄙无耻、假仁假义、麻木迟钝、冷漠无情。当儿童看见或者感受到成人竭力向他展示的是一些编造出来的"事实"时，在他们心目中就再也不会有什么神圣不可侵犯的东西了。他渐渐形成和巩固了这种信念：为了适应生活，每一个人都在弄虚作假；不能怎么想就怎么说，应该讨好那些决定自己命运的人，他们喜欢听大吉大利的好话。阿谀奉承是撒谎、欺骗、口是心非产出的畸形儿。

为了不让孩子沾染上这些恶习，不得不提醒成年人：我们成年人自己就常常说谎而且满不在乎，而孩子们却在用心看、用心想。对于成年人的虚伪和欺骗，他们或者提出抗议，或者渐渐习以为常。有的学生不好好学习，给他个三分让他照样升级；校园里的一块作物刚刚发绿，报纸就开始吹嘘某某学校试验田种得多么的好；共青团委员会什么事情也没有做，总结大会却对它的工作成绩表示满意。伪善、虚假、欺骗的毒种就这样播撒在儿童单纯而又渴望丰收的心田，在那里生根、发芽，直到结出溜须拍马、背信弃义、口是心非、见风使舵这一串串的恶果。

要保护儿童的心灵，就要教育孩子说真话。真话是最高法官，要求孩子说真话，永远是教育者必须遵守的最重要的原则。任何情况下，教师在孩子的心目中都应该是一个真正反对弄虚作假的诚实的人。

从孩子入学的那一天起，就让孩子的心灵总是像清晨晶莹的露珠那样纯洁，这是我特别重视的一件事情。保持儿童心灵的纯洁需要高度的教育技巧，需要把智慧的声音和儿童最初的情感活动融合在一起，这是一种复杂的劳动。在我看来，人的良知正是建立在认识周围世界的基础上：不仅用智慧认识世界，还要用心灵。孩子们总是生动、鲜明、符合实际、充满感情地评价他们见到的一切。儿童对世界的认识通常伴随着情感的最初冲动，而情感的最初冲动总是清纯的。

如果您希望自己的孩子诚实、远离虚假和欺骗，您就永远不要遏制这种纯洁又高尚的情感冲动。

教育者必须特别注意，在涉及劳动的事情上，不能在儿童心灵留下任何虚假欺骗的阴影。劳动和诚实是两股相互补充的强大的教育力量。客观、公正地评价每个孩子的劳动表现有特别重要的教育意义。我们教育者任何时候都不要忘记，儿童智慧劳动的成果——他在某个阶段获得的知识和完成的具体学习任务，远远不能准确反映他所花费的劳动。常常有这样的情况：一个孩子很容易就掌握了知识，几乎没费什么气力就得到很高的分数；而另一个孩子花费了许多时间，克服了不少困难，结果只得了一个中等分数。于是就形成这样一种不正常的状况：我们测量和评价的不是学生付出的劳动和他克服困难的毅力，而是他的天赋。这样评价学生是学校教育工作的一个最严重的失误。学习努力却获得低分的学生渐渐感到委屈甚至怨恨，他不再相信自己的力量，产生了依赖心理；而轻而易举得到高分的学生又会因此趾高气扬，放松对自己的要求。

怎样才能保护幼小的心灵不受如此痛苦的折磨？怎样的评价才能既评定儿童的能力，又能公正地评定他付出的劳动？优秀教师的经验表明，办法只有一个：使教学活动个别化，并且明智、谨慎、有分寸地对待知识的评价。对那些才华出众的学生，要求要高一些，比如给他们的作业难度要大一些，让他们工作时精神真正紧张起来。让能力强些的学生不要以为自己总能得高分，让能力弱些的学生也不要以为自己命中注定只能做些容易浅显的作业，这完全决定于教师的教育艺术。客观、公正的评价有利于学生智力的发展，它可以使昨天连中等难度的题目都不敢碰的学生，今天就敢于向高难度的题目发起冲击并且获得成功。

在集体中对学生进行公开评价，这是客观评价学生劳动的必要前提。

防止孩子沾染懒惰、游手好闲、敷衍塞责的恶习。我把懒惰叫作心灵的冬眠。懒惰不只是在人什么也不想做的时候才教人变坏。有时候，懒汉也会去做你要求他做的所有事情，不过这时让他干活的唯一动因，是强迫和监督。精神懈惰，没有把工作做得快一些好一些的内部动力，是懒惰的一种表现形式。亲手做成一件事，却完全不关心它的质量，就是这样一种懒惰。

懒惰使儿童的活动失去最重要的诱因——奋发向上的精神，它使儿童的心灵发生扭曲。要激起儿童工作的愿望和热情，就要让他品尝到创造活动的幸福，要让他的精神生活变得充实。激发孩子的振奋精神需要十分精细的教育技巧，它能把孩子从没有快乐、枯燥乏味的生活中解救出来。

在学校生活里，思维的惰性是一切懒惰的本源。因为读书、写作业也好，在菜园或者果园干活也好，无论是智力劳动还是体力劳动，都是精神生活的外在表现，思维是贯穿这些活动的红线。精神振奋首先要唤醒沉睡的思维，要激发学生在工作中肯定自我的愿望。没有这个愿望，就不会有热爱劳动、富于创造的人。

我看到四年级的尤拉怎样趴在桌上，费力地写一篇题为"一个晴和的秋日"的作文。小男孩紧锁眉头，竭力强迫自己写出点什么。实在是太难了！在他的脑海里没有晴和秋日的鲜明映像，更别说用各种词汇把它们搬到作文本上了。直到老师允许他放下笔走出教室时，尤拉才算松了一口气。尤拉压根儿就不想写这篇作文，在教室里如坐针毡，痛苦万分。但我记得，当我们走近思维和语言的源泉，到田野、森林观察大自然时，尤拉曾经是那样兴致勃勃，两眼闪烁着智慧的光芒。我努力地回忆，想起了那些让尤拉兴奋无比的自然景象。我尝试着抓住这个线索，用这些图画来激发孩子的创作欲望。我走近尤拉，轻轻对他说："回忆一下秋天的那个早晨……想想你是怎样发现了那些霜——欧洲野菊的花瓣上凝结着的一个个小小的结晶？还记得吗，后来太阳出来了，这些小结晶融化成露珠，在花瓣上闪闪发光？"

一下子，孩子的眼睛有了光彩，看来他已经完全放弃了凑凑合合写几个字的念头。他的脑海里浮现出了那个宁静的秋日的早晨……那些画面多美啊，要是能用语言描绘出来该有多好！孩子的脑海在翻腾，他伸出手来，写啊，写啊……在孩子面前摆放的已经不是一张纸，而是一块很大的画布。他，一个艺术家，要在这块画布上重现大自然的美景。创作的激情就这样在生动的、一下子就抓住人的心灵的思维活动中产生了。这种激情是一种内在的力量，它使尤拉忘记了自己是在课堂，是在工作。激情完全改变了人：刚才尤拉的眼睛还呆滞无光，流露出自认倒霉但又满不在乎的神情：反正写不出来，要怎么样，就怎么样吧！而现在，活跃的思维使他的眼睛、他的面庞，使他整个的人都变得生机勃勃。激情使他振奋，劳动给了他极大的快乐！

我发现自己最重要的任务，是让每一个孩子都能体验到智力劳动的激情。只有这样，孩子才会有学习的愿望，才会独立而又精神抖擞地去工作。所有形式的智力活动，单调的语法练习也好，背诵诗歌也好，解算术题也好，都需要热情。在教育活动中，教师有很多激发学生热情的机会。

在生产劳动中，激情也是预防懒惰的强大力量。不想劳动，也是从思维懒惰开始的。而我们教育者却只知道迫使学生用手干活。其实，无论多么单调的体力劳动，都有发展创造思维和激发激情的天地。思维会召唤双手，使劳动成为大脑和双手和谐运动的游戏。

虚荣心——儿童心灵的又一个大敌。过分追求荣誉、渴望表扬和高分、爱出风头，这些都是虚荣的表现。遗憾的是，儿童心灵的这些毛病往往是学校造成的。当教师忽视内在精神因素的作用而过分强调学生的外在动机时，后果尤其严重。

过分看重分数在给教育帮倒忙。学生题目还没答完，分数就已经出来了。过高的评价往往使学生对自己的智力和能力产生错觉，自我陶醉，瞧不起别人，需要和兴趣也日渐贫乏。虚荣是冷漠和缺乏同情心的另一种表现。

虚荣心会导致什么后果，让我们来看一个实例。四年级一位女生把在校园拾到的 20 戈比交给了老师。老师在全班表扬了她，她的相片挂上了学校的墙报，广播里也报道了她的事迹。一个星期后，两个女学生也找到老师，一个交出 5 戈比，另一个交出 10 戈比，也说是在学校拾到的。这一次女教师没有表扬她们。两个小姑娘不高兴了，她们抱怨地问老师："为什么墙报不写我们的事情？"后来才知道，钱不是捡来的，小姑娘只是想用钱"买"一个表扬……

教师们出于良好的动机，总是不放过任何一个可以进行"道德评价"（"好"，还是"不好"）的行为。对一些正常的人际关系中应该有的行为也大加赞扬：扶老奶奶过马路，表扬；告诉生病的同学留了哪些家庭作业，表扬；"三八"节给妈妈准备了礼物，也表扬。而且不仅在同学面前，还在家长面前表扬。久而久之，儿童就产生了虚荣心，而且越来越强烈，越来越难以满足。

必须铲除学校中滋生虚荣的土壤。这就要求我们理智地对待知识评价和能力培养的问题。为什么一定要在学校和班级里划分出一部分学生，给他们贴上标签，大肆宣扬他们如何才华出众？这里需要再重复一次：对有才能的学生，学习的难度要大一些；而那些被认为能力平平的学生，也要让他们有机会在某个方面获得优异成绩。总之，对学生能力的评价应该是动态的，这是预防虚荣心的最可靠的办法。

不需要对学生做的所有事情都给予评定。相当一部分的智力工作是学生本该完成的，特别是在中年级和高年级，要引导学生不是因为分数，而是因为认识兴趣而去学习。

在道德关系范围内，要特别谨慎地对待表扬。要努力引导人出自内心的需要，凭着良心去做好事，而不是贪图表扬。

最后一个措施——谨防幼稚病！我这里指的是人在精神发展方面的一种奇怪的疾病——"漫长的童年"，它的主要表现是精神上的不成熟。在学校常常能看到一些十五六岁的学生，他们的身体发展接近成人，而在精神、道德和劳动发展方面却滞留在十岁、十一岁孩子的水平。冬天，有所学校派一组十六岁的九年级学生去集体农庄的果园，让他们摘下树上布满虫卵的叶子。零下三度的天气，四周一片寂静。在这种条件下，同样也是十六岁的建筑工人要在室外一连工作六个小时，而我们的学生却一个小时都坚持不了。他们丢下工作，跑回学校取暖。这是学生在劳动、道德方面不成熟的典型事例。

天真、无能、无力自卫、不会劳动、面对困难束手无策，所有这些都导致了思想的幼稚。我曾经听过几个十六岁的女孩子回答有关托尔斯泰和屠格涅夫长篇小说的问题。她们狭窄的视野、幼稚的评论、孩子气地看待各种复杂的生活现象，让我十分惊讶。

幼稚病是一种严重的疾病，它束缚人的精神，束缚人的创造，把人的社会生活局限在十分狭小的天地里。

怎样才能预防这种疾病呢？最重要的预防措施，是把人的精神、道德的成熟和劳动成熟统一起来，把人的身体锻炼和精神的磨炼统一起来。如果学生生活得很轻松，不经历任何困难，不经受任何磨难，不知道什么是汗水和老茧，他们就永远也不会在精神、道德和劳动方面成熟起来。

为了使精神的成长和劳动的成长统一起来，我们让十二三岁的少年做一些需要付出一定的体力和智力的工作。到十五六岁时，工作的紧张度变得更大一些，几乎接近成人。天气不太冷的话，就让十二三岁的少年在空气新鲜的室外做些力所能及的工作；而十五六岁的青年，则要在零下十至十五度的严寒中，有时甚至在暴风雪中劳动，比如到田里为畜牧场取运饲料。这些少年和青年从自己的经验中体验到什么是真正的工作，体验到不去战胜困难，就不会有生活。这种切身体验才是使精神和劳动成熟起来的最重要的因素。只有那些在青少年时期就学会真正的劳动，学会战胜困难的人，才不会孩子般地天真，才会像一个成人那样去思考生活。

10. 我们在孩子身上延续自己

陀思妥耶夫斯基说过："家庭是用永不间断的爱情劳动建造起来的。"爱情劳动，就是竭尽全力，在孩子身上再现自己，在孩子身上延续自己内在的精神美。如果您真正爱自己的孩子，如果您忠实于他们，您对妻子的爱情就不会随着岁月的流逝而减弱，它只会变得更加深沉和专一。爱情，这是勇敢精神创造的娇嫩、柔弱、任性的孩子。要在自己孩子身上延续自己，你就必须做一个在爱情上勇敢的人。

儿子心上的烙印

1. 幸福和不幸的家庭

这是乌克兰民间的一个古老传说。

母亲就这么一个儿子，珍贵无比，怎么也爱不够。她把清晨的露珠一滴一滴收集起来给儿子洗脸，用最讲究的绸缎给儿子缝制衬衣。儿子长大了，身材匀称，容貌漂亮，娶了一个天仙般的姑娘做了妻子。小伙子把妻子带回了家，可是美丽的妻子却不喜欢婆婆，甚至憎恨她。母亲怕和媳妇打照面，总是躲着她，最后只好搬到外面的棚子里住。即使这样，美人还不甘心，她对丈夫说："如果你还想和我一起过日子，你就杀死你的母亲，把她的心取出来，放到火上慢慢烘烤。"

儿子完全被妻子漂亮的容貌迷惑，听了这话，心都没有颤抖一下就对母亲说："妈妈，妻子命令我杀死您，她要我取出您的心放到火上慢慢烘烤。要是不听她的，她就要离开我，可我不能没有她……"母亲哭了，说："好吧，儿子，就照你心里想的去做吧。"

儿子领着母亲走进了密林。他找了块空地，掰了一些干树枝，点起篝火，然后杀死母亲，取出她的心脏，放到烧红的木炭上面。火苗烧得树枝噼啪作响，突然，一小块木炭飞了出来，正好打在儿子的脸上。儿子大叫一声，慌忙用手捂住被火烫伤的地方。此时，正在木炭上烘烤的母亲的心也骤然颤动了一下，喃喃地说："我亲爱的儿子，你疼吧？快去摘片车前草叶子，火堆旁就长着有。你把叶子贴在烧疼的地方，把妈妈的心贴在叶子上，止住疼后再把妈妈的心放回火里……"

儿子听了失声痛哭，急忙从火中取出母亲炽热的心，把它捧在手上，放进自己的怀里。他无比痛苦，泪流满面：他终于明白了，任何时候，任何人，都不会像母亲这样热烈而真诚地爱他。母亲的爱是如此巨大、没有穷尽，母亲希望儿子快乐、幸福的心愿又是如此强烈——母亲的心脏恢复了跳动，被剖开的胸膛合拢了，母亲站起来了！她把长着一头鬈发的儿子紧紧搂在怀里。儿子憎恨美丽的妻子，不可能再回她的身边，母亲也不愿意回家，于是母子二人向着辽阔的草原走去，最后变成两座高高的山岗。

这就是人民用智慧创造的传说。"人类因为有了母爱才得以生存，没有什么比母亲的爱更强烈、更圣洁、更无私。任何的眷恋，任何的爱情，任何的热望，和母爱比起来，或者软弱无力，或者夹杂着个人的私欲。"别林斯基赞美母爱的这些话一点也不过分。

对于生命已进暮年的父母来说，没有什么比子女的感激和亲情更让他们感到慰藉和幸福；最让他们痛苦和失望的，也莫过于子女的疏远和绝情。

"忘恩负义""不孝之子"，这也许是老百姓谴责一个人时用的最重、最严厉的话语。我在学校工作三十二年，最早坐在课桌后面的那些孩子早已做了父亲和母亲；我亲眼看到了几百个人的命运，清楚知道每个人的命运是怎样造成的。生活使我相信，应当像劳动人民一样培养人的纯洁和高尚，应该从这永不干涸的道德源泉中汲取培养真正的人性、真正的兄弟和同志情谊的精神力量。现在请听我讲一个真实的故事，它不久前就发生在我们镇子里。

玛丽娅和赫里斯京娜是邻居，她们都在集体农庄工作，都养大了一个儿子。玛丽娅的儿子叫彼得，赫里斯京娜的儿子叫安德烈。两个儿子是同龄人，一九三九年的秋天，他们都到了服兵役的年龄。

玛丽娅和赫里斯京娜一起把儿子送到了部队。回来后，她们经常在一起算计，还要等多少天，蓝眼睛、浅色头发的彼得和黑眼睛、头发像乌鸦翅膀般黑亮的安德烈就能回来。

不久战争就开始了，德国侵略者占领了乌克兰。两年中两位母亲没有得到儿子的任何消息，她们苦苦地盼着。苏联红军解放了乌克兰，赫里斯京娜和玛丽娅收到了装在蓝色三角信封中的军中来信，孩子们都还活着！她们高兴得连心都在颤抖。战争的炮声终于停止，彼得和安德烈都健康地回来了，母亲们备受煎熬的心充满了欢乐。

遗憾的是，没有高兴多久，两位母亲就都遇到了不幸，但是她们的命运却完全不同。玛丽娅两脚不听使唤，倒在床上不能行动。彼得的处境很艰难：不仅仅是因为母亲突然病倒，就像人们常说的，麻烦一个接着一个。黑眉毛的未婚妻一直等待着彼得，他们高兴地决定结婚，可结婚前加林娜怀孕了。按照民间的习惯，儿子应该把怀孕的姑娘带回家，但是妈妈卧病在床，彼得顾不过来。看着儿子发愁的样子，母亲也很不安，她对儿子说："别让加林娜蒙受羞辱，把她接回家来做你的合法妻子。至于我，就让老天爷来安排吧。"加林娜进了家门，夫妻十分恩爱，要不是母亲有病，一切都会非常美满。

听说基辅有一位名医，彼得和加林娜卖掉房子，凑足路费，把妈妈送到了基辅。医生告诉小两口，母亲需要在医院住上一年半或者更长的时间。

两个年轻人的生活变得十分艰难，但他们时时想着要帮助母亲。加林娜的衣服卖了，彼得的手风琴也卖了，他们一心一意要治好母亲的病。

两年后母亲终于痊愈出院。她对乡亲们说："不是药物，而是两个孩子的一片孝心治好了我的病痛。"

镇上的人们以十分尊敬的心情谈论这件事情，交口称赞彼得和加林娜。他们告诫自己的子女，人生在世，就要像彼得和加林娜那样活着。

让我们暂且放下幸福的玛丽娅和她幸福的儿孙们（在我们这里，婆婆称儿媳为女儿，儿媳称婆婆为母亲，这不是没有道理的），再看看赫里斯京娜的命运。赫里斯京娜的儿子安德烈回来时拎了几箱子战利品，但从来不在母亲面前打开它们。他嫌母亲的房舍太狭窄，于是在镇边靠近田野的僻静之处盖起了一座砖房，房顶上铺的是当时极为罕见的锌板。他结了婚，小日子过得挺好。

而赫里斯京娜的房子眼看就要倒塌，她请求儿子修修屋顶，儿子却说："我自己的事还忙不过来呢，你自己想办法吧。"母亲哭了，自己在房顶上铺了一些草。她想："只要我身体健康，这还不算真正的不幸。"真正的不幸终于来临——赫里斯京娜一侧手脚失去知觉，瘫在了床上。邻居们找到安德烈，对他说："安德烈，你还有良心吗？你的母亲病了，你应该去照料她。"安德烈嘴里答应着，却从来不去。好心的邻居们照料着有病的老人。

　　半年过去了，一年过去了，赫里斯京娜的病情没有好转。儿子一次也没有探望过母亲。镇上的人纷纷议论：不孝的儿子抛弃了母亲。乡亲们骂安德烈忘恩负义，后来干脆骂他是畜生。大家见他就躲，从不和他打招呼。安德烈又孤立，又害怕，最后自杀了。

　　为什么会发生这样的事情？

　　为什么有的子女会那么绝情寡义？这种铁石般的心肠又是怎么养成的？人们不由想起了这个不幸母亲的一生。赫里斯京娜一生的心血都倾注在了宝贝儿子安德烈卡（安德烈的爱称）身上，连觉都睡不安稳。大家想起了集体农庄成立之前赫里斯京娜和丈夫下地割麦子时的情景。那时，她每次下地前都要在马车上放些芳香的干草，再铺上白色的亚麻布床单，然后把睡着的安德烈卡连枕头带被褥一起抱上马车，还要把他的脸遮起来，免得太阳晒坏了她的小心肝。父母干活时，安德烈就这样躺在旁边的马车上；而别人家像他这样八岁的孩子，早就在做拾柴、打水、点燃篝火这样的活计了，只有安德烈百无聊赖地闲躺着。

　　安德烈卡长得健康、活泼，母亲非常疼爱。她老是担心有什么事情会让儿子伤心，生怕儿子灿烂的童年会因为一丁点痛苦而暗淡无光。在一个秋天，赫里斯京娜为儿子煎了一盘蘑菇，然后拌上酸奶油，安德烈卡吃得很香，母亲就天天做给他吃。附近的蘑菇越来越少，母亲只好到十二里以外的森林采摘。有一天母亲不小心划破了脚，好不容易才回到家里。可她极力遮掩这件不幸的事情：怎么能让自己的痛苦破坏安德烈卡的好情绪呢？"难受的事情为什么要让孩子知道？"——每当赫里斯京娜想在孩子面前掩饰什么让人忧伤的事情时，她总是这样想，这次也是一样。她随便包扎了一下伤口就到邻居家去了。从此以后，女邻居每天都送来一篮蘑菇，作为交换，母亲送给女邻居自己缝制的绣花衬衫。

　　就这样，安德烈卡从来就不知道，为了他，母亲遭受过什么样的不幸和痛苦。他心里装着的只有自己的快乐和满足。他只知道别人应该让他享乐，却不知道自己也应该为别人创造幸福。就这样，安德烈变成了一个铁石心肠的人。

2. 家庭教育的基本内容

彼得鲁斯（彼得的爱称）的童年却完全两样。玛丽娅也非常疼爱儿子，但并不向他掩饰生活中的各种麻烦。在生活中，快乐和忧愁、幸福和痛苦本来就是交织在一起的，从小就应该教育孩子不仅用理智认识世界，还要用心灵去感受世界。生活中发生的所有事情都会在幼小的心灵激起最不相同的感受、体验、冲动和追求，而怜悯、仁慈、同情这些情感，尤其会在儿童心里留下特别深刻的烙印。玛丽娅有一颗敏感的慈母之心，她要让孩子从小就感受到：有许许多多的人和我一起生活，他们也有自己的利益和愿望，他们也想成为一个幸福的人。

要成为一个最幸福的人，就要尊重别人的内心世界，既要热诚、体贴，又要有一定的分寸。当然，玛丽娅不能时时处处不断重复这种人民的道德信条（孩子还不能理解这个高深的道理），她只是教导儿子去这样生活。

玛丽娅有个邻居是个孤身的老太太。我记得，每当玛丽娅的大果园里有什么水果成熟了——樱桃、苹果、梨子或者葡萄，母亲总是把最先成熟的果实装进盘子，招呼彼得鲁斯："快，给老奶奶送去！"孩子对此已经习以为常。

"嘴上说一说爱人类，要比冬天里帮助亚里娜奶奶劈些木柴容易得多。"玛丽娅教育儿子说，"人类离我们很远，而亚里娜奶奶就在我们身边。如果她没有柴烧，良心会让我们一夜都合不上眼。听着，儿子，要用自己的心去关心别人的疾苦。"

许多年过去了，彼得和加林娜的孩子们早已从我们学校毕业。我从事教育工作也已经是第四十个年头了。我盼望着在阳光灿烂的九月，在新学年的第一天，能在学校门口迎接彼得和加林娜的孙子们——这一天已经不远了。

对我来说，学校生活的每一天都是在孩子们的欢笑声中开始的。我在孩子们快乐的眼睛里看见了他们对盛开着的玫瑰的赞叹，看见了他们在观察周围世界某些新奇的现象——天空的白云像神奇的小鸟，五彩斑斓的蝴蝶在花丛中飞来飞去时的惊讶。孩子们还高兴地给我展示准备送给爸爸、妈妈的礼物……社会和家长给了孩子们这么多的快乐，多好啊！但是，看到孩子们无忧无虑的面庞，不知为什么，我心中总是隐藏着一丝忧虑。

我想起了小时候的安德烈卡，那时他也总是这样的快乐，他甚至也不调皮，可是后来……

有一个永恒的教育问题，也可以说是家庭教育的一个基本问题总是让我放心不下：在对儿童的教育中，怎样把严格要求和关怀，严厉和抚爱，服从和自由很好地结合起来？有个编辑部曾经一次就收到几十封父母来信，它们都提出了同样的一个问题——究竟什么是明智的父母之爱？

在我们这个时代，每一个公民都把塑造人——培养孩子的智慧、情感、意志、性格、美德以及独特个性，在自己孩子身上重现自己并且创造一个新人——看作最伟大的事业和无可比拟的幸福。我们每一个人都要为自己的同胞创造点什么：面包或者机器，衣物或者宇宙飞船，牲畜良种或者新的交响乐曲。但是我们每一个人都有自己非常个性化同时又非常社会化的工作，这就是教育和培养人。我们怎样教育自己的孩子，才能让他们继承好我们的事业？我们做父亲的要在自己儿子的心灵里留下些什么？这些问题和建造工厂、安装石油管道、建设电站一样的重要，一样应该认真思考。

我们做父母的正在为子孙幸福建设共产主义。我们生活、劳动、为理想而斗争，实质上都是为了我们的孩子。

我属于在1941年艰苦年代拿起武器、参加苏联红军迎击敌人的那一代人。我们中的许多人在战火中牺牲，成千上万个弟兄们的陵墓上，已经有了二十岁大树的婆娑身影。繁重的劳动就落在了我们这些幸运地从战场活着回来的人身上，我们在一片废墟上建起了工厂、城市、电站，建起了条件极好的学校和文化宫。

我们的妻子是幸福的，我们做父亲的也是幸福的，因为我们的孩子在一天天成长。我们看到又有一座新的儿童营地建造起来了，一群群兴高采烈的孩子和妈妈、奶奶、爷爷一起走向开往营地的公共汽车，我们由衷地为他们高兴。奶奶和爷爷拎着小皮箱，母亲们一次又一次说着告别的话。汽车开动了，身后扬起的尘土笼罩了英雄陵墓上的栗树……每个星期我们都去营地探望一次自己的孩子——他们都是十四五岁的人了。我们十分仔细地询问他们吃什么，玩什么，在得知食堂的窗玻璃碎了之后，我们发怒了：总务主任干什么去了，要知道这会让孩子们感冒的呀！我们刚刚向夏令营负责人表示了自己的愤怒，总务主任就带着工人赶来——食堂的窗玻璃安上了。

所有这些，在我们的生活中都显得十分平常、合情合理。我们应该为此而高兴。如果有谁对现在的生活感到遗憾，说什么艰难的日子对教育孩子更有利，这是在说蠢话。孩子们忍饥挨饿，一小块面包成了他们的幻想，这种苦日子让它一去不复返吧！但是，有一个问题使我相信，也使许多做父亲的感到不安：我们对儿童的爱，确确实实是一个巨大的、永远也不会熄灭的火炬，但是，它能在孩子的心里燃起回报的火花吗？孩子是否感受到他们的幸福和快乐是父母用辛勤劳动和汗水换来的？是否感受到有许许多多和他们非亲非故、但像亲人一样亲近的"外人"在为他们日夜操劳？他们知不知道，如果没有父母和这些"外人"的奉献，他们甚至都不能活下去？我们对子女的爱是不是总是闪耀着人类智慧的光芒？明智的父母之爱究竟体现在哪里？

我亲眼看到我所教过的几百个孩子的命运，它使我坚信，最明智的父母之爱在于：我们做父母的，要善于让自己孩子看到和感受到，他们幸福生活的真正的源泉在哪里。

就其本性来说，儿童对幸福的理解是自私的。在他们眼里，长辈为他们创造快乐是天经地义的事情。在他们亲身体验到长辈的劳动和汗水是他欢乐生活的最重要的源泉之前，他们会一直认为母亲和父亲只是为了他们而活着。而这种切身体验永远不会自发产生，它需要成人的启发。

有种观点曾经广为流传：说什么好吃懒做、游手好闲、忘恩负义的儿女，往往出自远离生产劳动的知识分子家庭。这完全是无稽之谈，生活已经驳斥了这个杜撰出来的公式。事实是，铁石心肠的人往往出自那些溺爱孩子、对孩子百依百顺没有任何要求的劳动人民家庭，包括工人家庭、集体农庄庄员和知识分子家庭。乍一看来似乎有些反常：这些诚实劳动的家庭，父母都善良、热诚、明理、富有同情心，怎么孩子却冷漠无情、毫无恻隐之心！在这里没有什么不可理喻的：孩子变得铁石心肠，是因为他是一个只知道寻求欢乐的人；他生活的全部乐趣是索取和获得——而这，恰恰就是家庭教育中最令人担心的事情。

3. 明智的父母之爱

我认为，教育家长理智地爱孩子，是建设我们社会道德基础的一项非常重要、非常细致的任务。遗憾的是，不仅许多家长，甚至一些党的工作者，却把二者割裂开来，他们认为公民的社会活动与子女教育无关，这是一种非常错误的观点。

教育人，教育自己的子女，为社会培养人，这是公民最重要的、第一位的社会活动，是公民应该履行的社会义务。绝大多数家长都很明白这个道理。在我们学校的一次家长会上，当一个五年级学生的父亲推托自己社会事务过于繁忙，腾不出手来管教儿子时，其他家长毫不客气地对他说：如果连自己的儿子都顾不上管教，您这个社会活动家简直就毫无价值。没有时间教育儿子，实际上就意味着没有时间做人。

让家长掌握父母之爱的真谛是我们"家长学校"最重要的任务。我们和家长的谈话始终围绕着以下问题进行：怎样爱孩子才是明智的，在家庭里怎样把对孩子的关心、爱抚和严格要求结合起来。谈话时我们很注意把握分寸，不去触动属于家长隐私的敏感问题，只是努力帮助家长在疼爱子女这个精神生活中最细腻的方面不犯错误。

父母没有理智的爱只会伤害孩子。畸形的父母之爱主要有以下三种：娇宠放纵的爱、独断专横的爱、赎买式的爱。

对子女娇宠放纵是父母和子女关系中最可悲的一种。这是一种没有理智、出自本能的爱，它时时让人联想起母鸡对小鸡的爱。父母像对待上帝那样盲目地宠爱孩子，对孩子跨出的每一步都感到高兴，却不去思考这是怎样的一步，它把孩子带向何方。

我亲眼见到过这样的场景：女邻居和谢廖沙的母亲站在院子里谈话，一旁的谢廖沙就在妈妈的眼皮下撒开了尿，母亲却宠爱地说："您瞧我这儿子，谁也不怕。"

漫不经心的娇纵导致了可怕的后果，它使孩子随心所欲。野蛮人、下流胚和无赖汉的座右铭成了他的行为准则：我想怎样就怎样，谁也管不了。靠父母抚养的子女变成了家中的小暴君。娇惯出来的孩子不懂得在社会生活中还有"可以""不可以""应该""不应该"的概念。对他来讲，似乎一切都是可以的，应该的。他成了一个为所欲为、近乎病态的人。生活对他的要求，哪怕是很小一点，也会让他感到难以承受。娇惯出来的孩子极端自私，不懂得自己对父母的责任，不会也不想劳动。他目中无人，感觉不到周围的人，首先是他的母亲、父亲、奶奶、爷爷也都有自己的愿望、需要和自己的精神世界。他逐渐形成这样一个信念：他来到这个世上，他的存在本身，就已经是对父母很大的恩赐了。

去年秋天，一本文艺杂志刊登了这样一幅照片：一些一年级小学生走进教室，在各自的座位上坐下；教室门口和窗户外边，挤满了幸福的妈妈和爸爸，他们向教室里张望，脸上露出甜蜜的感动，这种感动同样也写在了女教师的脸上。孩子们感觉到所有的人都在非常感动地望着他们，此时此刻，他们心里想到的就已经是：他们来到教室，坐在了课桌后面，这就是他们很大的功劳。这幅照片引起我的深思。

孩子使我们的生活有了乐趣，我们为了孩子的幸福而生活和劳动，所有这些都是无可争议的事实。但是，给孩子们讲这些，甚至编成戏剧来宣扬，这是在把孩子引入歧途，是在他们的心灵深处放上了一条蛀虫。我们做父母的不断向孩子灌输这样的思想："你就是我们的快乐和幸福"，于是他就越发地相信，他从我们这里获取物质和精神的好处，本身就是在给我们做大好事。既然是这样，当然任何事情我都可以做，我的一切愿望都应该得到满足。任性和那种儿童式的虐待的种子就这样落进了儿童的心田，日后家长将会为孩子的这些恶习痛苦不堪。

独断专横的爱是非理性的、本能的父母之爱的另一个变种。一九六七年一月二十二日的《工人报》刊登了九年级学生托利亚在绝望中写的一封信。这位十六岁的少年学习成绩经常是"四分"和"五分"；在家里，所有该帮父母干的活儿，比如擦地板、洗餐具、为全家人洗衣和擦鞋，他都努力去做。"父母给我穿得好，也操心让我吃得好。"托利亚在信中写道："但是，无论给我添置什么新东西，他们总要无休无止地数落我……"经常的责难使得家庭气氛紧张，活像地狱，这让托利亚十分痛苦。但是父母却说他们之所以这样做，完全是因为爱儿子，希望他幸福，他们是在教导儿子如何生活，是想让他更聪明，更尊重父母。

我知道一些像托利亚这样的家庭，这些家庭的孩子活得很苦。蒙昧无知加上利己主义，是家长独裁的土壤。这些家长对待子女就像对待自己手中的一个物件：我的桌子，我想摆在哪里就摆在哪里；同样，我的女儿，对她，我想怎样就怎样。我认识一个父亲，他甚至专横到了这种程度：他给十五岁的女儿、八年级的学生买了一双时髦的鞋子和一件漂亮的连衣裙。他命令女儿把鞋放在做作业的桌子旁边，裙子也挂在那里。他警告说：只有学季结束时所有功课的成绩都不低于四分，才能穿上新鞋、新衣；只要一门功课得了三分，就别想碰一碰它们！

很难想象，还有什么比专横霸道、以控制别人为乐的人更叫人厌恶。

父母蒙昧无知、专横暴虐，会使儿童从小就曲解人的善良本性。他不再相信人，不再相信人性。专制、对一些微不足道的事情也要吹毛求疵、无休止地责难，这种恶劣环境使孩子变得暴躁、执拗、凶狠无情。在我看来，这是儿童、少年精神世界中最让人担心的东西。专横暴虐使家庭失去了温暖，而温暖是使孩子善良、理智、谦让、沉稳的源泉。在童年没有享受过家庭温暖的人，在少年时期和青年早期会变得粗野和冷酷。

有一个问题常常使得一些家长百思不得其解：儿子小时候是个温顺善良的孩子，长大了却变得粗野、古怪、为所欲为。怎么会是这个样子呢？我绝对相信这是因为父母滥用家长权威，使儿童意识到了暴力的存在，意识到暴力是压迫他的意志的凶恶力量。其实家长应该做的，是利用自己的权威激励儿童内在的精神力量——做一个好孩子的愿望。确确实实，每一个孩子都有这样的愿望。应该非常谨慎地使用家长权威，亲近孩子，小心不要挫败孩子娇嫩柔弱、但是积极向上的精神冲动。如果您不理智地使用自己的权威，把它变成暴虐的专制，孩子善良的愿望就会破灭，孩子的心灵就可能发生最让人担心的变化。

请尊重儿童想做个好人的愿望！这个愿望是人最细腻、最微妙的精神活动，要无比地珍惜它。不要滥用自己的权威，不要把本来可以使父母变得聪明的权威变成专制的大棒。记住，您的儿女是和您一样的人，如果有人试图把他变成自己可以任意施暴的玩意儿，肯定会激起他的精神反抗。

有些家长不知为什么会认为，有了"适当的压力"，孩子学习就会得五分和四分。不少家长认为，对学习的评价也是对孩子德行的评价。这是十分错误的认识，它严重地伤害了孩子，有时简直是在摧残他们的心灵。把对课业学习的评价和对人的道德面貌的评价混淆在一起，是盲目追逐分数的结果。把分数当作教育是否成功的唯一指标，这是学校教育的一大不幸。教师和家长坐在一起商谈学生的教育问题，自始至终只谈分数。所有这些都直接导致这样的结论：好分数就是好孩子；分数不够水平，人也就不够水平。

这种缺乏教育学知识的观点把人野蛮地肢解开来，人不再是许多特征——品德、才能、志向、爱好的统一体。遗憾的是，这种荒谬的观点已经渗透到家庭和社会生活。大量的文章在宣传这种观点：三分不仅意味着知识薄弱、也意味着它的主人是个无用的人。读到它们，我不能不感到愤怒。

"三分，这是对学生的知识完全满意的评定。"——亲爱的教师同志们，该是我们坚定地对自己这样说的时候了。顺便说一下，如果所有的教师都持这种正确观点，教育中的弄虚作假就会消失，教师再也不会给不满意的知识也打三分；父母也不会再要求自己的孩子做力所不及的事情。要知道孩子们的能力是不一样的，一个孩子可以轻轻松松地得四分、五分，另一个孩子很努力却只能得三分——我们即将普及中等义务教育，记住这一点就显得更为重要了。

赎买式的爱是不理智的父母之爱的第三个变种。有些父亲真诚地相信，只要满足孩子所有的物质需要，就算是履行了自己作为家长的全部责任。孩子吃得好、穿得好、身体健康、拥有全部的课本和学习用具——他还有什么不满足的呢？这些父亲以为父母对子女的爱可以用物质上的花费来测量，起码可以用金钱的付出来赎免对孩子的教育责任。

有一些父亲——尽管为数不多，还是应该提出来，患了精神—情感冷漠症，他们不知道什么是父母之爱，在精神和情感上冷漠地对待自己的孩子（母亲中几乎没有这样的人，母亲和孩子保持着经常的精神交往）。这种现象与父亲的教育水平无关，它的根本原因，是认为教育孩子不是公民应尽的社会义务。

在这样的家庭里，如果母亲再不给孩子以足够的关注，如果她不能成为孩子精神生活的中心，那么，精神的空虚和贫乏就会笼罩着孩子。他们生活在人群之中，却不认识人，对人的丰富、细腻的情感，首先是温存、同情、怜悯、仁慈感到完全陌生，难以理解。他们可能成为完全不懂得感情的人，这是最危险的。学校对这些孩子负有很大的教育责任，他们应该在学校接受专门的情感教育，这是教育学理论和实践的一个重大课题。遗憾的是，教育学没有研究这个课题。谁也没有专门研究学校应该怎样教育那些由于家庭原因而情感冷漠、精神空虚、失去个性的孩子。学校做的，最多不过是帮助这些"谁也不需要"的孩子取得好的学习成绩。

那么，真正的父母之爱究竟是怎样的呢？

4．手捧鲜花的人

我们究竟应该怎样去爱自己的子女？为了使他们成长为真正的人，我们应该在他们的心灵里留下些什么？怎样才能使父母的爱在孩子心里燃起永不熄灭的感激之情？怎样才能使父母给予子女的一粒粒细小的金沙，变成造福于人民的黄金富矿？

把孩子造就成人，这是一项非常艰苦的劳动，而其中最复杂的工作，也许就是教孩子学会认识人、理解人。父母要用自己的爱激发、引导孩子关心周围世界，关心由人创造、为人服务的一切事物；当然，首先要引导孩子关心的，是人自己。——真正的父母之爱就应该是这样的。我坚信，在儿童心灵培养人的高尚品质，是从帮助孩子与其他人建立最富有人性的关系，培养他敬重人、首先是敬重父母这种纯洁、高尚的情感做起的。

一跨进学校的大门，孩子们就成了学生。在学校生活的最初几年，学校和父母密切联系具有特别的意义。在这里我要强调，是和母亲和父亲两个人建立联系，而不只是母亲。教师、校长与父母每周的个别交谈，我们的每一次深思、每一个建议，都是造就人的创造性劳动。我们和家长一起思考：为了让儿童切身体会到自己是生活在人群之中，还应该让他积极地做些什么。

我们和家长共同努力，使学校生活，特别是小学阶段的生活成为培养孩子诚挚和善良品性的学校。关心他人的幸福，为别人创造美好生活，是这所学校最重要的课程。所有能给孩子美的享受，能使他们快乐、满足的事物，都有神奇的教育力量。我们教育孩子们为家庭，为母亲和父亲，为身边其他的人创造美好的生活。

在每年的秋天，家庭都要欢度玫瑰节——这里我也要强调，玫瑰节首先是家庭的节日，然后才是学校的节日。在这一天孩子们并不集会，也没有那种违背儿童天性、缺少孩子真情、刻意造作出来的庄严气氛。在我们这里，孩子们的节日主要在家里度过，但是学校帮助他们做好准备。

在玫瑰节这一天，每个孩子都要在自家的宅院里种上几株玫瑰。我们给孩子准备好花苗，对他们说：拿去栽上，孩子们，好好照料它们！玫瑰花会使你们的家变得更美，会给你们的母亲、父亲、奶奶、爷爷带来欢乐。

孩子们栽下了玫瑰，他们要常常提醒自己：该浇水了，该防冻了，土也该松一松了。他们还不习惯为这些事情操心，也缺乏坚持下去的毅力。老师描绘的繁花似锦、芬芳馥郁的情景，对他们来说实在太遥远了。孩子没有耐心去等待，也没有实现这幅远景的本领，这就需要我们教他们，在劳动中教他们。

终于，第一个花蕾出现了，紧接着是第二个、第三个……一朵朵玫瑰相继开放，有的血红、有的粉红、有的深蓝、有的浅蓝，在灿烂的阳光下鲜艳无比，香气扑鼻。这个时候孩子们高兴极了，两眼闪烁着幸福的光芒。他们感受到了一种从未有过的快乐。这种快乐不同于收到父母礼物时的快乐，不同于闲暇休息时的快乐，也不同于外出旅游即将出发时的快乐。

这是在为最亲爱的人——母亲、父亲、奶奶、爷爷做了好事以后感受到的快乐。这件事情之所以触动孩子们的心灵，使他们如此感动和喜悦，是因为做好事本身就是一件十分美好的事情。孩子焦急地等待着花蕾开放，在这件事情上他已经有了耐心。如果有谁摘下他准备送给母亲的花朵，这简直就是孩子的灾难。如果一个人从来都没有体验过这种痛苦，他还算不上一个真正的人。

对我来说，没有什么比看到孩子们摘下玫瑰送给母亲时那副高兴的模样更让我感到幸福的了。这时候，孩子们的眼睛焕发出的，是纯真的人性的光芒。来自内心深处的欢乐——为别人创造幸福的欢乐——使他们的眼睛熠熠生辉。

有了这种美好的情感体验，孩子们对美也就有了新的认识。在他的眼里，花满枝头的苹果树，正在成熟的一串串葡萄，静息无声、仿佛正在沉思的朵朵菊花，都是人们辛勤劳动的成果。这样的孩子不会随便折断树枝，揪摘花朵，良心使他下不了手。

"手捧鲜花的人做不出坏事。"——应该怎样爱孩子，应该在子女的心灵留下什么，索洛乌欣①美丽的诗句告诉了我们答案。亲爱的父亲、母亲们，我们已经在孩子的心田播下了爱人——爱父母和所有的人的火种，孩子们有了做个高尚、善良的人的愿望，父母的爱应该像一阵阵清新的风吹进孩子的心灵，使这人性的火花越烧越旺。

学校生活的第一年过去了，孩子们升到了二年级。这时我们就和孩子们一起修建知恩果园。这个果园是为那些在土地上辛勤劳作了四五十年、甚至七八十年的老人们修建的。我们选择一块荒芜贫瘠的土地，给它施上肥料，然后栽上葡萄、苹果、梨子和李子。这个活儿可不轻松——常常需要运来几十吨的淤泥增加土壤的肥力。但是一个崇高的目的鼓舞着我们——我们将给人们带来快乐！这种劳动也让我们自己快乐。

知恩园里的第一批果实成熟了，孩子们把村里受人尊敬的亲人——祖父、曾祖父们请到了果园。亲爱的家长们，让你的孩子也走这条道德发展之路吧！让他的劳动也充满崇高的精神！你会看到，当他摘下知恩园的果实献给在土地上劳动半个多世纪的老人们时，他会觉得自己正在攀登道德发展的第一个高峰。这个瞬间会给他留下终生不忘的美好记忆。

孩子们体验到了无私奉献的快乐，他们也就拥有了一笔珍贵的精神财富：能够用自己的心去体察别人的需要，知道应该在什么时候、什么地方帮助一起生活的同伴、朋友和亲人。需要人，希望帮助别人，在马克思眼里，这是一个自由人的最伟大的精神财富。有了这种需要，孩子们就会目光敏锐地观察身边发生的各种事件，他会关心周围人们的行为举动和他们之间的相互关

---

① 弗·阿·索洛乌欣，1924—1997 年，苏联当代著名作家、诗人、小说家、翻译家，《手捧鲜花的人》是其诗集之一。——译者注

系。体验过做善事的快乐的孩子，是多么体贴父母啊！他们知道父母工作劳累，需要休息；他们尽量使家里清洁、美观、宁静、温馨，他们懂得这是让母亲、父亲精神充实、愉快的最重要的条件。体验到为人创造幸福有多么快乐的孩子深深知道，自己的不良行为或者差劲的学习成绩会使母亲、父亲伤心；而让最亲爱的人为自己操心，在这些孩子看来，是不道德的、恶劣的行为。

诚挚而富有同情心的孩子在那些看上去没有什么不好的行为中看到了恶迹。"我要好好学习，我的妈妈有心脏病。"有一次四年级的科利亚对我说。孩子知道，如果他的计分册上出现不好的分数，母亲会难过的。他希望母亲心情宁静、愉快；他觉得可以用自己的劳动成果抚慰母亲；他不能让母亲有任何的不安。

作为父母，最为企盼的事情就是孩子能够好好学习。那么，怎样才能激起孩子好好学习的愿望呢？给父母带来幸福和快乐，这是孩子学习的强大动力。但是，孩子只有在有了使别人快乐自己也快乐的体验以后，才会愿意为了父母快乐而努力学习。我深信，只要我们激发起孩子为别人的幸福做好事的愿望，引导他敏锐地观察周围世界，培养他体察别人精神世界的能力，孩子是会努力学习的。

我想起了一位名叫卓娅的小姑娘。母亲非常疼爱自己的女儿，对她百般娇宠。母亲得了重病，病情时好时坏，身体变得十分虚弱。我们认为，学校的一个重要教育任务，是让小姑娘学会从母亲的目光、说话的语气和一些特别的动作，敏锐地察觉母亲正在经受的痛苦，让她学会体谅母亲忧伤和愁苦的心情。但是，让一个心灵从未体验过感动的孩子做到这点非常困难。

卓娅所在的三年级准备沿第聂伯河做一次为期五天的有趣旅行。卓娅的妈妈来到学校，询问应该为女儿准备些什么。她很难受，但是尽力装出没事的样子。我们费了很大的力气才说服母亲：卓娅哪儿也不要去，不能把重病的妈妈一个人丢在家里。我从教室叫来了卓娅，劝她不要去旅行了。小姑娘听了大哭不止。

"难道你没有看到妈妈病成了什么样子吗？"我问，"她病得很重，为了装出健康的样子她费了多大的力气，难道你看不出来？"

小姑娘困惑不解地望着我。

"我从哪里知道这些？"卓娅用冷漠的语调说，"要知道，妈妈从来都不讲她是健康还是有病。"

不能和同学一起去旅行，这让卓娅很不高兴。从道理上，她懂得不能把妈妈撂在家里不管，但心里却很不情愿。真正的不幸就在这里。我用了不止一年的时间，努力唤醒小姑娘这颗冰凉的心。我告诉她要注视人的眼睛，因为它是人心灵的一面镜子；告诉她要善于觉察别人的境遇，他为什么事情高兴，为什么事情忧伤。

有一次我和卓娅在集体农庄的甜菜地里干活，一起干活的还有八位集体农庄的女庄员。我告诉卓娅，其中有一位母亲，她的三个儿子都在前线牺牲了。无论时光怎样流逝，都丝毫不会减轻母亲心中的伤痛。每个有同情心的人都能从母亲的眼睛深深感受到她内心的痛苦。卓娅结识了这位英雄的母亲……这一天在她心里留下的印迹一生都不会磨灭。卓娅的心不再冷漠，她变成了一个温柔、体贴、细心的女儿，每天晚上都在家里陪伴妈妈，尽其所能让妈妈快乐。

现在卓娅已经成年，出嫁了，有了一个儿子。去年秋季的一天，卓娅急匆匆地赶到学校，上气不接下气地对我说："走，快走，有人急需帮助，我担心会出事情！"稍稍平静以后，她告诉我说，在密林里的老树墩上坐着一位悲伤欲绝的老人，佝偻着身子，什么也不看，什么也不听。"他的眼睛充满了痛苦和悲伤，必须赶快去他那里。"卓娅最后这样说。

我们赶到了森林。老人是我们镇上的居民，他遇到了极大的不幸：

三天以前他埋葬了自己的妻子。他的兄弟和儿子都在前线牺牲，现在他孤苦伶仃，没有了一个亲人……我们把老人送回家，但是老人害怕孤独，不愿进屋。于是少先队员们每天都到老人家，像亲人一样陪伴他。卓娅和老人交上了朋友，和少先队员也交上了朋友。孩子们在老人宅旁的空地上开辟了一个很大的玫瑰苗圃。"如果没有卓娅和孩子们，我可能已经不在人世了。"安德烈爷爷有一次这样对我说。

我们究竟应该在孩子心里留下些什么？作为父亲，请你经常问问自己这个问题。在为人的伟大尊严而斗争的几千年的历史中，劳动人民历尽磨难，创造出了宝贵的精神财富。我们要把这些财富留给孩子们。让我们永远牢记，在一个正在建设共产主义的社会里，最伟大、最光荣的创造，就是对人的创造！

寄语父亲们

冬天的晚上，常常有些学生父亲来学校和老师们聊天。于是我们就围坐在一起谈论一个特别的话题——男人在家庭的崇高使命。这种谈话很有意义，因为在子女的教育中，父亲起着特别重要的作用。

实际上，孩子们是多么希望自己的父亲是个坚强刚毅、承担得起家庭责任的人啊！但愿每一个做父亲的都知道并且能够理解孩子有多么需要他，多么希望他是一个既聪明又勇敢的男人！

五十年代初，我们学校有两个二年级的女学生是好朋友。叫娜达莎的那个小姑娘从小就没有了父亲。在很小的时候，她常常问妈妈：父亲呢？我的父亲在哪里？每次妈妈总是难过地不说话，有一次甚至大哭了起来……自从上学以后，懂事的娜达莎就再也不对妈妈提起父亲了。

　　娜达莎的朋友娜斯嘉是个令人羡慕的孩子，她既有母亲，又有父亲。有一次娜斯嘉到娜达莎家做客，她问娜达莎："你的爸爸呢？"小姑娘不好意思说自己没有父亲，就撒谎说："我的爸爸是个飞行员，他总在飞行，很少在家……"娜达莎每天都从母亲给的午饭钱里拿出几个戈比放在一边。有一天，她坐上进城的公共汽车，买了一顶飞行员的帽子……如果她的分数册上有了不大好的分数，她就会对朋友们说："哎呀，爸爸又该责备我……"听娜达莎的口气，她不是害怕，而是在为自己的父亲自豪……

　　娜达莎长大了，现在她有了丈夫和两个女儿，有了自己的家庭。我记得，这位年轻的母亲在送自己胆小的女儿上学的那天，曾对我说：

　　"您很难想象，我小的时候，多么渴望有个父亲啊！我在自己的想象中创造了一个父亲，好让自己活得轻松一些。我想象中的父亲善良、严厉，对我要求非常严格。那时候，我真希望他能从我的幻想中走出来，拿起我的日记本，对我说：'喏，我的女儿，你写的都是些什么呀……'每次生病我心里都特别难受。我多么盼望有个高大强壮的男人走到我的床前，一边用手抚摸我的头，一边说：'没什么，女儿，你的病很快就会好的……'"

　　我认识很多孩子，他们的父亲在伟大的卫国战争中光荣牺牲。现在他们已经是大人了，但是仍然珍藏着父亲留下的物品：星形勋章、皮带、手帕、钢笔、烟荷包、书包……在他们眼里，父亲的遗物是最神圣，最珍贵的宝物。

　　我永远也不会忘记小谢廖沙。他的父亲是在喀尔巴阡山战役中牺牲的。收到装在蓝色信封里的阵亡通知书后，母亲哭了很久。战争结束了，士兵们从前线回来了。在一个炎热的夏日，一个长着小白胡子的士兵走进谢廖沙家的院子，对母亲叙说了她丈夫牺牲时的情景。"你的父亲是机枪手，是法西斯的炮弹杀死了他。"士兵对谢廖沙说，"在我忠实的朋友牺牲的地方，我只找到他的一个汤勺。"说着，他把勺子递给了小男孩。

许多年过去了，谢廖沙也成了一名战士。年轻人带着父亲的遗物去了部队。服役三年，父亲用过的那把铝制小勺始终和他形影不离。现在谢廖沙也有了三个儿子。孩子祖父用过的勺子放在了家中最显眼的地方。我相信，这把小勺会永远放在那个地方。

如果要评价一个父亲是不是好公民，他能不能成为自己孩子学习的榜样，首先就要看他是不是承担起了对孩子的责任。

家庭中的关系历来就是这样：父亲为子女的健康、平安、幸福而付出的劳动，是他的道德面貌的集中反映。一个男人，越是自觉自愿地承担起这份责任，他的道德面貌就越是高尚，他也就越值得自己的子女效仿。

父亲是孩子最亲、最爱的男人。孩子的出世、孩子在生活中跨出的每一步、他的每一个行为，父亲都负有责任。在父亲的身份里，包含着使父母共同创造的新人道德日臻完善的伟大天职。

希望所有的父亲都能记住：儿女是不是听话、遵守纪律，决定于父亲对他们的负责态度。父亲为人民效劳，对祖国忠心耿耿，孩子们就会为此而骄傲。他们珍惜父亲为祖国做过和正在做的一切，珍惜父亲用心血和智慧为祖国创造的物质财富和精神财富。

人们常说："儿子要有自己的根。"父母的根，父母的功绩和荣誉不应该成为儿子赖以生活、赖以向人民索取财富和特权的资本。如果只有父母的根而没有儿子自己的根，儿子就会成为寄生在父母身上的野草。父亲对社会的贡献越大，儿子就越是需要有自己的光彩。父亲要让儿子以自己为榜样，忠实于崇高的理想，为实现理想而诚实地劳动，使儿子放出自己的光彩。

我们要通过自己的教育工作，让每个学生都在自己父亲身上发现那些具有永恒价值、足以使自己和家庭自豪的品德和精神。认识自己父亲的道德财富，是培养学生公民荣誉感不可缺少的重要一课。

我们看看两堂这样的课。

放暑假了，父亲对别佳说：“跟我走，儿子，我们一起到我那块土地去看看。”

“什么，您有自己的土地？”儿子问。

“是的。”父亲回答。

他们先乘火车，又乘汽车，在路上走了很长的时间，最后来到森林的旁边。顺着林子的边缘，是一片宽阔平坦的土地，上面长着的麦子已经抽穗。

“这就是我的土地。”父亲说，“我在这里和法西斯匪徒作过战，从这里把敌人赶走。我曾经在这里流血……你看，受伤后我就躺在那个地方。”

儿子沉思着，用全新的目光，严肃地注视着这片在他看来再普通不过的土地。可能正是在这个瞬间，小男孩领悟了为人民效力意味着什么。就在这片土地上，他发现自己的父亲原来是祖国忠实的保卫者，是一个勇敢的人。我相信，如果每个做儿子的都能像别佳一样，在拜访了这样的土地以后总是用充满爱意的目光注视自己的父亲，那就不会再有不尊敬父亲、不听从父亲教导的儿子了。

我们再看另一个例子。

二年级小学生皮利普卡的父亲也和法西斯匪徒作过战，获得过“战斗功勋”奖章。冬天的晚上，父亲常常给他讲述战争年月走过的艰苦路程，讲大雪和沼泽地里的战壕，讲战士们怎样勇敢地和敌人拼杀。

一天晚上，皮利普卡听完父亲的故事，该睡觉了。但他翻来覆去睡不着，感叹地说："您得到这枚奖章多不容易啊！"学年结束了，小男孩拿着一本带有漂亮画页的书回到家里——这一年他学得不错，书是老师发的奖品。妈妈微笑着翻看这本书，而一旁的皮利普卡却不说话。

"怎么了？学校发给你奖品还不高兴？"妈妈惊奇地问他。

"可是您要知道，获得这个奖品并不困难啊！"小儿子回答道。

不仅是父亲，我们当老师的也应该认真思考一些问题。有时候我们不大关心怎样使"困难""很好""必须"这三个概念在孩子们的头脑中融为一体。在培养孩子热爱、尊敬长辈（包括父亲）的感情时，我们教师应该非常敏感和有分寸。

一年级教室正在上课。女教师按着顺序一个个询问学生他们父亲的情况。女教师一边听孩子们回答，一边在小本子上记着什么。轮到佩佳了，他的脸色变得苍白。

原来，就在前一天，小男孩放学回家时，在酒馆附近看见了自己的父亲，他正趴在路边的栅栏上，醉醺醺地呆望着地面。"爸爸，我们回家吧！"佩佳哀求父亲，身边的行人望着他们，佩佳难为情极了……

阳光灿烂，拖拉机在田野上轰鸣，这个世界看上去宁静而幸福。可是，看着小佩佳不光要为酗酒的父亲哭泣，还要胆战心惊地等着老师的盘问，这时你还能感受到幸福吗？我们是否时时都能想到，在这样的时刻，小男孩会对所有光明、正确、使人快乐的事情都失去信心呢？对"正确的"东西——这个词我是从一个少年那里借来的，他在讲述自己家庭的忧愁时用了这个词——失去信心，就谈不上真正的教育。孩子只有在充满信心的时候才会感到幸福。不听教诲、不讲礼貌、举止粗鲁，儿童行为的所有这些表现都发生在孩子信心毁灭的时候。

如果有人问我，在我的工作中什么最困难，我会告诉他：和孩子们谈论他们的父亲母亲最困难。这里最细小的失误和疏忽都可能导致极其有害的后果。

教室里一片寂静，孩子们都在画画。突然一个孩子大声地说："米佳的爸爸进监狱了！"帕夫利克和米佳是邻居，他从妈妈那里得知米佳的父亲被法庭定了罪，孩子的心里藏不住这样有趣的消息。

突如其来的事情容不得我细想。米佳的脸已经涨得通红，用来画画的铅笔在他手中颤抖。

"这有什么可奇怪的？"我对孩子们说，"你们知道米佳的爸爸是个玻璃工，他来咱们学校安装过窗户的玻璃，还记得吧？监狱里也有不少窗户需要安装玻璃，这活儿可不是一天两天能干完的。"

米佳的眼里现出了感激的神情。

保护儿童的心灵是我们教师的天职。经常会出现这样的情况，孩子仿佛突然被一把尖刀逼住，他大惊失色，完全被吓呆了。当孩子们希望能藏着、掖着的家里的一些隐秘的事情突然被张扬出来时，孩子的心情就是这样的。

这就是为什么我要告诉父亲们，你们必须知道孩子把你的堕落看成自己的灾难，把你的快乐也当作自己的快乐，你必须理解孩子的心情。要珍惜孩子对人的爱，要巩固孩子对人的信任。

我们在孩子身上延续自己

从古至今都有这样的说法：好孩子是父母的光荣和骄傲，坏孩子给父母带来灾难和痛苦。自古以来，人就在精神和道德上有一种渴望做父亲、母亲的激情，把为人父母看作是一种最大的幸福。他们希望在孩子身上延续自己的生命，希望孩子能够继承先辈和自己创造的精神财富，把它一代一代传承下去并且发扬光大。

我给你们讲一个发生在第聂伯河边一个古老村庄的真实事情：

　　在这个村子里住着一个老妇人，她生有五个儿子和七个女儿。每个儿子、女儿都有几个孙子，每个孙子又都有两个或者三个孩子，只有一个叫维拉的孙女，出嫁好几年了，还没有孩子。

　　夏日的一天，全家人聚在一起，庆贺老祖宗——整个家族都这样称呼她——一百零七岁的生日。在苹果园里，儿子、孙子、重孙子们簇拥着她，纷纷向她致敬，祝愿她身体健康、精神旺盛，称赞老人家思维清晰、目光敏锐、说话公道。老祖宗环视四周，发现所有的亲人都来了，唯独维拉不在。老人心疼起来，刚刚想问："维拉怎么没来？"只见一个女邻居跑了过来，问候了老人，然后报喜说："生了，维拉生了一个儿子！"

　　老祖宗深深地舒了口气，脸上露出满意的笑容，她注视着每一个人的眼睛，轻轻地说："现在我要走了。"于是，这个世上最幸福的人去世了。

　　已经很多年了，每天我都要接待一些父亲和母亲，其中有些人是欢欢喜喜来告诉我谁家生孩子了，谁家的孩子也快做母亲、父亲了。我十分珍惜家长对我的信任，他们遇上什么高兴或者烦心的事情，都会来找我，甚至把内心深藏的秘密也告诉我。一年又一年，我越来越相信，做父亲和母亲是人的第二次生命的开始。

　　什么时候我都不会忘记这件激动人心、使我深受教益的事情。我们学校曾经有个叫斯切潘的男孩。在老师们的记忆中，他善良、热心，但是非常淘气，调皮得简直让人难以忍受。许多年过去了，斯切潘成年了，结婚了，我们对他的印象也逐渐淡漠了。可是，有一天，我们正在教员休息室——一共有五名老师，突然，斯切潘兴冲冲地闯了进来，没戴帽子，手里拿着一瓶香槟酒。他请求大家原谅他的唐突，激动地告诉大家他的来意。

　　"今天是我大喜的日子，我刚从医院接回了妻子和女儿。亲爱的老师们，今天我的脑子好像突然开了窍。我突然明白了，真正的人是对别人负责的人。由此我想起了自己的学生时代。第一次看到女儿的小脸庞，眼前立刻就出现了我自己。我曾经让老师们那样为我操心……请你们原谅我这个不懂事的人，现在我明白了你们劳动的意义。请教教我怎样教育孩子……你们懂得这些……"

他还说，他和妻子说好了，就用他的启蒙老师奥丽佳·彼得罗夫娜的名字为女儿命名。于是，我们高兴地到他家，祝贺这位幸福的母亲。

几天过去了，几个星期又过去了。斯切潘常常带着自己的疑问到我这里：我们对奥利娅的教育正确吗？或者告诉我，孩子已经半岁了，她已经开始学走路了，已经在咿咿呀呀学说话了……他的问题和他激动的样子使我高兴，但是最使我高兴的，是他的责任感。"无论我走到哪里，无论我在做什么，我都牵挂着家，牵挂着摇篮里的奥利娅，"斯切潘向我们倾诉他的感情，"好像有谁在不时地提醒我：你要是长时间不在家，家里会出事的……"

年轻的父亲带着自己和孩子母亲的快乐、担忧、疑虑来找我。每一次见到他，我也会立即问："孩子怎么样了？"最让孩子父母高兴的事情，是奥利娅喜欢上了曾祖母玛利娅。奥利娅喜欢帮助曾祖母做事情，老奶奶也把曾孙女的帮助看作一件非常严肃的事情。"我们在工作呢""我们正忙着呢""我们现在很困难""我们已经累了""我们该休息了"——这些思想深刻而且含有细腻、美好感情的话语，是奥利娅在和老奶奶交往中学会的。小姑娘用这些话来表达自己对曾祖母的喜爱、依恋和信任。我仔细查看这个家庭在怎样教育孩子。我高兴地看到，他们的孩子是在劳动活动中认识世界的，因此，孩子在了解事物和现象的时候，心里也逐渐形成了一定的道德评价标准。孩子对自己周围的事情有自己的态度，小小的年纪，喜欢什么不喜欢什么就很清楚。小姑娘尤其不喜欢游手好闲和做事马马虎虎。

老奶奶重病卧床，奥利娅暗暗地独自哭泣，第一次体验到了人的痛苦和无奈。有一天，一大清早，年轻的父亲十分激动地跑来问我："奶奶快死了，

118

怎么办？不让五岁的奥利娅看看临终的亲爱的人，这样不太好吧？"我对他说："不能把孩子从人的世界拉走，认识生活要从认识人开始。生命火花的熄灭——爷爷、奶奶的衰老和死亡也能教育孩子。"

假如你们做父母的正在竭尽全力，让自己的孩子有做一个好人的愿望，让他懂得珍惜自己的尊严，假如你们希望孩子坚决服从父母的话语和意志，那就让他从小就看到一棵完整的生命之树——从最细小的根须，到正在干枯、死亡的枝叶。

认识生活，珍惜生活，不使生活受到玷污，不让人的尊严受到亵渎，蔑视和憎恨一切卑鄙龌龊的东西，这些就是我努力转达给母亲、父亲们的教育智慧的精髓。我在家长学校给未来的母亲、父亲上第一堂课时，总要对他们讲述下面这个故事。

这已经是很久以前的事情了。在乌克兰的一个村子里，姑娘和年轻媳妇们决定向乡亲们展示自己的手艺。她们约好，星期天都把自己亲手制作的最精美的手工产品带到集市。到了这一天，村里所有的姑娘、媳妇都来到集市，带来了好多非常精美的展品：绣花手巾、花边、亚麻布、桌布……有钱人家的妻子、女儿带来的是用金线、银线绣出的绸缎罩单和镶着精致花边、织有漂亮鲜花和小鸟的窗帘。村民们推举出几位最有威信的老大爷、老大娘，请他们评判谁是村里最能干的女人。面对这么多心灵手巧的年轻妇女和这么多精美绝伦的展品，老人们把眼睛都看花了。

但是，出乎所有人的预料，铁匠的妻子玛丽娜成了最后的胜利者。她没有带来任何手工制品，尽管她的针线活儿干得很好。她带来了七岁的儿子彼得鲁斯，而彼得鲁斯带来了自己用木头雕制的百灵鸟。只见小男孩把这只百灵鸟放到唇前，它立即就像一只活的小鸟，啁啾地唱起歌来。集市上所有的人都停住脚步静静倾听；正在蓝天飞翔的百灵鸟被地面悠扬的歌声吸引，也跟着一起唱了起来。

"谁创造了聪明、善良、勇敢的人，谁就是最能干的人。"老人们这样说。

在家庭里，父母小心翼翼地触及和培养孩子的心灵和智慧，就是在书写我们称之为社会教育的这本大书里最智慧、最复杂、也最简明——因为每个父母都能理解——的一页。社会是一座大厦，家庭就是组成这座大厦的砖块。砖块结实，大厦就坚固，如果砖块一碰就碎，大厦就成了危楼。父母缺乏责任感是使家庭脆弱的最主要的原因。如果您没有孩子，您只是一个普通的人；但是如果您有了孩子，您的肩上就要承担十倍甚至一千倍的责任。在您赋予一个人生命的同时，您也对人民承担了一份责任。这个思想在我们对家长的教育工作中贯穿始终。

父母行为轻佻、没有责任感，这种恶习的根源是对幸福、快乐生活的歪曲理解。谁要是不善于在自己孩子身上延续自己，谁就应该想到年迈时等待他的将是什么。

老年孤独是人最难承受的一种痛苦。有些人年轻时像蝴蝶一样在花丛中飞来飞去，老来却一无所有。你只有深入到这些人的内心世界，才有可能理解这种孤独的痛苦。请你，无忧无虑的年轻人，也请你，在生活的花园里又采摘到一枝更鲜艳的花朵，因而不再爱你曾经爱过的妻子——自己孩子母亲——的父亲们，请你们听一听这个故事吧！这是我曾经不得不介入的一个真实的生活事件。我原原本本地讲给你们听，只是不说出名字。

曾经有一个三口之家——母亲、父亲和儿子。有一天，父亲突然抛弃了自己的妻儿，既不说去哪里，也不说为什么，就这样走了。这时儿子还不满一岁。

父亲走了，母亲的日子变得很艰难。每天清早，她先用童车把儿子推到托儿所，然后自己匆匆去上班。

儿子长大了。母亲不再用车推他，而是领着他一起走到幼儿园。儿子看到别的孩子不仅有母亲，还有父亲。这个发现使孩子震惊，于是就有了他和母亲的这些对话：

"为什么别的孩子有父亲，我没有？孩子说，没有父亲就不会有孩子，是这样吗？"

"是这样的，没有父亲，孩子就不会出世。"

"这就是说，我也有父亲，对吗？"

"对，你曾经也有父亲，可后来他走了。"

"他为什么要走？"

"因为他不再爱我们了。"

"不再爱，这是什么意思？"——儿子继续问。

这样的问题，对一个三岁的孩子怎么说得清楚呢？母亲只好说：

"等你长大一点就会明白的。"

一年过去了，两年过去了。五岁的儿子又问母亲：

"妈妈，我的父亲爱他自己吗？"

"他对自己的爱比对我们的更少。他不仅不爱自己，而且也不尊重自己。"

"尊重自己，这是什么意思？"

母亲试图给他解释，但是五岁的孩子理解不了如此复杂的东西。

又过了两年，儿子七岁了，他问母亲：

"妈妈，尊重自己，这是什么意思？"

"尊重自己，这意味着把自己留在土地上，留在自己孩子的身上。"

"但是，他，父亲，难道不懂这个道理吗？"

"以后，到他年老的时候，会明白的。"

儿子满了七岁时，母亲结婚了。一次，在和儿子单独相处时，母亲对他说：

"这个男人爱我，我也爱他。如果他喜欢上了你，而你也爱上了他，你或许会成为他的儿子，而他，就是你的父亲。可是现在，你不要叫他父亲，但也不要把他叫作叔叔——这样不好。你对他说话时称呼'您'就行了。"

母亲的第二个丈夫善良、热诚，但是孩子并不信任他。"一个没有他我就不能出世的人都没有成为我的父亲，难道另外的人能做我的父亲？"——儿子这样想。这个念头使他心情沉重。

有一次，儿子生病了，昏睡了几天几夜，只是偶尔清醒一阵。一天夜里，他感觉自己好了一些。他睁开眼睛，看见继父坐在跟前，这个男人正握着自己无力的手在哭泣……孩子立即闭上眼睛，他希望这个瞬间能够永远保留。一分钟过去了，两分钟过去了……孩子的心因为幸福而变得温暖。男人抚摸着他的手，他感到，这个男人希望他恢复健康。孩子再也不能闭着眼睛装睡了，他笑着睁开眼睛，轻声说：

"我想叫您父亲，行吗？"

几年以后，这个幸福的家庭遭受到了极大的打击：母亲患了不治之症，在床上整整躺了十年，全靠丈夫和儿子精心照料。儿子二十三岁时，母亲去世了。儿子结了婚，也生了一个儿子。继父开始衰老，但是儿子仍然热烈、忠实地爱着他。家里的人一定要等父亲回家后才开饭，没有父亲出主意，儿子不会决定任何事情。

有一天，全家人正在吃晚饭，听到有人敲门。门开了，一个老人走了进来。

"你还认识我吗？"

"不，我不认识您。"

"我是你的父亲啊。"

一下子，儿子想起了所有的往事。他回答说：

“我的父亲就坐在这里……而您，对我来说，只是一个老人。”

“但是，你是我的亲儿子呀！”老头儿哀求起来，“收留下我吧！”

“好吧，您就住在我们这里，”儿子说，“但是，我既不能爱您，也不会尊敬您，也不能称您做父亲。”

就这样，他们一起生活在一所大屋子里。屋子四周，长满了苹果树和樱桃树。

温暖的夏日，全家人围坐在果园里有说有笑，而那位老头却独自待在自己的房间。他坐在窗前，低垂着长满白发的头，哭泣着。

想一想这个真实的故事吧，父亲们。你们也想一想，准备步入婚姻殿堂的年轻人。建立一个家庭并使它稳固，依靠的是爱情的力量——父亲、母亲、孩子之间忠贞不渝的爱情。但是，爱情不是外来的灵感或者领悟，爱情是艰巨的劳动。伟大的思想家和艺术家陀思妥耶夫斯基说过："家庭是用永不间断的爱情劳动建造起来的。"爱情劳动，就是竭尽全力，在孩子身上再现自己，在孩子身上延续自己内在的精神美。如果您真正爱自己的孩子，如果您忠实于他们，您对妻子的爱情就不会随着岁月的流逝而减弱，它只会变得更加深沉和专一。爱情，这是勇敢精神创造的娇嫩、柔弱、任性的孩子。要在自己孩子身上延续自己，你就必须做一个在爱情上勇敢的人。

使自己长大成人

1. 你七岁了，是一个刚刚上学的孩子。

母亲和父亲都认为你还太小，没有办法保护自己。你也确实需要成年人经常的照料、关心和保护，否则你就无法对付这个纷繁复杂的世界。你确实还小，但是你千万不要忘记，十年以后，在你中学毕业的时候，你就是一个大人了。你看看葡萄藤上的这根枝条，记住，当上面的叶子第十次凋零的时候，你就不再是个七岁的不懂事的小傻瓜，而是一个独立的劳动者、战士，一个未来的父亲；而你，小姑娘，到了那个时候，只怕也要为自己亲爱的小宝贝——儿子或者女儿操心了。对于你这个七岁孩子来说，十年的岁月漫长得让你不能想象，儿童意识里的世界就是这样……不过，对于你们的老师来说，十年可没有你们想象的那么长久……他们知道，那棵和学校同龄的老椴树，就是再过十年，也一点都不会苍老；校园里葡萄树的藤蔓，就是到了你们的青年时代，也会和今天一样枝繁叶茂、果实累累。

要善于憧憬自己成年以后的生活，这可以帮助你成长为一个真正的人。长辈们——母亲、父亲和老师——教育你成人，但是你应该明白，你一天天在长大，你将成为怎样一个人，越来越多地取决于你自己的努力和独立性。我，你的老师，要毫不夸张地对你说，正是这段你还不太懂事的年月将影响你的一生。你会成为怎样一个人，你身上展现出的才能哪些将得到发展，都取决于你在这段时间的活动。要珍惜来自成人的照顾和关心，要感激他们；同时，也要尽快摆脱对成人的依赖，不要害怕成年后的劳动和将会遇到的困难。总之，不要被任何困难吓倒。你会成为一个坚强、刚毅、刻苦耐劳的人；在热爱劳动、坚定性、自觉性方面，你会逐渐接近成年人，你应该为此而自豪。

应不应该对小孩子讲讲上面的这些道理呢？多年的经验让人深信，学校教育，特别是家庭教育的一个很大的弊病，就是以为孩子永远只是个孩子。正是因为忘记了今天的儿童是明天的成人，我们才会常常遇到意想不到的麻烦。培养儿童长大成人的意识，这是一个完整的道德教育问题，它似乎是把对人的智慧、道德、创造性的培养汇集到了一起。这种教育不能只在七岁时考虑，它应该一年一年反复进行，但是首先要谈的，是童年时代对于培养创造能力的特殊重要性。

不要以为培养孩子的创造力只是一个狭窄的心理学问题。一个人的幸福，归根结底决定于他的哪些能力得到开发，他的哪些才华更为突出，能使他的一生都放光彩，这也影响着社会的幸福；因为，如果有这样的一些社会成员，他们从童年到少年、青年和成年，都没有知识，没有本事，处处碰壁，那么，要造就一个和谐幸福的社会是不可能的。而这些人的不幸是在他们还很小、还刚刚上学的时候就开始了。培养和发展孩子的能力，这是一个涉及伦理、道德的社会问题。多年的经验证明，这个问题必须从儿童抓起。应该教育幼小的孩子憧憬自己的成年生活，这对于确立孩子的成人意识，使他的精神逐渐成熟起来是非常重要的。

每一个大脑健全的儿童都有发展才能的广阔领域，自然为每一个人都提供了成长为创造者的条件。这个领域能不能被发现和充分开发，儿童的哪些潜能会发展成现实的能力，这取决于孩子儿童期（具体地说，是入学前的两三年到入学后的头两三年）的活动；同时，儿童自己在活动中的态度，我们成年人是否善于对孩子进行成人意识教育，引导他的思想和心灵逐渐成熟起来，也有很重要的意义。

这就是我们为什么认为必须对孩子进行成人意识教育，认为它是道德教育的重要内容的原因。

人的大脑成熟期很长，这是人区别于其他所有高级动物的特点。儿童大脑的成熟期是在儿童紧张、充实、多姿多彩的精神生活中度过的。看上去这似乎是一个奇迹，但它已经不是自然的奇迹，而是真正的人的奇迹。儿童生活着，成长着，他快乐，他忧愁，他哭，他笑，他喜欢，他仇恨，但是他似乎还没有真正降临人世——就是说，大脑成熟的时期，正是大脑可塑性最强的时期；在这个时期，儿童不仅对外在的生长环境最敏感，而且对自己"没有最终长成"的机体发生的变化、对头脑怎样反应他在周围世界看到的事物也最敏感。因此，在这个时期，我们就不能只是关注儿童的生活起居，还要关心儿童脑的发展，脑是未来的人和他的各种能力赖以形成的物质基础。我们称为"自然条件"的东西只是在娘胎里形成的一种有生命的物质，真正生机勃勃的生命，只是在大脑最富可塑性的成熟期才开始。

　　明智的父母应该在儿童大脑发展的这个关键时期鼓励和引导孩子进行最紧张的脑力活动。其实，教师的工作，只不过是把父母的这种教育智慧自觉、集中地体现了出来。

　　在一定的意义上，儿童确实软弱无能，不能没有我们的帮助和照顾，但是不能让孩子也觉得自己无能，相反，要让他相信自己是强有力的。要让他知道，在他的周围生活着难以计数、比他软弱得多的生物，它们需要他的保护和照料。要使这种信念成为孩子行动的动力。我们必须对孩子进行这样的道德教育：你是一个孩子，但是不要忘记你将成为一个大人；想想看，你不会永远是个孩子。只有人才会有这样的思想，因为求知向上是人精神生活的本质。我认为还有一点也非常重要，这就是，不要因为上了学就使小孩子的活动变得单调和缺乏主动性，这对智力发展是非常有害的。学习之初，紧张而单调的记忆活动特别多（这是必要的、不可避免的），在这种情况下，用专门组织的活动激发孩子强烈的求知欲望就显得特别重要。

　　还应该谈到的是，儿童在学校的劳动应该带有一些成人劳动的性质。作业间、试验田、果园、畜牧场，无论在哪里工作，都应该让儿童有一种真实的感觉。我们学校备有儿童专用的、很小但是能够真正使用的农用器械——拖拉机、汽车、摩托车、脱粒机、割草机、簸谷机。我们的儿童电站装备有防止事故的一整套设备。这样做有深刻的教育意义。孩子们是在真正收割庄稼，真正给小麦脱粒，使用的也是真正的机器。身临其境的劳动，使得"你是一个孩子，但是不要忘记你将长成一个大人"的思想深入到了儿童的心里。在这样的劳动中，孩子们逐渐接受成人的思维方式，逐渐理解成人对世界的看法，许多在我们成人看来似乎是游戏的劳动，孩子们已经完全不把它们当作游戏了。

　　全体小学教师都要努力，使儿童劳动和成人劳动一样，也渗透着强烈的责任感。人在少年时代就应该看到自己童年的劳动成果：他亲手栽种、培育的小树苗长大了，该结果实了；唯一的一粒种子，由于他童年时代的精心照料，正在变成一大堆的小麦。

儿童时代充满希望和欢乐的创造性劳动，是发展智力，使思维敏捷、活跃、充实的不可替代的源泉。打个比方吧，它既是燃料，又是使燃料充分燃烧的新鲜空气，没有它，求知的火花就会渐渐熄灭。

2. 新人出世是一件喜事。

你要知道，你的降生曾经给你的父母带来多大的欢乐。每到你生日的那天，他们都会激动地回忆起你出生时的情景，回忆起你的第一声啼哭、你说出的第一个单词。每一个新人降临人世，都不仅延续了人的种系，也给人类社会增添了最可宝贵的财富——可以使祖国更加光荣、伟大、强盛的人。新人的降生给民族带来希望，它是父母的快乐，也是整个民族的快乐。儿童怎样对待新生命的诞生，怎样对待怀孕的妇女、特别是自己正在怀孕的母亲，取决于儿童的心灵是否纯洁、行为品德是否正派。教育孩子以正确的态度对待新人的诞生，也就是在培养未来的父亲和母亲。

在乌克兰的一些村庄，新人出世是全村人共同的节日，学校为这种风气的形成起了积极的作用。

在一个好的家庭里，儿童与兄弟姐妹精神交往的需要特别强烈（只有一个孩子的家庭，在培养孩子和谐情感方面的条件显然要差一些）。关心别人是从关心兄弟姐妹开始的。血缘亲情是培养和发展同情、体贴、亲切等情感的沃土，对于姐姐来说，它是培养母性的第一所学校。家里出现了一个新孩子，甚至只是对一个新人降临的期待，都是儿童道德发展阶梯上的一级独特的台阶。他好像在经历一场道德的洗礼，他对自己有了新的道德要求：我现在不仅是儿子，还是哥哥。特别积极地表现自己人的本质的时期，是从小男孩、小女孩期待新人降临时开始的。在和家长个别交谈时和在咨询会议上，我们建议家长：如果您想在家庭里形成相互关爱、尊重的气氛，想培养孩子的责任感和义务感，那就请您成为几个孩子而不只是一个孩子的父母，让您的每一个孩子都至少有一个兄弟或者姐妹（当然，只有在对家庭进行了许多年的工作、相互完全信任的情况下，才能提出这样的建议）。大孩子和小孩子之间的年龄相差三四岁到五六岁是最幸福的。这么大的孩子，已经有了足够的智慧和情感来理解（哪怕是大体理解）他和刚出世的血缘亲人的关系。新生命的诞生会在这样大小的孩子心里留下特别强烈、甚至永不磨灭的印象。小弟弟或者小妹妹的出生，为孩子们和谐发展创造了最适宜的家庭条件。

在和孩子们谈话时，无论是父母还是老师，有个问题总是让他们不知所措，这就是怎样向孩子解释他们出世的秘密？一些人认为应该给他们讲讲鹳鸟的故事；另一些人认为讲出全部的或者几乎全部的真相更好一些；第三种意见认为最好是这样回答：你还小，你长大就知道了。我认为还是第一种方案在道德方面更合适一些，因为这个富有诗意的故事表现了人民的智慧，反映了人民怎样有分寸地对待生活中秘而不宣的事情和儿童敏感的心灵。请给孩子讲一讲那只美丽善良的鹳鸟的故事吧，它对孩子没有任何害处，只会使他们的心灵更加的纯洁。对一些隐秘的、孩子们一时难以理解的事情，用诗一样美好的语言、用生动优美的神话故事做半藏半露的解释是必要的，否则我们会变得浅薄和粗俗。就让那些因为家里出现了一个小人而激动的孩子，在纯洁浪漫的故事里满足自己的求知欲望吧。

下面就是鹳鸟的故事：

奥莲卡，你不是问，你的弟弟从哪里来，为什么你的妈妈成了他的妈妈，你成了他的姐姐，而他成了你的弟弟吗？听着，孩子们，现在我就告诉你们答案，给你们讲一个世界上最真实的故事。你们看东边那片红色的天空，太阳很快就要从那里升起来了。那个地方离我们很远很远，每天夜晚太阳都在那里休息。在那里有一块非常美丽的罂粟田，鲜红的罂粟花永远盛开，山谷中还有一条清澈欢快的小溪，发出叮叮咚咚好听的声音。太阳把自己地里的罂粟花送给每一个妈妈，也送给你——奥莲卡的妈妈。当妈妈希望有个小宝宝的时候，她就在心里想着：我要一个怎样的孩子？是儿子，还是女儿。于是，遵照她的愿望，在罂粟花里就会出现一个小男孩或者小女孩。新人是从妈妈的想象中、从太阳的金色霞光中诞生的。小婴儿躺在鲜红的罂粟花瓣上，微笑着，伸出两只小手——他想快些投入妈妈的怀抱。就在这个时候，一只长着银色翅膀和碧绿眼睛的鹳鸟飞进罂粟田，叼起妈妈在梦幻中精心孕育出来的小宝贝，向妈妈飞去。奥莲卡，是太阳按照你妈妈的愿望创造了你和你的弟弟，而长着银色翅膀的神鸟——鹳鸟，又重新飞回罂粟田，因为世界上还有许许多多母亲像你妈妈一样，希望有一个自己的孩子……

甚至还在新生命到来之前就要让孩子珍惜他，爱护他，以无比喜悦的心情欢迎他。孩子们能不能做到这一点，取决于母亲和父亲的智慧。

3. 人生在世，不能像无人知晓的尘屑一样毫无声息地消逝。

人要在自己的身后留下永远的痕迹。

人首先要把自己留在人们的心里面，在那里我们可以获得永生，生命的意义和人生最大的幸福也就在这里。如果您希望留在人们的心里，就请教育好自己的孩子。培养好人，这是人最重要的社会职责。

一个人的精神面貌如何，与他在多大程度上意识到自己作为父亲或者母亲而存在的高尚意义有直接的关系。我们教育工作者的一个重要使命，是要让我们创造出来的人不仅对自己今天的行为负责，还要为未来负责；而未来，就是他的子女，一个活生生的人所具有的智慧、情感和信念。未来的根基是现在形成的。

当姑娘们满了十六岁，成年了，她们中的每一个人都可能成为母亲的时候，我就会对她们讲一个乌克兰的传说——"谁是世上最能干的女人"。

小伙子、姑娘们，你们刚刚踏入生活。在你们面前，生活是那么绚丽多彩，它就像地平线上刚刚升起的太阳，充满了希望。你们要耕耘土地，建造楼房，铺设铁路，放牧牛羊；你们会为南来的飞鸟高兴，也会为碧绿、娇嫩的麦苗担忧；你们还要远征，去打击侵略者。在做所有这些事情的时候，你们都会留下自己的精神、智慧和才能。但是，只有在人的身上，你们才会留下自己整个的心灵。不要忘记，你们还应该是一个父亲或者母亲。我要一千次、一万次地重复：为人父母也是一种劳动，是一种最需要智慧的复杂劳动。我现在就要告诉你们，未来的父亲们，你们将不得不屏住呼吸，倾听新生儿的哭啼；而你们，未来的母亲，将不得不经受疼痛和艰辛，生下自己的儿子或者女儿。在准备踏上生活征程的时候，要记住尽可能多地带上少年和青年时代积累的财富，这些财富是你们创造新人时必须具备的。

　　有一个故事，讲的是一个一事无成的人。这个人喜欢唱歌，一天到晚快快活活。他先是从绿色的庄稼地搬到长着鲜花的牧场，然后又从长着鲜花的牧场搬到茂密的小树林——总之，他在哪里也待不长久。在小树林里他有了一个儿子。这个无所事事的人把婴儿摇篮挂在柞树枝上，自己在旁边坐着，唱着。而儿子，不是一天天，而是一小时、一小时地长大。有一天，他从摇篮里跳了出来，来到了父亲面前：

　　"父亲，请指给我看看，您用自己的双手做了些什么？"

　　儿子能够说出这样聪明的话，真让做父亲的高兴，他笑了。接着他想，有哪些东西可以指给儿子看呢？儿子等待着，父亲却沉默了，再也没有了唱歌的兴致。儿子看着高高的柞树，问：

　　"或许，这棵柞树是您栽的？"

　　父亲低下头，不说话。

　　儿子把父亲领到田里，望着沉甸甸的麦穗，问：

　　"也许，这些麦子是您种的？"

　　父亲还是低着头不说话。

　　儿子又和父亲来到深深的池塘边，看着映在水中的蓝色天空，说：

　　"父亲，要不，您就说一句有智慧的话……"

可是这位父亲不仅没有亲手做成一件事情，而且也说不出一句显示自己智慧的话。他依然沉默着，头垂得更低了。他就是这样成了一棵从春到秋只开花，不结果，也没有籽的小草。

一生中一事无成，这是多么巨大的不幸啊！青年男女们，要尽力避免这种不幸，否则你们会在儿女面前，在所有人面前感到羞愧的。

4. 长大成人的标志不仅仅是生儿育女。

人和动物的区别在于，人在延续种族的同时，还把自己的美德和理想，把自己对伟大、崇高的理想和事业的忠诚也留给了后人。年轻人，你们越是能在自己后代身上反映出自己的精神风貌，你们作为一个公民也就越是富有，你们个人的生活也就越是幸福。公民的幸福和个人的幸福在你们孩子的身上融为了一体，因为孩子既是你们个人的希望，也是人民的希望。

我要向每一代的姑娘和小伙子都讲述一段曾经深深地打动过我——一个教育工作者的往事。

在一个大城市的一所城郊医院里住着两个产妇，她们在同一天生下了自己的儿子：切尔诺科萨娅是在早上，而别罗科萨娅是在晚上。两个幸福的母亲躺在同一间病房，幻想着自己儿子的未来。

"我希望我的儿子能够成为一个有名望的人，一个世界闻名的音乐家或者作家，或者做个有不朽作品的雕塑家，要不就做个工程师，建造宇宙飞船，让它飞往遥远的星空……生活嘛，就是为了这个……"别罗科萨娅妈妈这样说。

"我希望我的儿子成为一个善良的人，任何时候也不会忘记母亲和家乡。"切尔诺科萨娅妈妈说。

两位父亲每天都来探望年轻的母亲。他们久久注视着自己儿子的小脸，眼里流露出幸福、惊异和感动的神情。然后他们坐到自己妻子的床前，和她们小声地说个没完。他们在新生儿的摇篮边想象着未来——当然，这时他们想到的只有幸福。一个星期后，两个幸福的男人把妻子和儿子接回了家。

三十年过去了，切尔诺科萨娅和别罗科萨娅碰巧又同时住进了城郊的这所小医院。两位母亲的发辫已经斑白，脸上也有了一道道皱纹，但是她们还是和三十年前一样漂亮。她们同时认出对方，住进了三十年前生儿子时一起住过的那间病房。她们谈起了自己这些年的生活，她们都经历过很多欢乐，也经受过许多痛苦。她们的丈夫都在前线牺牲了。但是不知为什么，在讲述自己的生活时，她们都不谈自己的儿子。终于，切尔诺科萨娅妈妈开口问道：

"你的儿子在做什么工作？"

"他是个著名的音乐家，"别罗科萨娅自豪地回答，"他现在是我们城里最大的那座剧院的指挥，他名气很大，难道你不知道？"接着别罗科萨娅妈妈说出了音乐家儿子的名字。切尔诺科萨娅妈妈当然熟悉这个名字，许多人都知道他。不久以前，她还读到过关于这位音乐家在国外演出大获成功的报道。

"那么，你的儿子在干什么呢？"别罗科萨娅问道。

"农民。我的儿子是集体农庄的农机手，开拖拉机，也开康拜因①，有时候也去畜牧场工作。从早春到晚秋，一直到雪花覆盖大地，我的儿子都要耕地、播种谷物，收割庄稼，然后又是耕地、播种、收割……我们住在离这儿一百公里的一个村子里。他有两个孩子，儿子三岁，女儿不久前才出世……"

"你终归是享不到福的，"别罗科萨娅说，"你的儿子不过是个默默无闻的普通人。"

---

① 康拜因，即联合收割机，能够一次完成谷类作物的收割、脱粒、分离茎秆、清除杂物等工序。——译者注

听了这话，切尔诺科萨娅什么也没有说。

就在她们住进医院的当天，切尔诺科萨娅的儿子就从村里赶来看望母亲。他穿着白色的探视服，坐在白色的长凳上，和母亲久久地小声交谈着。切尔诺科萨娅的眼里闪耀着快乐的光芒。她似乎忘记了世上所有其他的事情，微笑着，把儿子在阳光下晒得黝黑的大手握在自己的手里。在和母亲告别的时候，仿佛是在请求母亲原谅，儿子从提包里拿出葡萄、蜂蜜、黄油，把它们放到床头的小桌子上。"养好身体，妈妈。"在和妈妈吻别时儿子嘱咐说。

但是，这一天谁也没有来看望别罗科萨娅妈妈。晚上，病房里一片寂静，切尔诺科萨娅妈妈躺在床上，不知想到了什么，无声地笑了起来。这时，只听别罗科萨娅说：

"我的儿子正在举办音乐会……要不，他也会来看我的。"

第二天，天黑之前，切尔诺科萨娅妈妈的农民儿子又从老远的村子赶来了。他又在医院白色的长凳上坐了很久，别罗科萨娅妈妈听到他在给母亲讲，现在田里忙得热火朝天，他们日夜都在工作……在和母亲告别的时候，儿子又拿出各种好吃的东西放到小桌上。切尔诺科萨娅妈妈的面庞因为幸福而发光，连皱纹也舒展开了。

而别罗科萨娅妈妈，还是没有人来探望。

晚上，两位妈妈都静静地躺着。切尔诺科萨娅还是在微笑着想着什么，而别罗科萨娅却只能轻声地叹气，她害怕身边的病友听到自己的叹息声。

第三天，切尔诺科萨娅的农民儿子又在黄昏以前从老远的村子赶来，这次他带来了两个大西瓜、葡萄和苹果，还给妈妈带来了长着一对黑眼睛的三岁小孙子。儿子和孙子久久地坐在切尔诺科萨娅妈妈的床前，她的眼睛在幸福地微笑，人也变得年轻了。小孙子在告诉奶奶，昨天他是怎样和爸爸一起登上"船长号"康拜因的。孩子对奶奶说："长大了，我也要开康拜因。"奶奶高兴地亲吻他。别罗科萨娅妈妈在一旁听着，心里一阵阵难过。这时她想起来了，她那著名的音乐家儿子在出门旅行前把孙子送到了一所寄宿学校。

两位母亲在医院住了一个月。每天切尔诺科萨娅妈妈的农民儿子都从老远的村子赶来看望母亲，每次都带来儿子的微笑，好像只有他的微笑才能使母亲尽快康复。别罗科萨娅觉得，当女病友的农民儿子来探望母亲的时候，甚至连医院的墙壁也在祝愿他的母亲尽快地好起来。

而别罗科萨娅妈妈，还是没有任何人来探望。一个月过去了，医生对切尔诺科萨娅妈妈说："现在您完全康复了，心脏没有任何杂音，也没有任何异常的停顿。"而对别罗科萨娅妈妈却说："您还不能出院。当然，您也会完全康复的。"说这话的时候，医生面朝着墙壁，不知在看墙上的什么。

切尔诺科萨娅妈妈的儿子来接母亲出院了。他带来大把大把的玫瑰花送给医生和护士们。医院里上上下下，每一个人都在微笑。

在和切尔诺科萨娅妈妈告别的时候，别罗科萨娅请她再和自己单独待上几分钟。等大家都离开病房以后，别罗科萨娅妈妈含着眼泪问道：

"请告诉我，亲爱的，你是怎样培养出这么好的儿子来的？要知道，我们是在同一天生下他们的呀！你这么幸福，而我……"说着说着，她哭了起来。

"我们就要分别，不会再见面了，"切尔诺科萨娅说，"因为不会再有第三次奇迹般的相遇。我要告诉你全部的实情。我在那个幸福的日子生下的儿子死了，那时他还不满周岁。这个儿子不是我生的，但他是我的亲儿子。我是在他三岁的时候收养他的。他也模模糊糊记得这件事情。但是对他来说，我就是他的亲生母亲。你也亲眼看到了，我是幸福的，而你是一个不幸的人。我深深地同情你。你要知道，这些天来我是多么地为你难过。我甚至都想提早出院，因为我的儿子的每一次探望都会使你心情沉重。你出院以后去找你的儿子，对他说，他会得到报应的。现在他怎样对待你，将来他的儿子就会怎样对待他。不能宽恕对待父母冷漠无情的人。"

爱国主义教育是从孩子还躺在摇篮里时就开始的。不能成为母亲、父亲真正儿子的人，绝不可能成为自己祖国的真正儿子。

应该让少年和青年集体的精神生活贯穿这样的思想：我们每一个人都会有自己的孩子，爱他，抚爱他，让他知道他是我的孩子，他对我有多么珍贵……做到这一点并不很困难；但是，在他的心里树立起每走一步都向父母负责的责任感，让他忠于我、信任我，把我看作具有丰富生活阅历的人来信赖、尊重，却是非常困难的。我要提醒每一代的即将独立生活的年轻人：他们要为自己培养出怎样的孩子而向社会和人民负责。

为祖国培养忠诚儿子的父母是在为自己建造活的、永不褪色的纪念碑。假如儿子成了祖国和人民的叛徒（这样的事情也是有的），父母也会受到人民的蔑视和唾弃。尽管很残酷，这些话也必须对未来的母亲、父亲们说清楚。变节和背叛是最可怕、最卑鄙的行为。要记住，未来的母亲和父亲，利己主义、自私自利，或者像陀思妥耶夫斯基所说的"只为自己的肚皮活着"，这些都会成为背叛和变节的原因。孩子对伟大事业和神圣信念的忠诚是在一点一滴的小事里慢慢形成的：他从父亲手中接过面包时的感激之情，他对劳累的父母的怜惜之情，他知道了因为自己的过错而使父母伤心时的悔恨之情，这些都是孩子忠于事业，忠于理想的基础。

每一年，在举办毕业晚会之前，我都要和即将获得毕业证书的男女青年们一起来到森林。在这里，在鲜花遍地的野外，我们要进行一次最知心的谈话。我把这次谈话称作对未来的父亲、母亲的最后一次训导。我认真准备这次谈话，希望它能触动一个公民良心的隐秘角落。

我对这些年轻人说：记住，人最光荣的事情，是给社会送去一个真正的公民。如果你们做到了这一点，你们就会品尝到为人父母的最大幸福。

每个人都肩负有责任，每一个人都承担着义务。人要对自己的劳动、行为、爱憎、言论负责。但是，最伟大、最高尚、最困难、最不能推脱的责任，是父母对子女的责任。在这件事情上，人民、祖国，还有我们自己的良心是最高法官。小伙子和姑娘们，你们将来从事的职业可能不同，但是你们每一个人都同样会成为父亲或者母亲。

小伙子在与姑娘目光对视的一刹那，他的心跳会加快，他的呼吸会屏息。每接触一次，你们都会产生难以理喻的情感波涛、希望、幻想。你们生活在对幸福生活的向往之中，老一辈也在把无价的财富——祖国、社会主义制度、自由劳动——转交给你们。但是，只有这些财富使你们的心脏为之激烈跳动的时候，它才能够使你们幸福。什么东西老一代人都可以传给你们，但是谁也不能代替你们去创造一代新人，这是一件只能由你们自己去做的事情。随着一代新人的出世，世界也仿佛获得了新生。新人、新世界将会成为什么样子，这个应该由你们负责。

5. 你的同学有了一个刚刚出世的弟弟或者妹妹，你应该向他表示祝贺。

祝贺新生命的诞生也是一个人有教养的标志。

对于每一个人来说，生日都是他生命中最幸福的一天。假如这一天谁也不来祝贺，甚至都没有人记得这个日子，那么这个人就太孤独，太不幸了。应该知道并且一生都记住父母、爷爷奶奶和兄弟姐妹的生日。一个家庭之所以幸福，就在于每一个人都在用自己的心温暖家人。在一个幸福的家庭里，有多少个家庭成员，就会庆祝多少个生日。

在长辈生日的那一天，你应该比平常起得早一些。你应该走到他的身边，对他说："生日快乐！祝您健康、幸福，精神矍铄！"如果是弟弟、妹妹过生日，你要先提醒他今天是他几岁的生日，然后再祝贺他，要使他这一整天都过得快活。在不同的人生阶段，人对生日的感受是不同的：童年时生日使人欢欣；少年时生日使人快乐；青年时生日让人既有几分激动，又有几分彷徨；

成年以后，生日就会使人平添忧愁；而到了老年，生日那天更多的则是伤感。不要去数爸爸妈妈或者爷爷奶奶的年岁；也不要在生日那天提醒姐姐今天是她几岁的生日，特别是在她二十岁以后不要这样做。姑娘和妇人都希望自己永远年轻——这是人类另一半的权利。祝贺生日时你要想一想哪些话该说，哪些话不该说，说话要得体、有分寸，这也能够表现出你的修养。比如祝贺生日时不要说："愿你长寿"——这些话对儿童、少年毫无意义，因为理解这句话需要丰富的生活阅历和智慧；对父母说这些话，会使他们想起总有一天他们会离开人世；对爷爷、奶奶说这话无异于是讽刺，因为他们生命的岁月已经快到尽头……

生日是向亲人表达自己爱心的节日。生日这天要给你亲爱的人送点礼物。生日礼物是用来表达心意的纪念品，送什么礼物，也能反映出你的修养水平。生日礼物可以自己做，也可以买。对于你所爱的人来说，亲手制作的礼物——比如亲手栽培的鲜花——最为珍贵。一幅画、一首诗、一本小纪念册，甚至在普通的练习本上画一幅画，写一首诗，都是很好的生日礼物。如果你不会写诗画画，那就写上一件你一辈子都不会忘记的小事。假若是妈妈过生日，你就写上自己的回忆：在你最初的记忆中，妈妈是个什么样子。为给爸爸妈妈买生日礼物而伸手向他们要钱是一件叫人难为情的事情。如果自己不会制作礼物，或者懒得去做，那也没关系，你可以强迫自己省下一些零用钱买礼物，这样你的良心就不会受到谴责。不要想着送贵重的或者大件的东西。"礼轻情意重"，小礼物也很好嘛！生日礼物的价值在于精神，因此，决定礼物价值的，是你为了亲人快乐而在礼物中灌注的精神力量，而不是它的价钱。

向爷爷、奶奶祝贺生日要特别郑重，忘记他们的生日是道德上无知的表现。

不要忘记给自己年老的教师祝贺生日，特别是当他孤身一人的时候。

生日是家庭的喜庆日，是亲人和朋友们的节日而不是某个集体的节日。只有那些对社会做出杰出贡献因而获得这份荣誉的人，公众才为他庆祝生日，而且还只能在他年满五十岁以后。在这个年龄之前，或者没有获得这个荣誉，集体庆祝生日就是不谦虚、不体面的行为。

有些寄宿学校声势浩大地为学生庆祝生日：让全体学生聚集在大厅，把上一个月出生的所有孩子都安排在荣誉席上接受大家的祝贺。这种做法是不妥当的，但遗憾的是，这样的事情并不少见。从教育学的观点看，这样庆祝生日扭曲了孩子们的心灵，使他们小小年纪就习惯于只是为了应付差事而去做那些本来很有意义的事情。

应该教孩子怎样祝贺别人，怎样赠送礼品。但是，只有当孩子也学习体察别人的时候，教育者的教诲才能进入孩子的心里。生活中经常有这样的情况：人和人的一种全新的关系突然出现在了孩子面前，这种关系使得教师和父母的每一句话都有了深刻的意义。这时，孩子会在一个普通的词汇里突然感受到他以前不知道的、与人的内心世界有密切关系的某种含义。

二年级学生正在上课，女教师看见加利娅——一个快活、热情、有同情心的小女孩——突然举起了手。

"你想说什么，加利娅？"女教师问。

"玛丽卡的妈妈生了一个小弟弟。"加利娅高兴地说，那快活劲儿，就好像是她自己有了一个小弟弟。玛丽卡是她的同桌和好朋友，她们坐在窗户旁边的位置上。三十双眼睛好奇地望着玛丽卡，小姑娘的脸羞红了。有些感觉，人的一生只能体验一次。一个七岁的孩子，突然间有了弟弟或者妹妹，她万分的惊讶，完全不知道这是怎么一回事。但是从此以后她的地位提高了，她和别人有了一种新的、使她变得崇高的关系。一个孩子在这种情境中的感觉，我们成年人是很难理解的。如果我们能够在这个时候深入到儿童思想和情感的世界里，我们就会加倍地尊敬在这一天成为哥哥姐姐的人。我们伟大的使命在于，要使成了哥哥、姐姐的孩子由于自己新的地位，比起昨天，比起他还没有弟弟妹妹的时候在精神上更加尊重自己。

"玛丽卡有了一个弟弟……玛丽卡有了一个弟弟……"教室里顿时一片低语声，教师在笑，孩子们也在笑。

"多好啊!"老师说着,走到玛丽卡面前亲吻她,"我们祝贺玛丽卡的爸爸、妈妈生了个儿子,也祝贺你,玛丽卡,有了一个弟弟。"

加利娅也拥抱和亲吻了玛丽卡……

"但是,祝贺……这是什么意思呢?"米科拉大声但是有些犹豫地问道,说完还叹了一口气。老师知道小男孩遇到难题了。孩子还不能用语言清楚表达自己的感受。实际上,米科拉知道"祝贺"的意思,他只是不明白为什么要祝贺有了弟弟,他还不会用语言准确地表达自己的感受。

教室里一下子静了下来,大家都在等待老师的回答。

"这句话的意思是,玛丽卡的爸爸、妈妈有了大喜事。一个新人诞生了,他是爸爸妈妈的儿子,爷爷奶奶的孙子,姑姑和舅舅的侄子、外甥,姐姐玛丽卡的弟弟……他给许许多多的人带来了幸福,这就是为什么要祝贺的原因。

"随着新人的诞生,未来也诞生了。他,玛丽卡的弟弟,是我们中间年龄最小的人。当你们男孩子成为保卫祖国的战士时,他才刚进学校学写'妈妈'这个单词。他会在睡梦中幸福地微笑,因为有你们在警惕地守卫祖国的大门。祖国在高兴地向每一位母亲祝贺的时候,希望他们新生的孩子都会成为一个真正的人。我们还不知道玛丽卡的弟弟长大以后做什么工作,他现在甚至连名字都没有。但是,无论他将来做什么,他都是在自己祖先的土地上劳作,妈妈都会在他的身上倾注自己的全部力量,使他成为祖国的忠实的儿子。这就是我们应该表示祝贺的原因。"

应该这样教孩子们去感受。要和这位女教师一样,真诚地对待儿童的理智和情感。这样,你说的每一句话就都能被孩子们理解,因为这时你和孩子们是在同一个角度认识世界,你和孩子们一起,在一个伟大、不可重复的瞬间经历和体验了同样的惊讶和赞叹。

11. 劳动和义务

生活使人越来越相信，一个在童年和少年时期不知感激生他养他、使他走上自立道路的人，一个不曾以任何方式证实过自己的感激之情的人，会变成冷漠、没有同情心的人。

培养义务感

塔季扬娜和纳塔利娅是两个漂亮的姑娘，她们都生活在第聂伯河边一个古老的村子里。她们同一天出嫁，又在同一个星期生了儿子：塔季扬娜生了尤里，纳塔利娅生了维克托。在一九四一年那个残酷的六月，两位妇女把丈夫送上前线，自己在家守着十四岁的未成年儿子。两个儿子都长得身材高大，很有力气，看上去像是十六岁的人。

德国军队占领了第聂伯河两岸，在法西斯的铁蹄下老百姓受够了苦。一年以后，占领者又开始四处抓捕年轻人去德国做苦役。这时候的尤里和维克托又长高了许多，成了魁梧结实的小伙子。好心肠的乡亲们日夜为他们担心，建议两位母亲把儿子藏到远处警察和宪兵找不到的地方。在第聂伯河的下游，有许多长满芦苇和灌木，常常被水淹没的低地，中间散布着一些小岛。尤里和维克托知道其中有一个小岛久已被人遗忘，上面树木繁茂，杂草丛生，在干燥多石的地下还有一个古老的洞穴，好像是十五至十七世纪查坡洛什时代由哥萨克人挖掘的。于是他们逃到那里躲了起来。

两个年轻人在岛上的地洞里藏了一年多，直到苏联红军解放了他们的家乡才回到母亲身边。不久，塔季扬娜和纳塔利娅收到噩耗：她们的丈夫都在斯大林格勒附近牺牲了。

在十一月一个阴雨的夜晚，尤里悄悄离开了家，他给母亲留下了纸条："原谅我，亲爱的妈妈……我不能坐在家里，我要参加红军，我要给父亲报仇。"塔季扬娜哭了，从此她每天都盼望着儿子的来信。

而维克托，他在妈妈的农舍里又住了一年——他还未到应征的年龄。应征的日子终于到了，小伙子却失踪了。纳塔利娅对邻居和区征兵办公室的工作人员说，儿子也许是跟着哪支路过的部队走了。几乎就在维克托失踪的同时，传来了尤里在喀尔巴阡山英勇牺牲的噩耗，接着部队送来了尤里的功勋章——四枚奖章和一枚红星勋章。巨大的悲痛吞噬着母亲的心，不到一个星期，塔季扬娜的头发就全白了，她病倒在床，病了很久。

欢庆胜利的日子——一九四五年的五月即将来临。在四月的一天，纳塔利娅来到村苏维埃，说她的儿子为了逃避参军，躲藏在一个荒野小岛的洞穴里。"我劝他，哀求他，可是一点用也没有，"纳塔利娅说，"我的命好苦啊！"人们找到了维克托，审讯后对他做出了让他自杀的判决（母亲不知道这个判决）。但是，在紧接着的欢庆胜利的日子里，我们的人民非常的宽宏：根据大赦令，维克托被释放，在建设营劳动三年后，他回到了家乡。

每个家庭都有自己的不幸，对维克托的罪行，人们渐渐地很少提起。这个年轻人结了婚，在机务人员训练班结了业，成了一名拖拉机手，现在还住在第聂伯河边那个古老的村子里。他的两个女儿出嫁了，儿子前不久参加了工作，两个最小的孩子还在上学。人们在暗中议论维克托，说他毫无恻隐之心，是个铁石心肠的人。他嫁出女儿后，从来不去女儿家做客，也从来不邀请她们回娘家。这在乡亲们眼里是一种很不合乎情理的行为。和他一起工作的同事们也说：作为工作定额派下的活儿，维克托是会完成的；但是，如果偶尔要他帮一帮别人，或者做一点公益的事情，他是绝对不干的。"他就像一堵石砌的墙，没有一点人的感情。"机务队长这样评价他。

这就是两个人——尤里和维克托——的命运。他们在同一所学校上学，在同一天加入少先队，甚至同坐在一张课桌前，究竟是什么原因使得他们的命运产生如此之大的差异？一个人活得光明磊落，而另一个人却像一只狼，过着昏暗阴森的日子。——村子里的哲学家、八十岁的守林人米科拉爷爷把维克托这样灰溜溜、毫无光彩的生活叫作狼一样的生活。

为什么我要对你们说起这件往事呢？时间一年又一年、十年又十年很快地过去了，我在生活中目睹了几百个出类拔萃、个性鲜明的人的命运。曾经在我眼皮底下学说话、学写字的男孩子，如今也长出胡子，成了父亲，他们手牵着自己的孩子又来到了学校。——"一切又都从头开始"。

在生活的这种循环中，一代又一代的新人，由这些新人组成的一个又一个的新世界不断诞生。每一代新人，每一个新世界，都向我们教育工作者提出了新的要求，同时也把新的难解之谜摆在了我们的面前。每一年我都要和家长一起，把一批学生送上独立劳动的人生之旅。每一次注视这些青年男女的眼睛，我都禁不住想起同样一个问题：在我们培养的这些人身上，究竟什么是最重要的？在毕业典礼前夕的那个短暂的六月之夜，当男女毕业生从日落到日出，欢快地度过整整一夜的时候，当我和他们一起走进田野，共同迎接他们新生活中第一轮太阳的时候，一些让人不安的问题总在撞击我的心，不让我平静：人的个性的核心是什么？怎样塑造这个核心，怎样才能让它在生活的土壤里牢牢扎根？那颗能够萌发、生长出人的美好品德的种子究竟在哪里？

在和毕业生一起度过的那些个六月之夜，一个又一个熟识的人在我的脑海里浮现，我也一页一页翻开了尤里和维克托童年生活的篇章。我仔细思考这些人走过的生活道路，把他们三四十年以前的往事和他们今天的生活进行比较。对这些真实的人，连同他们身上发生过的事，以及他们与周围人的哪怕最细微的关系思考得越是清楚，那些撞击我心灵的问题也就变得越是明确：我的即将走出校门的学生们，你们将会成为怎样的公民？对你们来说，生活中的哪些东西是神圣不可侵犯的？你们将把人的哪些精神和品德留给自己的儿女和孙辈？作为人民的一分子，你自己的道德发展又将达到怎样的高度？

对这些先后走进我生活的人的命运思考得越多，对他们与祖国、与他人的关系思考得越细致、越深刻，我就越是相信：人最核心的东西，人的精神赖以支撑他的一切思想、情感、行为赖以产生的主根，就是他的义务感，就是他对自己应该对社会主义祖国，对民族的精神和道德的珍品，对身边的人——对他们的命运、欢乐、幸福乃至生死承担的责任的认识和体验。义务感集中反映了人的精神面貌，它是道德的核心；我们期望学生具备的那些品质——忠诚于共产主义理想，个人意愿服从社会意愿，在为社会服务中获得个人生活的幸福，对敌人毫不妥协，对祖国和人民无比忠诚等等，都决定于它。

义务感教育是共产主义教育的核心，我们的目标是培养有高度义务感的人。只有具备高度的义务感，人才能够真正理解什么是幸福；只有忠实于伟大的理想，人才能够变得高尚，才能获得幸福，人的精神世界才会丰富多彩。

似乎是在完全相同的环境中长大的尤里和维克托，为什么成了截然不同的两类人——一个是英雄，另一个却是懦夫和变节者？我努力在人的关系的最细小、最微妙的地方寻求答案。人和人的多种关系是我们的生活、我们的社会和道德进步的最实质的东西。在这个方面，有崇高精神境界的人与像维克托这样的卑鄙小人是有冲突的。这是尖锐的思想意识的斗争，是新旧世界、新旧势力在最复杂的领域——人的精神领域里的斗争，是捍卫一代新人心灵纯洁的斗争。

是的，维克托和尤里的生活环境和受到的教育看起来似乎完全一样，但是在人生道路上他们却背道而驰。参天的大树从幼苗长起，粗长的主根最初也只不过细如发丝。在一次倾心交谈中，那位深明哲理的米科拉爷爷帮我找到了这细如发丝的孽根。他说："维克托的心冷漠、晦暗……他眼睛不瞎，心却什么也看不见……他离群索居，只为自己活着。尤里完全不同，从小就心胸坦荡，常常为别人的事情着急，人的美就体现在这里。"米科拉爷爷的思想闪烁着人民教育学的光辉，它解答了我们心中的许多疑问，使得许多几乎被人遗忘的真理又重新回到应有的位置。

我想起了这样一件事情，它能解答我们的疑问。有一次，维克托的母亲生病了，而这时儿子正准备去少先队夏令营。人们对孩子瞒着这件事，纳塔利娅自己也说："为什么要让孩子担心呢？孩子不应该受到任何的惊扰……"和维克托家并排住着两个无儿无女的老人，维佳①常去他们家玩耍，每一次老奶奶、老爷爷都要拿出甜胡桃和其他孩子喜爱的食品给他吃。但是，老爷爷生病的时候，母亲却禁止儿子前去探望，她重复的还是那句老话："为什么要让孩子看到痛苦和忧伤呢？"

这就是米科拉爷爷说的离群索居的含义。从童年起就不让孩子了解别人的痛苦，不让他有强烈的情感体验，这样，他的心里也就没有了人——有欢

---

① 维佳，维克托的爱称。——译者注

乐和痛苦，有悲伤和恐惧的人。

尤里的童年完全不同，他的心总是敞开着，容纳人的各种感受和体验。他的外公外婆住在十公里外的邻村，小男孩经常给他们送去春天里的第一批蜂蜜和自家果园里最先成熟的苹果、胡桃。尤里的童年有欢乐，也有担忧、激动和牵挂。塔季扬娜慷慨地用自己的心去温暖儿子，同时，母亲的智慧也使他清醒地认识到，一个人，只有把自己的精神力量贡献给别人，自己才能获得最大的幸福和快乐。孩子因为关心母亲、外祖母和外祖父而快乐，这使他懂得了应该同情和体贴更多的人。有一次父亲给他读报，听到法西斯在西班牙土地上的残忍暴行，孩子哭了，整夜未睡，直到清晨才好不容易让他平静下来。这让我更加明白了敏感、易于接受教育的心灵是什么样的，也更加清楚了心灵的冷漠会导致怎样可怕的后果。

我亲眼看见一些人怎样出生，怎样学说话、学走路，怎样惊奇地打量周围的人；我时而倾听孩子们口齿不清但无所顾忌的心声；时而倾听他们初次发表的对人间善恶、荣辱、曲直、美丑的惶恐不安的评论。这些都使我相信：人一旦意识到了自身的存在，就会把自己和周围世界区分开来；人的形成，他将成为怎样的人，祖国将有怎样的公民，妻子将有怎样的丈夫，孩子注定将有怎样的父亲——在所有这一切中，人的欲望和义务感的相互协调具有决定性的意义。

我观察儿童个人和集体的生活，思索青少年的每一句话和每一个心理活动，努力探察是什么在决定一个人与集体、与他人的关系。我发现是义务感，也就是意识到必须为公众利益做些什么的责任感，在决定着人与集体、与他人的关系。我研究了一些人个性形成的全过程——从学说第一个词直到获得公民证和中学毕业文凭，研究他们的个性是怎样在家庭和集体中逐渐发展和完善的。为了弄清楚使欲望和义务感协调的途径，我深入到了人的关系中最细微、有时是最隐秘的部位。

我的研究对象来自最不相同的家庭：一些家庭和睦、安定，孩子在宁静、平和的气氛中长大，而另一些家庭冲突不断，孩子的心灵从小就不断受到惊吓；一些家庭不假思索地满足孩子的各种欲望，而另一些家庭，父母则过分限制或者压制孩子的愿望。

我坚信义务感是人的个性的核心，是公民自我牺牲精神和对人民、对理想赤胆忠心的核心。作为一个教师，我努力探索人是怎么获得这笔精神财富的，它遵循着怎样的规律。使我非常高兴的是，每一年都有一批新社会的积极建设者，一批有能力为人民创造幸福和快乐、并且因此也获得个人巨大幸福的优秀青年走入社会。

现在浮现在我脑海里的是十七岁的阿廖沙，他那双透着聪慧的黑眼睛总是略带几分激动。阿廖沙十岁失去母亲，十四岁又失去父亲，是个孤儿。面对坎坷的命运，阿廖沙没有惊慌失措，也没有颓废沉沦，他成了全家的顶梁柱。年迈祖母的生活，老人家的平安，全都指靠着他。"我既要上大学，也不能把奶奶撂下不管。"——在毕业典礼前夕的那个六月之夜阿廖沙这样说。这真是一个勇敢的决定，但是年轻人自己却并不觉得有什么特别的地方。他进了大学，领到了助学金。每天晚上他都出去工作，微薄的工资不仅要养活自己，还要供养奶奶。现在他已经大学毕业，成了一名工程师，奶奶还和他生活在一起。有一次我去他家做客，奶奶对我说："多亏了孙子的爱心和自我牺牲精神，要不我早就离开人世了。"

生活使人越来越相信，一个在童年和少年时期不知感激生他养他、使他走上自立道路的人，一个不曾以任何方式证实过自己的感激之情的人，会变成冷漠、没有同情心的人。

我明白了，义务感是人心中的法官，是一个人有良心的最重要的原因。良心是只小船，义务感就是小船的舵和桨。没有义务感，人就不会有良心，不会有做人的高尚原则。从未体验、表现过崇高义务感的人不可能有坚定、高尚的生活信念。

我在激励孩子们承担并且履行自己的崇高义务的同时，触及孩子们敞开的心灵，观察他们的眼神。我发现，在义务感和人的信仰、观点及个性立场之间有着非常密切的联系。看来，为了使儿童的欲望和义务感协调起来，还必须善于建立义务感与思想信仰、观点、立场的联系。"我要"和"我应该"，正是这二者的协调决定着人的整个道德面貌。一个对高尚的义务感没有切身体验的人，不可能真正认识人的幸福和快乐，他不会觉得自己的幸福依赖于别人的劳动，也就不会对别人产生感激之情。而感激之情，这是义务感的源泉。

我相信，如果一个人在童年和少年时期没有履行过义务，没有通过履行义务证实过自己的高尚品格，甚至都不知道自己应该对谁承担义务、承担什么义务，那么似乎不可理解的事情就会发生：个人与社会的关系、善良与邪恶的对立、我们应该怎样做人……尽管这些道理明明白白，教育者也不厌其烦地以各种方式（说服、鼓励、榜样、训诫、申斥、惩罚）无数次地重复，学生却始终听不进去，不为之感动。全部的问题就在于：有重要教育作用的真理，只有在人不仅用头脑理解了事实，而且用心灵体验了思想以后，才有可能变成人的信念、观点和立场。

每一个教育者——不仅是孩子们的老师，也包括成人教育工作者，最使他高兴的，莫过于在他为学生树立道德美好、精神高尚的光辉榜样的时候，学生顿时心跳加快，他们的思想立即奔向了未来，眼睛也因为兴奋和激动而发出光彩。因为只有达到这种境界，学生才会把老师灌输的道德真理当作自己个人的财富去珍惜。

　　我是一个教师，把学生引入这种境界是我的理想，也是我对自己工作的要求。但是我坚信，只有教师本人很好地履行自己的各种义务，自觉地以此向学生证实自己品德的高尚和精神的富有，他才有力量把自己的学生引入这种状态。

　　　　往往有这样的事情：你在给五年级学生讲故事：一个英雄为了祖国的自由和独立献出了自己的生命。所有的学生都聚精会神地听着，英雄的壮举使他们热血沸腾。可就在这时，你突然发现了一个学生冷漠、没有生气的目光。面对这空洞无物的眼睛和对英雄行为无动于衷的心灵，你久久不能平静。你夜不能寐，苦苦思索：这种可怕的精神冷漠是从哪里来的？为什么如此神圣的东西打动不了他的心？——或者，在这孩子的心灵里，还有一些教育影响难以到达的隐秘角落？

　　　　我不断探察自己学生的心灵；我帮助孩子们在集体中建立起相互承担责任和义务的关系，引导他们通过履行职责和义务表现自己的品德，通过这种方式认识自己、教育自己。我越来越相信，只有把外部的教育影响与受教育者的自我教育统一起来，教育才会发生效力；而这种统一只有在人珍惜某种东西——首先是珍惜人，珍惜自己与别人的关系，然后珍惜思想和真理的条件下才可能实现。正如伟大的思想家和诗人歌德曾经说过的："真理，只有在它为人所用的时候，才真正成为真理。"

　　是的，理解道德观念、政治观点和思想原则的真谛，逐渐把它们变成自己的信念和行为准则，是从人认识自己与他人的各种关系开始的。认识了自己与别人的关系，他就会感觉到一种责任：我应该怎样做，别人才会把我看成一个有美德的人呢？显然，那些神情冷漠、对任何事情都无动于衷的儿童和青少年，不会懂得什么是珍惜人，不会知道给别人快乐和幸福自己也能得到快乐和幸福；当然，他们在生活中也没有珍惜过人，没有体验过为别人创造幸福的快乐。谁不懂得珍惜人，谁就不会懂得珍惜道德和政治的真理，就不会有思想；因为思想只有在人与人像兄弟一样相互鼓舞、相互帮助的关系中才能产生。

正因为如此，我们才相信可以使孩子成为接受教育的人，可以让他们接受年长者首先是教师的教育影响。为什么这个瓦洛佳这么坏，这么难以教育？为什么任何方法在他身上都不起作用？这个一直令人苦恼的问题，答案也一年年地明晰起来：这是因为瓦洛佳身边的人，首先是他的父母和老师没有激起他崇高的义务感，没有教他学会珍惜——首先是珍惜人和集体，然后是珍惜道德原则。就像沙石地留不住水分和养料，不知道什么是珍惜的人，也不会理解别人的规劝、建议和训导。没有尽过义务的人，连"应该"这个概念都难以理解，而"应该"，是与人相处时必须遵循的重要规则；因为一个人的利益、幸福和欢乐总是和其他人的利益、幸福和欢乐联系在一起。

也许有的教师认为上面的议论过于抽象、与生活没有什么联系。其实不然。这里谈到的，都是学校日常工作中最实质的东西，也可以说都是有关学生道德教育的基本知识。

在学校，我们每天都要无数次地用到"应该"这个词，它首先是以教师对学生提出要求的方式说出来的。我们正在用无数个"应该"的砖块建造一座名叫义务的大厦。但是，大厦要造得坚固，需要有非常坚实的地基。义务感，在履行对他人和集体的义务时产生的自信。把"应该"看作自己对自己的要求和良心对自己的嘱托，这些都是使义务大厦坚固的基石。思考一下我们教育中的一种不协调现象（它甚至成了我们教育的一个特点）不是没有好处的——这就是教师对学生说"你应该……"过于经常，而学生对自己说"我应该……"过于稀少，在很多时候甚至就不说。要知道，如果学生本人对自己毫无要求，要他成长为有义务感的人是完全不可能的。

于是我懂得了，教师在用自己的话语和意志教育孩子之前，应该首先打开学生的心扉，让他有一颗敏感的、易于接受教育影响的心。

　　为此我们应该做些什么？为了人的心灵中的义务的大厦永不动摇，应该怎样给它奠定坚实的地基？

　　在我国，每一个公民都必须把个人利益与他人、集体、社会和祖国利益联系起来。义务感是在与周围人的各种关系中产生的，但是，履行义务，却要从个人最细小的生活行为开始。在履行义务的过程中，行为的社会意义和深刻的个人意义神奇地融合在了一起。人对自己的最高义务——维护社会和社会主义祖国的利益的认识和体验，是从认识和体验自己身边的人的利益开始的。人，人的生活、斗争、快乐、忧伤，这些都是最复杂的认识对象，也是使人产生义务感的最强大的力量。形象地说，我认为，从儿童开始懂事时起，就要教育他用心灵去感触人的命运，这是培养儿童最高义务感的起点。要教育孩子把别人的命运看作与自己休戚相关的事情；要使孩子从关心一个一个具体的人的命运开始，逐渐扩展到关心国家和社会的命运；要引导他在为国家、社会奋斗的时候看到自己的未来。多年的经验使我相信，人怎样对待、要求自己，怎样控制自己的良心，所有这些，都与他幼时快乐和幸福的源泉是什么有直接的关系。

　　在家长学校，我们经常和家长一起讨论怎样才能使孩子幸福和快乐。我确信，正是这个话题应该成为教师和家长共同关注的最重要的问题。毫不夸张地说，父母的教育智慧，首先就表现在怎样看待孩子的幸福。家长对幸福概念的理解，他对孩子幸福的态度，是教育智慧最重要的源泉之一。儿童的幸福，既可以是使人温暖、给人生机的篝火，也可以是吞噬一切、使人毁于一旦的灾祸，关键在于你如何控制它。显而易见，召开一次学者、教师、家长共同参加的大型学术会议专门讨论这个问题是必要的。如果这个问题能够解决，一大半的教育难题就会迎刃而解。

　　人将成长为怎样的人，将与别人建立一种怎样的关系，在实质上决定于在他开始用智慧和心灵认识世界的时候，幸福怎样展现在他的面前，确切些说，决定于我们教育者是否善于在孩子们面前揭示幸福。在头脑中怎样想象幸福，怎样理解和感受幸福，这决定着我们幼小的教育对象能不能接受和珍惜前辈们历尽艰辛创造出的道德珍宝，特别重要的是，决定着他们的道德发展能不能到达这样的高度——把为人民、为共产主义理想服务看作自己生活的最高意义。只有认识了人生幸福的真正意义和真正价值，人才能认识自己，才能把握自己的思想、情感和精神冲动，才能最终成为自己良心的主宰者。

我们教育工作者要为年轻一代的命运负责，因而也要为人民的未来负责，因此，面对这样的情况我们不可能不感到担忧：在我们的社会里，许多家庭的孩子不知道什么是幸福，他们所有的愿望都被殷勤的父母一一满足，他们生活得太舒适，太安逸，几乎没有任何缺憾。让孩子从小就随心所欲地消费，无节制地满足他的所有欲望，会使孩子逐渐变成个人主义者；他们的需要和愿望会变得畸形、怪诞，而对别人的需要和愿望却毫无觉察。在这种"幸福"环境中长大的孩子非常不幸，因为他们不能接受我们社会的道德财富，因而经常与社会的道德规范发生冲突。如果学校明白这种只有享受的幸福会导致怎样的后果，就会下大力气帮助孩子认识和体验真正的幸福。

在我看来，家庭和社会都来关心人的幸福，都为年轻一代的成长操心甚至惊恐不安，这是教育的一种理想状况。我坚信，教育的一个最鲜明的侧面，是要让孩子有强烈的情感体验，要使他的心灵受到震动。要让成年人都懂得，不经历困难，不感受紧张，儿童就不可能理解和获得幸福。在这里劳动起着重要的作用。劳动是良知和义务感的最主要、也是最忠诚的捍卫者。广义地说，劳动是精神振奋和手的技巧相结合的活动，劳动反映了人对他人、集体和祖国的态度。在为人民服务的事业中表现自己，这是劳动的高尚动机。

对劳动永远保持崇敬之情，这是儿童和青少年最重要的幸福源泉。对劳动的尊重，对他人、对社会的义务感，把儿童和其他人——首先是自己亲近的人，然后是所有诚实正直的同胞——联结了起来。崇敬劳动的情感和劳动创造幸福的思想，使人产生自己应当做些什么的愿望。没有这种愿望，就谈不上基本的道德修养，也谈不上对自己未来的责任感。对于儿童来说，只有在他对父母的劳动和社会的劳动有了惊异、崇敬的感情之后，才会产生"我也应当做些什么"的愿望。

我总是努力让孩子们了解母亲和父亲的劳动，激发他们对父母劳动的惊异、崇敬之情，激发他们为了体验无与伦比的快乐和自豪而劳动的强烈愿望。我确信，儿童认识世界首先应当从认识劳动开始；儿童加入与人的多方面的社会关系，也应该从儿童用劳动来表现自己对其他人的关爱态度做起。如果儿童最初的关心、惊恐、不安、激动是与这种自我表现联系在一起的，那么，它们就正好使得儿童的愿望和他的义务协调了起来。没有这种协调，高尚品德、牺牲精神、忠诚于理想和事业等等，都是不可思议的。

> 我告诉一年级的小学生们：萨沙的妈妈是乳品场的女工，她的劳动满足了大约五百个人对乳制品的需要；萨沙的父亲在养羊场工作了二十年，使几千名工人和集体农庄庄员有衣穿。孩子们听了，眼睛里显露出钦佩和自豪的神情。孩子们看见了他们自己发现不了的东西，极为平凡的事情在孩子们面前展现了它极不平凡的一面。老师告诉孩子们这样一个真理：父母平日从事的劳动，是他们对很多人应尽的义务；因为他们履行了自己的义务，所以他们受到大家的尊重，有了自己的荣誉和社会地位。

"父母的工作非常普通，却非常有意义"，孩子对此越是惊奇，他要为父母做些什么事情的愿望也就越是真诚。亲爱的母亲、父亲们，请珍惜孩子的这种愿望，它是儿童心灵的巨大道德财富。孩子关心父母，为父母的平安和幸福操心甚至惊恐，这是父母真正的幸福。如果你的孩子已经想到要做点什么来表达自己对父母的爱，这就意味着他已经开始通往最高义务——对社会和社会主义祖国的义务——的路程。还要记住，在我们成人看来，儿童用以表达自己心意的劳动细小得很，甚至微不足道，但儿童却付出了巨大的精神力量。这种似乎微不足道的劳动是在翻松土地，我们家长、教师、社会就将在这块土地上播撒公民意识、爱国主义和忠实于伟大理想的种子。"现在我还做不到，但是将来我要做很多的事情报答父母。"这是儿童最早产生的一个道德信念。为了表达自己对父母（也是对成人）的爱而劳动，就是这种信念产生的唯一的、无可替代的源泉。这个信念是儿童成长为一个有同情心、有良心的人的基础。有这个信念的孩子，任何时候都不会向父母提出无理的要求。他不仅把父母看作是生他养他的人，还把父母看作是他报效社会和祖国的活的、具体的对象。

帮助孩子找到能够表现自己复杂的精神冲动和向往的劳动，这需要很高的教育技巧。即使这种劳动极不显眼，但是，儿童生命中一个积极向上、充满激情的新时期就从这里开始。特别重要的是，这种劳动不是为了娱乐而进行的游戏，它是真正需要高度紧张（适合孩子的体力和能力）的劳动。请不要害怕这种紧张，不要害怕你的孩子身上出汗，手上长茧。只有能使人劳累、流汗、长茧子的劳动才能培养出细腻、敏感、坚强、有温情的心灵。这种紧张的劳动培养人的高尚品格，因为它充满了高尚的动机。

我确信，引导孩子们进行这种看似不起眼的劳动，是我们学校、家庭和社会必须做的最细致、也是最必要的事情。家庭是源头，爱国主义情感和信念的伟大长河就从家庭开始。我们的教育制度如此不注意孩子们的这种劳动，简直让人无法理解。

这就很自然地让我想到这样一个问题：祖国体现在哪里？人对伟大祖国的神圣的义务感，源头在哪里？这个问题不仅使我们感兴趣，也使我们感到激动和不安。

不久以前，我和我过去的学生（他三十岁了，是我两个学生的父亲）交谈。他指着自家门前一棵挺拔的杨树激动地对我说："还记得吧，是您建议我给妈妈栽下这棵小树的，我亲手培植大了它。我的母亲当了二十五年的甜菜种植组组长，每年给人们提供几千普特的甜菜。我为母亲自豪，在我心里母亲永远是真正的英雄。我带着对母亲的爱种下这棵杨树，希望它能像母亲一样美丽，像她一样永远令我自豪。在照料这棵树的时候，我心里总有一个愿望：我要成为更好的人，我感到自己正在接近某种珍贵、神圣的东西。儿时的这种劳动使我渐渐成熟起来。"

在我看来教育是一种难得的幸福。在困难和复杂的教育工作中，非常重要的，是要使人在童年和少年时代就接受这样的真理：在我们的时代，有一种无与伦比的、特殊的劳动，它非常精细，做起来很不轻松，这就是从精神上关心人、帮助人，给人以力量；在我们社会确实有这样一些人，他们需要我们担水、劈柴、送面包，但是，更多的、多得无以数计的人，需要的则是人的关怀，也就是说他们需要的是精神上的慰藉、同情、体贴和安慰。善于发现精神上需要帮助的人，这是心灵的巨大财富。我发现，培养义务感是使学生拥有这笔财富的不可替代的一课。

我认为，在孩子刚刚懂事的时候，就要引导他了解社会，了解祖国，教育他为了祖国的独立、荣誉和强大而斗争，这是教育的重要任务。但是，自身缺乏热情的鉴赏家和旁观者不可能把人引入这样的世界；只有那些有明确的立场和观点、对世界上的事情有浓厚的兴趣并且积极行动的人，才可能把人引入这样的世界。实际上，这是一个事关道德教育能否奏效的重大问题。

我坚决认为，儿童和少年时期应该成为人精神生活的一个重要时期，在这个时期，他们有了做个公民的最初愿望，而且特别强烈。也就是说他开始渴望在社会生活的大舞台上表现自己，展示自己的个性和力量，特别希望体验和感受到自己加入了伟大、高尚的事业。这意味着重要的政治、道德思想——祖国的命运、它的强盛、为庄严的共产主义事业而奋斗，所有这些都应该成为对我们的学生有深刻个人意义的事情。

说服是影响青少年心灵的无可替代的有力手段，但是有一个十分重要的前提，这就是教育者首先要使青少年成为可以接受教育，首先是接受说服教育的人。为此，必须引导他们在履行义务、为别人做好事的过程中表现自己的美德，认识自己的力量，在为别人创造幸福和快乐的过程中理解和体验幸福。一个人，如果在童年和少年时期只知道享受和满足，没有体验过真正的幸福，那么他对教师的教导、劝诫、呼唤就会毫无感觉。

我，一个教师，怎样才能把我的学生引入社会生活的广阔天地，使他逐渐成长为公民呢？为了我的话语能够打动儿童和少年的心，我首先耕耘孩子们的心田，以便播撒能够触动孩子心灵的话语，然后走进他们已经敞开的心扉。老师的话语好像一支火把，帮助孩子发现个人日常生活无法比拟的崇高的、有意义的东西，这就是祖国和人民，它们的历史命运，它们的忧伤和希望。教师的话语不只是为了通报什么消息，它的主要作用，是使年轻公民的心因为热爱祖国、崇敬英雄、仇恨敌人而战栗。这个时候，投身于伟大、崇高事业的强烈愿望就会油然而生。

我无论对自己的学生讲什么，讲在战斗中倒下的英雄们的壮举，讲把最亲爱的儿女献给祖国的母亲的悲痛和骄傲，讲二十世纪野蛮的文明人——杀害越南儿童的美国凶手的暴行，讲资本主义国家儿童的命运，我一刻也不忘记使自己的讲话有强烈的感染力。教育者的话必须给学生以强大的精神力量。不要忘记，履行崇高的义务不能没有精神力量的支持。如果教育者自己缺乏热情，如果他讲话只是为了传达信息，他就不能吸引青年人，不能使他们信服。教育者的话语有没有教育力量，决定于教育者自身的立场、观点和对世界的态度。

没有仇恨、没有心灵的沸腾，没有为伟大的共产主义理想贡献力量的决心，就不可能有年轻人对社会主义祖国的爱情。教育年轻一代憎恨帝国主义，憎恨反共产主义势力，憎恨把世界当作未来的战场、人民只不过是炮灰的敌人，这是我们教育学和学校教育实践的最高尚、最人道的目的。对敌人的仇恨是爱国主义情感的捍卫者。仇恨敌人、对反动势力毫不妥协，能使青年人的心变得细腻、温柔、生气勃勃和富有同情心。当憎恨敌人、与反动势力毫不妥协成了人的精神财富时，人就有了自我牺牲的精神，就能主要为着思想、为着理想而劳动。人只有有了仇恨，才会有自己个人的立场和世界观。

在孩子们戴上红领巾的那一天，我给他们讲了在伟大的卫国战争时期发生的一件往事。我们的部队强渡第聂伯河，为解放河边一个不大的城市而顽强战斗。我们的战士占领了一所房屋的地下室，地下室里藏着躲避炮火的妇女和儿童。一个小女孩在伤心地哭泣，因为法西斯匪徒夺走了她漂亮的布娃娃，逃跑时又把娃娃扔在了街中心。听了孩子的哭诉，一个年轻战士立即冒着炮火冲向街心，捡起娃娃，把它放回了女孩的手里。就在这一天，我军向敌人发起进攻，战士们端起刺刀，勇敢地冲向敌人。那个温存、有高尚心灵的战士刺死了一个法西斯军官。我讲述这段往事，是想使年轻公民懂得，对待人民，要温柔、细腻、体贴入微，而对待万恶的敌人，要毫不留情。

一个年轻的公民，和似乎与他无关的心贴得越近，他的精神生活就越充实，他要做点什么以证实自己是个合格公民的愿望也就越强烈。

要使青年为从事崇高的劳动做好精神准备，要使他们自觉地按照公民的标准要求自己。培养义务感，这不仅仅是教育学理论和学校生活的中心问题，也是社会政治生活的一个重要问题。

劳动和义务

我收到一封信,是一位受到所有乡亲尊敬的集体农庄女庄员写来的。

"我要对您诉说自己的悲伤,尽管我感到很惭愧,"信的开头这样写道,"我有一个儿子,已经是个十六岁的小伙子了,我非常疼爱他。但是,现在我该拿阿纳托利怎么办呢?他不想学习,也不想工作。不久以前他十分生硬地甩给我这样一句话:'如果过节以前你不给我买一套新衣服,我就不去上学。'我告诉他:'现在还不行。你看,一直都在给你买衣物,我也要给自己买点必需的东西。''那不行!谁叫你是母亲,活该受苦。'说完,他砰的一声关上门就走了。"

读完这封信我感到很不安。这对母子住得不远,乘坐公共汽车几个小时就可到达。于是我去了,与阿纳托利、他的母亲和教师都进行了交谈。教师痛心地对我说:"母亲是个出色的劳动者,获得过勋章,儿子却游手好闲,懒得出奇……"

这是怎么回事呢?为什么一个热爱劳动、把一生都贡献给了别人的好母亲,却养大了这么一个懒儿子?为什么朴实、善良、热诚、体贴人的妇女,却摊上这么一个冷酷无情的儿子?我努力探察这个十六岁少年的童年和少年生活。想再一次证实三十年来一直不让我平静的思想确实是真理。

孩子从哭叫着向世人宣告自己降临时起,他就有了自己的行为和举动。他渐渐张大眼睛,用心灵和智慧去认识世界。他看着母亲,向她微笑,他的第一个模糊的思想(如果能称之为思想的话),就是以为母亲、然后就是父亲,是为了让他快活、让他幸福而存在的。孩子学会了站立,高兴地看见了朵朵鲜花和在鲜花丛中飞舞的蝴蝶,看见了色彩鲜艳的玩具,爸爸也好,妈妈也好，只要他这个儿子开心，他们也就开心……越往后，这个规律就越起作用：如果孩子的行为、举动、兴趣只受自己需要的支配，继续下去，孩子就会畸形发展。他对生活的要求会越来越高，甚至不合常理，而对自己，却几乎没有任何的约束。

懒惰、无所事事、不劳而获、残忍、冷漠，这些恶习的纤细娇嫩的根须就是这样滋生出来的。渐渐地，孩子的精神越来越空虚。这些在童年、少年时期各种需要被轻易满足的年轻人，刚一迈上独立劳动的道路就对生活失去了信心。

只有把人的行为的最初的、基本的、在某种程度上甚至是原始的动机，与更有力、更细致、更智慧的动机——义务——结合起来，才能对人进行正常、和谐的教育。其实，人的生活正是从做那些不合心意、但是为了公共利益又必须去做的事情开始的。

一些更为高尚的需要是在义务感的基础上形成的。义务这个概念越是早一些进入人的生活，您的孩子就越是会成长得高尚。他的精神会更加富有，道德会更加纯洁、诚实。我认为，共产主义教育最最圣洁的东西就在于此。

那么，应该怎样培养孩子的义务感呢？

我用几十年的时间编辑了一本文选，里面汇集了一批优秀人物的故事。这些人物伟大、高尚之处，就在于他们都出色地履行了自己对祖国、社会和亲人的义务。这些关于义务的美好故事仿佛在训练孩子们如何履行生活中的义务，帮助他们做好自觉从事高尚劳动的准备。

男孩子们修建了一个果园，我们形象地把它叫作母亲的果园，这是一个葡萄园。每个孩子都有自己的几棵葡萄。他们负责照管它们，每天都要为它们操心、出力。这时，孩子们首先是一个劳动者，而不是妈妈、爸爸照看的对象。他们将在每天的工作中充分地了解劳动，充分地享受童年的欢乐。

为了让孩子们更加了解成人的劳动，在思想上逐渐成熟起来，为了使义务感成为集体生活的精神基础，我们也很注意发展儿童对物质财富的责任感。

在我们学校，少先队有自己的小型机械化工作组；共青团员也有自己的青年机械手工作组，他们支配着更多的物质财富。

一个十五岁的少年在田野上漫步，他看到的是自己亲手栽种的小麦，就连土地也由他亲手耕耘、施肥，在他的保护下不受盐碱的侵蚀。他会感到自豪：这些都是我干出来的。人在劳动成果中看到的自身形象越是鲜明，义务感也就越是深入到他的心灵和意识，他就越是向往做个品德高尚、有崇高理想的人，他也就会更加严格地审视自己，他的良心会以更加严厉的声音说：我应该……

人在用劳动创造物质财富和精神财富的同时也在创造自己。如果我们希望我们的孩子成为真正的人，我们就不要再为他们精心营造轻松安逸、无忧无虑的童年。没有劳动，没有身体和精神的紧张，青少年时代的生活是难以想象的。

劳动要求身体和精神力量的紧张。没有这些，就不能培养出热爱自由劳动的共产主义新人。以为共产主义就是轻轻松松过日子的思想十分错误，也十分幼稚，它对于教育非常有害。要知道，人摆脱强制劳动的奴隶枷锁，完全不是为了再沦为懒惰生活的奴隶。

我国正在普及中等义务教育，几乎所有的儿童在十七岁以前都必须坐在课堂里学习。这就要求我们更加重视对学生的思想教育和劳动教育，丝毫的失误都有把学生变成只知消费的寄生虫的危险。今天激动地系上少先队领巾的九岁孩子，就是明天的公民。认识到这一点需要巨大的教育智慧，而把劳动教育和培养义务感结合起来，是贯穿教育智慧的一根红线。

写给一位年轻父亲的信

在我需要回复的邮件里，有一封年轻父亲的来信。

"有个问题一直让我不安，想请您解答。"一个名叫安德烈·亚历山大德罗维奇的农场工人写道，"我有两个儿子，一个六岁，一个五岁。我和妻子在畜牧场工作。我们拼命地干活，为的就是能让孩子幸福，但是他们果真幸福吗？这就是让我头疼、希望您解答的问题。每天早晨我都要送两个孩子上幼儿园……我也不知道为什么要这样做，其实他们完全可以自己去。有天早晨，大儿子奥列克突然使起性子来：他不喜欢母亲为他缝制的上衣。在去幼儿园的路上，他悄悄脱下上衣，把它扔进路旁的树丛里。衣服后来被人拾到，晚上给送了回来。另一次是小儿子弗拉基米尔，不知为什么不想在走廊里脱去套鞋，穿着脏鞋就闯进了房间。维拉阿姨提醒他，他却这样回答：'你来收拾这些脏东西吧，你可以拿到钱的……'"两个孩子如此不珍惜甚至轻视别人的劳动，真让我吃惊。

是的，尊敬的父亲，你提出了一个重要的问题，它迫使我们思考生活中最复杂、最困难、事关我们未来的极为重大的问题，究竟应该怎样教育孩子。

在帕甫雷什中学的家长学校里，我们和父亲、母亲们一起研究孩子的教育问题。您看，如果把我们的生活比作一棵花满枝头的大树，那么，我们就是在和家长一起研究枝头的花朵：满树的鲜花预示着什么？它们会结出怎样的果实？在家长学校的研讨活动中，有关孩子幸福的问题总是放在最重要的位置。

我们注意到，在许多家庭，是孩子的愿望在支配着家庭生活。父母用尽心思呵护孩子，给他们遮风挡雨，不让他们经受任何的忧伤、悲愁和痛苦，而这正是许多不幸的根源。使我吃惊的是，很多已经七岁的孩子，居然不知道人在生活中常常会遇到不幸的事情。

一个六岁的小女孩与老奶奶——我的女邻居的母亲——很亲近。她常常拿着苹果和核桃去她家，这时老奶奶就坐下给她讲故事（听奶奶讲故事是使孩子迷恋、向往的事情，可惜它在许多家庭已经不见了踪影）。但是奶奶突然感到自己大限已至，活不了几天了，于是妈妈就打发小女孩到邻村亲戚家住了一个月，为的是不让孩子面对亲人的死亡。孩子回来了，立刻跑到邻居家："奶奶呢，奶奶在哪里？妈妈，您一定要告诉我，达里娅奶奶到什么地方去了？""奶奶不见了，你长大就知道了……"你瞧，一些家长害怕孩子情感经受刺激竟然到了这种地步。

此外，我也要坦率地说，这些家庭千方百计满足孩子的所有愿望、使他变得越来越任性，最终结果是使孩子失去真正的幸福。这些孩子之所以不幸，是因为过分的满足把他们撑坏了。用现成食物喂养大的孩子丧失了正确认识世界的能力，这就意味着失去了真正的人的幸福。幸福不能像财产那样转让和继承。企图像传递姓氏一样把幸福传递给孩子，只能养出恶棍和懒汉，他们会像吸血虫一样吸尽父母的血汗。

教育者——父母和教师的真正智慧，在于善于引导孩子追求真正的幸福。童年的幸福像能暖和身子、给人可口食品的炉火，但是，有时炉火也能毁掉一切，酿出大祸。这完全取决于您，亲爱的家长，怎样去控制炉灶的火焰。教育者的全部智慧就在于做一个称职的司炉工。我可以完全负责地说，酗酒、胡闹、犯罪等社会祸害，就是从看似无害的小事——懒惰、闲散——发展起来的。

从睁开眼睛认识世界、认识自己的那一刻起，儿童就有了自己的需要。需要引起愿望，并且激励人为满足愿望而行动。需要是人生活的原动力。教育的全部实质就在于使个人的意愿与集体、社会、人民、祖国的利益协调起来，从孩子开始懂事时起，就要让他逐渐明白这个道理。不断提高孩子个人意愿的文明程度，是家庭和学校教育的重要任务。我们的家长学校努力说服学生家长，使他们相信，给孩子幸福，首先就要使孩子的愿望合理，既符合社会道德规范，又是生活中可以实现的。能够使愿望变得文明的力量在哪里？

怎样才能使后代子孙不再奉行想怎么干就怎么干的生活原则？只有劳动，劳动是能使人的愿望变得文明，使我们的孩子不再为所欲为的强大的教育力量。遗憾的是，游手好闲、好吃懒做的作风甚至渗透到了似乎不可能造就懒汉的农村生活。

尊敬的安德烈·亚历山大德罗维奇，请您想一想，在我们这个高举"不劳动者不得食"旗帜的社会，怎么会允许这种现象存在呢？我们的社会对每个公民的劳动、纪律、义务、行为都有严格的要求。履行这些要求，是个性自由和个性发展的保证。就和需要给小树剪枝一样，家长和教师也要用劳动这把智慧的剪刀，修剪孩子不受拘束的愿望。这个工作影响孩子的一生，如果童年时期没有上好这一课，成年以后再补就太困难了。在童年时期没有学会控制自己的欲望，不考虑自己的愿望是否道德、是否合理的人，必定经常与社会发生冲突，成为社会指靠不住的人。轻率地满足孩子的欲望会使孩子丧失学习的愿望，再往后，还会导致更为可怕的后果——丧失从事生产劳动的愿望。这是一根链条上的两个环节，本来就联结在一起。

幸福不是童话中天边飞来的神奇小鸟。幸福是一座真实的大厦，需要一砖一瓦建造。在我的想象中，儿童的劳动内容广泛，有很多个侧面，需要集中身体、精神、意志、道德各个方面的力量。人在紧张的劳动中表现自己，塑造自己，决定自己在善恶斗争中的立场。

在劳动教育中有两点非常重要：第一，最大限度地使孩子的劳动具有人道的精神，也就是说，教育孩子为他人、社会和祖国的幸福而劳动；第二，要使劳动成为人的自然状态，成为习惯。

生活千百次地教育了我，使我相信，真正能够享受生活幸福的，总是那些开始上学就开始劳动的人。不是做劳动的游戏，而是真正的劳动，有浑身的劳累和汗水，也有休息和达到目的时的欢乐。恰恰是真正的劳动捍卫着人的良心，失去了它，温柔的幸福之火就会失控，变成吞噬一切的野火。

这就是我们的教师集体一直非常重视使劳动和学习协调的原因。我目睹了许多人命运的形成过程，那些在童年时代就开始劳动生活的人成了最幸福的人。

　　我们村有一个令人羡慕的家庭：父亲彼得·格里戈里耶维奇是个牧羊人，母亲安娜·彼得罗夫娜是个农艺师，他们的三个孩子都在上学——十四岁的安娜读完了七年级，十二岁的帕夫洛上五年级，而九岁的奥莉加上二年级。孩子们学习和劳动都很出色。曾经有过这样一件事情：女教师在安娜的记分簿上记了一个四分。课间休息时小姑娘找到了老师，对她说："求求您，不要在我的分数册上记四分。我会学得更好，会得五分的。我们家遇到大麻烦了：淤泥埋住了集体农庄的甜菜。妈妈怎么办？难道可以在这种时候带给她一个四分？"

　　有一次在家长学校的课堂里，家长们请求说："讲讲，彼得·格里戈里耶维奇，讲讲你们是怎样教育孩子的。您的孩子都害怕给父母脸上抹黑，您是怎样办到的？"彼得·格里戈里耶维奇很不好意思，回答说："我们经常和孩子们一起劳动，可能这就是我们的全部教育。他们自己教育自己，因为他们在劳动。我和妻子是这样想的：劳动，这是孩子们最尽心、最忠实的保姆，她也是最谨慎、最严格的保姆。"

这番话表达了劳动人民明智的教育观点。不要害怕儿童劳动，亲爱的家长们，不要把孩子总是抱在怀里。孩子提着一只小桶给花草和葡萄浇水，一桶，两桶，三桶……他汗流浃背，他疲劳不堪，但是您用不着担惊受怕，因为在劳动中他感受到了真正的、无与伦比的快乐。在这个劳动中，他不仅了解了世界，也了解了自己。孩子的自我教育就是从认识自己开始的，而认识自我，也是一件令人非常高兴的事情。您想想，一个五岁的孩子种下了玫瑰，使他惊奇的不仅仅是艳丽的玫瑰花朵，还有他本人："这么美丽的花朵，难道真的是我种出来的？"孩子因为认识到自己的力量而感到无比幸福，他变成了另外一个人，变成了父母教育的同盟者和助手。彼得·格里戈里耶维奇说孩子们在劳动中"自己教育自己"，道理就在这里，劳动教育的真正意义也就在这里。

孩子长大了一些，到六至八岁的时候，夏天就可以随母亲下地了。在田里，他也会试着做一做母亲正在做的事情。在这些日子里孩子看到了多少新鲜玩意啊！天边的朝霞、草地上柔如轻纱的白雾、夏日阳光下远处的田野、沟壑里流淌的清凉泉水，还有森林中早早醒来的小鸟、田野里机灵的灰兔和狡猾的狐狸、蓝天里歌唱的云雀，所有这些都给孩子留下了永不忘却的珍贵记忆。傍晚，晒黑了也疲倦了的孩子带着满脑子的新奇印象回到家里。他小心翼翼地把书包和纸夹从车上搬进屋子，这里面有他今天搜集到的各种宝贝：植物的穗和茎、土壤和肥料的样本、夹在树叶里的花朵……就是这一件件的宝贝记下了孩子儿时的欢乐。

孩子再长大一些，长到八岁至十岁、十一岁，暑假就可以整天随着父亲干活了。

彼得·格里戈里耶维奇和安娜·彼得罗夫娜的孩子们是果园的主人，父母只是在他们有什么地方不明白的时候才来帮助他们。果园里有一块地，孩子们专门用来培植葡萄苗送给同学们。他们家的果园叫作"大家的果园"，园子里收获的所有苹果、梨和葡萄，都属于孩子和他们的同学、朋友。晚上和节日，孩子们在这里读书、排戏，当然，还要美美地吃许多水果。

在暑假，彼得·格里戈里耶维奇和安娜·彼得罗夫娜的孩子们还要用几个星期的时间养蚕，这样孩子们就能挣到一些钱，用来买衣服鞋袜和书本。现在他们长大了一些，挣来的钱已经够去大城市旅行了。

莫斯科、彼得格勒、基辅，彼得·格里戈里耶维奇的孩子们都去过了。

迷人的远游丝毫没有降低孩子们的劳动热情。在田野里干活时，他们照样像过节一样欢乐和激动。亲爱的家长和老师，让我们的孩子在劳动中，在第一次看到田野、第一次迎接朝阳、第一次倾听云雀银铃般歌唱的幸福时刻开始他们的精神生活吧。

很多家长在来信中都惶恐地提出这样一个问题：为什么我这个做父亲、母亲的得不到自己孩子的尊重？

孩子对父母的尊重来自孩子与父母共同一致的精神生活。尊敬父母不是简单地知道父母在为自己操劳。常常有这样的情况，儿子非常清楚母亲为自己付出了多少心血，但是对母亲依然疏远、冷漠甚至冷酷。尊敬父母，是希望亲手做些什么来表达自己对父母敬爱之情的一种愿望，是在为了让所爱的人幸福而付出自己的精神力量时，内心深处体验到的一种快乐。

我知道，我将会收到不止一封这样的来信，说：我住在大城市，在实验室（或者设计院）上班。为了给孩子真正的教育，我是不是也必须把孩子带在身边，让他和我一起工作？不，当然不是。但是，让孩子用心去体察和关爱身边的人，让他为别人活得更好而尽自己的一分力量，却是一定要做到的。

孩子不一定非去农田或者牧场劳动不可。不久以前我在省城碰到了这样一件事情：六年级学生阿廖沙的母亲无论如何也想不出，在哪里能给孩子找点事情做。还有几个孩子和阿廖沙一样，也是闲得难受。但是，就在同一栋楼房里就住着一个半盲的残疾人，没有人为他念书读报。如果孩子连自己眼前需要帮助的人都察觉不到，还怎么谈得上尊重父母呢？

只有劳动成为表达自己对他人、社会、祖国的爱的手段时，劳动才能成为幸福的机警的守卫者和取之不尽的源泉。从童年时代培养起的这种劳动态度，是成年人的公民义务感的基础。

劳动是艰苦的，无论什么时候它都不是轻轻松松的游戏。这是一个非常重要的生活真理。只有从小参加劳动，孩子才会认识这个真理。学校、家庭、社会的一项极为重要的共同任务，就是让我们的孩子在走进生活时，有清醒的头脑和火热的心肠，有坚定的共产主义信念和崇高的理想，是一个能够履行自己各项义务的好公民。

好了，亲爱的安德烈·亚历山大德罗维奇，我们的交谈就要结束了。您提出的问题是怎样让孩子幸福，而我们谈论的却是怎样看待孩子的劳动，因为没有劳动就没有幸福。如果您能给自己孩子这样的幸福，他们就会成长为真正的人。

第三辑

给儿子的信

为什么我要在信里对你说这些呢，我的儿子？这是因为平日里我忙这忙那，没有时间和你谈心。这很不好，你应当知道这一切。我要再重复一次我的父亲对我的嘱咐：不要忘记你是谁，你从哪里来；不要忘记劳动人民、土地和粮食是我们的根……

第一封信

你好，亲爱的儿子！

瞧，你终于走出了父母的巢穴！你住在大城市，在大学里念书，你很想做一个独立自主的人。根据自己的经验我可以想象，此时此刻的你已经完全被新生活的旋风吸引，忙得团团转；你不会太想家，不会太想念我和你的妈妈，甚至完全顾不上想我们。思念家乡和亲人的滋味，只有过一些时日，等你对生活有了一些认识的时候才能品尝得到。

这是从父母巢穴飞出的第一封信，希望你能把这封信永远留在身边，反复阅读，认真思考。我和你妈妈都知道，每一代的人，对父母的教导多少都会有些不以为然。他们说：我们能看到的，你们未必看得到；我们的思想，你们也未必能够理解——事情可能就是这样。也许你在读完这封信后，会把它扔得远远的，免得看见它就想起父母喋喋不休的说教。有什么办法呢，请便吧！只是你要记住把它扔到了什么地方，夹在了哪一本书里，因为说不定哪一天你会想起这封信。你会对自己说：还是爸爸的话有道理。于是你急于找到这封几乎被你忘却的旧信，把它再读上几遍。因此，我劝你还是好好保存这封信，保存一辈子。

我也保存着我的父亲给我的第一封信。那一年我十五岁，从父母身边来到师范学院学习。那是艰难、饥饿的 1933 年。我还记得妈妈送我参加入学考试时的情景：妈妈把几块掺了麦麸的土豆饼和两瓶炒黄豆——这是全家人一天的全部供应食品，包在干净的旧手帕里，外面裹上从箱底拿出的一块新麻布，打上一个结。

我的学习生涯就这样开始了。饥肠辘辘，还要日夜读书，日子过得很艰难。好不容易盼到了地里的新粮打了下来。我永远忘不了那一天，妈妈托人，把用新收的黑麦面烘烤的第一个面包送给了我。面包是马特维爷爷带来的，他是村消费合作社的车夫，每个星期都要进城拉一次货。面包装在干净的麻布袋子里，松软软，香喷喷，面上是一层又脆又亮的皮。和面包放在一起的还有父亲的信。这是父亲给我的第一封信，我把它当作父亲的第一次训诫一直保存在身边。父亲在信里写道："不要忘记，我的儿子，面包是生活中最不可缺少的东西。尽管我不相信上帝，但我还是把面包称作圣物。你也一辈子把它视作圣物吧！你要记住你是什么人，你从哪里来，要记住这个面包来得多么不容易。你还要记住，你的爷爷——我的父亲奥梅利科是一个农奴，他是扶着犁累死在庄稼地里的。什么时候也不要忘本。不要忘记，在你读书的时候，有人在辛苦地种地，为的是供给你活命的面包。就是毕业以后当了教师，你也不要忘记这个面包。面包是人劳动的成果、未来的希望，面包也是比量你和你的孩子们良心的一把尺子。"

为什么我要在信里对你说这些呢，我的儿子？这是因为平日里我忙这忙那，没有时间和你谈心。这很不好，你应当知道这一切。我要再重复一次我的父亲对我的嘱咐：不要忘记你是谁，你从哪里来；不要忘记劳动人民、土地和粮食是我们的根……

在我们的语言中有成千上万的词汇，但是最重要的词汇只有三个，这就是粮食、劳动和人民。这是支撑我们国家的三根支柱，是我们制度最根本的东西；它们紧紧交织在一起，扯不开，割不断。谁不懂得珍惜粮食和土地，谁就不是人民的儿子；谁丧失了劳动人民的优秀品质，谁就会脱离人民，成为没有个性、不值得尊重的人；而谁要是不知道劳动、汗水、劳累的滋味，粮食在他眼里也就变得一文不值……

　　我很自豪，因为你知道种庄稼的甘苦，知道粮食多么来之不易。你还记得吧，有一年，快过"五一"节了，我去你们班（好像那时你上九年级）转达集体农庄农机手们的请求：假期到地里替替班吧，让我们休息一下！记得吧，当时你们这些人是多么不情愿啊！你们不愿意在节日里脱下盛装，换上工作服，坐到拖拉机上看管拖在后面的农机。可是，两天的假期过去后，当你们感到自己是个真正的劳动者时，又是何等的自豪啊！

　　我是不相信那种巧克力式的共产主义的。说什么到了共产主义，物质财富极度丰富，所有的人都会得到充分的满足，人需要什么，只要轻轻一挥手，就摆在了面前。事情真要是这样，那就太可怕了，因为那时人就不再是人，而是吃喝太多、快要撑死的动物。幸好这样的预言不会实现。不紧张，不努力，不流汗，不吃苦，不经受惊恐和焦虑的折磨，人是什么也得不到的。即使到了共产主义，人的双手也会磨出茧子，人也会因为操心而常常彻夜不眠。更重要的是，智慧、良心、尊严将永远支撑着人。有了它们，人将永远依靠自己的辛勤劳动获取必需的食粮。让土地生产越来越多的粮食，人的这个追求是没有止境的，正因为如此，粮食这根支柱才永远不会倒下。

　　每一个人都要珍惜这个根本。你来信说不久你们就要去集体农庄劳动。这太好了，我很高兴！好好干，不要让自己丢脸，也不要让父亲和同志们丢脸。不要拈轻怕重，要拣那些田里、庄稼地里的活儿干。铁锹也是一种好工具，用它你一样能够大显身手。

　　了暑假你就回来，回我们自己的拖拉机队干活。

　　"看见麦穗，就等于看见了种麦子的人"——我们乌克兰的这句谚语，你大概也是熟知的。每一个人都为自己能替别人做些什么而自豪。诚实的人都希望在每一颗麦穗里都留下自己的心血。我在世上活了差不多五十年，我深信，人在地里干活时，这个愿望表现得最为强烈。我们盼望着你大学生活的第一个暑假，我将带你去见附近农庄的一位老人，他培植苹果树苗已有三十多年的历史，是真正的行家里手。在苹果树的每根树枝、每个叶片上，他都能够看见自己的身影。如果今天我们每一个人都能像老人这样对待劳动，那就可以说我们达到了共产主义的精神境界……

　　祝你健康、顺利、幸福。吻你。

你的父亲

第二封信

亲爱的儿子，你好！

你从集体农庄写来的信收到了。看过信后我很激动，一夜未能入睡，一直在想你信中提到的问题，当然也在思念你。

一方面，你对农庄存在的浪费现象感到忧虑，这是对的。你信中说，农庄有个很好的果园，但是辛辛苦苦生产出来的十来吨苹果却喂了猪；三公顷的西红柿还没有收摘，农庄主席就命令拖拉机手全部把它们耕掉，而且不准留下任何痕迹。

可是，另一方面，我也很吃惊，面对这种令人愤慨的行为，为什么你只是困惑、惶恐而毫无作为呢？

你信中说："清晨，当我看到大片的西红柿被埋在地里时，我的心差一点蹦了出来……"那么，后来呢？后来你的心怎么样了？看来它并没有蹦出来，而是很快恢复到了往日的节奏，是吧？你的同志们，恐怕也没有谁的心从胸口蹦出来吧？这不好，很不好。你还记得我曾经给你讲过的塔列兰吗？这个极其卑劣无耻的政客告诫人"要防备心灵中最初闪过的念头，因为它往往是最善良的……"而我们共产党人却相反，我们告诫人：别让心灵最初的冲动轻易地逝去，因为它往往是最高尚的。你就按照心灵最初的提示去做吧。压制自己良心的声音是一件非常危险的事情。如果你习惯了对一件事情满不在乎，很快你就会对所有的事情满不在乎。不要去做违背良心的事情，只有这样才能磨炼你的性格。

你要把《死魂灵》中的这段话抄写在自己的笔记本上："当你告别温柔、浪漫的青年时代走上严峻的生活之路时，你要勇敢、坚强。你要随身带好人的全部精神和激情，不要把它们丢失在路旁；它们一旦失去，就再也拾不起来了。"人最可怕的，就是眼睛睁着，心却在睡觉。他两眼睁着，却看不见；即使看见什么，也不去思考；善也好，恶也好，都与他无关，邪恶和谎言都能平平安安从他身边走过。千万要警惕，我的儿子，这是比死亡，比任何可怕的危险还要可怕的事情。

没有信念的人是懦夫，毫无价值。既然认定眼前的事情是丑恶的，那就让你的心灵放声地叫喊吧。勇敢地站出来，为真理呐喊，帮助真理战胜邪恶！记得我对你讲过的谢尔盖·拉佐①吧，他在自己的日记里写道："必须让信念经受磨难，必须检验信念的生命力，必须让它和别样的信念去碰撞……若是要我放弃自己的信仰，我宁愿选择死亡。"一个真正的人就是这样，宁愿去死，也不放弃自己的信仰。你在信中问我："为了阻止邪恶，我能具体做些什么？我应该怎样同邪恶斗争？"我不知道也不想给你开什么处方。但是，假如我身临其境，看到了你和你的同伴们看到的事情，我会知道该怎么做的。

你在信里说，集体农庄的人对这些事情已经见怪不怪，谁也不去管它，他们这种麻木不仁的态度使你吃惊。要是你和你的同学们也这样，那就更糟糕了。"任何时候都不要害怕表明自己的观点，即使你的想法与通行的观念完全背离。"罗丹的这句话你也应该记下来。如果我处在你和你的同学的位置，我会立即找到农场党组织，对他们说："为什么要这样？如果缺少人手，我们大学生可以去干。无论如何也不能糟蹋人的劳动！"不行的话，还可以去区委会，还可以发挥人民监督组织的作用。我就不信所有的人面对歪风邪气都无动于衷。不可能的。

---

① 谢尔盖·拉佐，苏联国内战争时期的一位英雄，远东游击队的领导人，1920年被白卫军烧死在机车炉膛里。——译者注

现在，你在精神发展的道路上已经踏上了一个新的台阶。你再也不应该瞻前顾后，看着别人的脸色行事了。你应该独立思考，自己做出决定。

你的父亲

第三封信

亲爱的儿子,你好!

我很高兴,因为你坦率地对我叙说了一切,让我分享到你的思想、疑问和焦虑。还有,你们在农场非常劳累,可你还在认真思考这些严肃的问题,这也使我高兴。你在来信中讲,要是你站出来维护正确的东西,别人会用诧异的目光看你。在这封信的字里行间,我读出了你的沮丧和无奈。你在信里写道:"在我们这里,坚持正确思想,会被认为是替自己捞取政治资本。我不止一次地听到一些人是怎样以轻蔑的口气说出'思想性'这个词的。'哼,你很有一点思想性嘛……'这是怎么回事?我以前极为敬仰、每当谈起就让我激动万分的东西,难道今天真的变得一文不值?为了理想而生活,这句话究竟应该怎样理解?"

很好,我的儿子,非常好。这些问题让你焦虑不安,说明你不是一个麻木不仁的人,你没有把周围人的错误言论看作是与自己无关的事情。我为你高兴,也为自己高兴。

"思想性""思想",这是伟大、神圣的词汇。那些自觉或不自觉地把人类思想庸俗化,用玩世不恭的市侩哲学嘲笑、玷污这些纯洁而庄严的词汇的人,实际上是在嘲笑和玷污他们自己。有思想,这是人的本性。歌德说过的一句话你还记得吧,"任何人,一旦远离了思想,剩下的就只是一堆动物的感觉。"我还记得这句话是怎样使少年时代的你大吃一惊的,你问我:"它的意思是不是说，这个人真的变成了动物?"是的，我的儿子，一个人如果没有思想，那他离动物也就真的没有多远了。

记住，我再说一遍：你要记住，人为了捍卫自己的思想可以不惜一切。他可以赴汤蹈火，可以上断头台，可以在枪林弹雨中冲锋陷阵。在那遥远、黑暗的中世纪，布鲁诺只要说一句"我放弃自己的观点"，就可以免于一死，但他没有说，因为崇高的思想鼓舞着他。在成千上万无知庸人的嘶叫和嘲笑声中，他戴着尖顶小丑帽，身着画有魔鬼头像的长袍，在宗教裁判所点起的熊熊大火中昂然屹立。他为自己的信仰而自豪。在火光中，他仿佛看见一艘飞船腾空而起，向着遥远的星空飞去。亚历山大·乌里扬诺夫①只要给皇帝陛下写一封效忠信，沙皇就会免去他的死刑，但他没有这样做，因为他不能这样做。索菲娅·彼罗芙斯卡娅②只要矢口否认参加了刺杀沙皇的计划，就可以获得自由，因为政府没有直接的证据。她也没有这样做。对她来讲，消灭暴君、为人民争取自由的崇高理想，要比个人的生命珍贵百倍。理想使人变得无比坚强，无比勇敢。

如果我们每一个小伙子和姑娘都有高尚的思想，如果每一个人的良心都有崇高的理想守护，那么，我们的社会就会变得高尚、美好。就会像高尔基所向往的那样，人和人像天上的星星一样相互辉映。但是，这个时刻不会自己到来，需要人为此而斗争。我们——我、你，还有你的孩子们——面临的最困难的事情，就是用崇高的共产主义思想教育和鼓舞每一个人。

共产主义思想是世界上最美好的思想，我的儿子。我读过一本薄薄的书《我把心交给暴风雨》，现在我把它寄给你。这是伊朗共产党领导人霍斯罗夫·鲁兹别赫在法庭上的讲演，他的一生对于希望了解共产主义美好思想和

---

① 亚历山大·乌里扬诺夫，1866年4月—1887年5月，列宁的哥哥，因参加民意党刺杀沙皇亚历山大三世的行动被处以绞刑。——译者注
② 索菲娅·彼罗芙斯卡娅，俄国民意党人，因参与刺杀亚历山大二世被处以绞刑。——译者注

真正意义的人很有教育意义，他的一生就是阐释思想性的生动教材。霍斯罗夫·鲁兹别赫是位有才华的数学家，写过很多学术著作，有着光辉的个人前程。但是，使祖国摆脱暴君统治的人民斗争吸引了他。他加入了共产党，成为一名地下工作者。几年后，由于叛徒出卖他被捕入狱，面临着死刑的威胁。如果霍斯罗夫·鲁兹别赫请求宽恕，法庭会免去他的死刑。但是这位共产党员知道，在全国一片白色恐怖的严酷形势下，同志们会把他的行为看作背叛从而鄙弃他，于是，他要求法庭判他死刑。下面就是他在法庭上的最后陈述：

"谁都不愿意死，对光明、美好的未来充满希望的人尤其不愿意死。但是，一个真正的人，决不允许自己在真理和邪恶的夹缝中苟且偷生。在漫长的生命旅程中，人一时一刻都不能失去自己基本的目标。如果生命要以遭受羞辱、丧失人格、背叛信仰、放弃理想为代价，那么我宁肯一死，因为勇敢的死要比屈辱的活干净、高大一百倍。我的路是我自己选择的，我要沿着这条路一直走到底。我没有罪，更没有死罪。但是，我注意到我做人的尊严受到了威胁，因此，在这里，在法庭上，我正式要求尊敬的法官判处我死刑。我之所以做出这个决定，是为了分享我的已经牺牲的战友们的荣誉，也是为了杜绝威胁我的名誉的责难。无论是我，还是我的因为从事政治活动而被判决的同志们，都不是罪犯；相反，我们是在为我们亲爱的祖国而战斗。正义、诚实的伊朗人民会宣判你们的判决专横无效，他们会宣告自己英勇献身的儿子们无罪。你们可以审判霍斯罗夫·鲁兹别赫，但是你们不能审判人性、诚实，不能审判爱国主义、人道主义和自我牺牲的精神。"

说得多好啊，我亲爱的儿子！你要记住这些话，它们会像高擎的火炬照亮你生命的征程。

有些人嘲讽、挖苦"思想""思想性"，以为别人坚持正确思想为的是往上爬。这些人的内心世界我是知道的。他们的精神生活残缺、贫乏，十分可悲。他们不了解崇高的精神能使人活得多么充实，他们也不知道什么是真正的幸福。他们以为做一个有崇高思想的人，就意味着做思想的奴隶。在他们看来（这种观点很早就有），人一旦接受了某种思想，就不再是有个性的人，而是"能够走动的思想"。多么可怜、多么轻率的结论啊！事实恰恰相反，正是因为有了思想，人才有了个性，有了灵气，才成为真正的战士；不是人融化、消失在思想里，而是高尚的思想使人变得强大、有力量。

我们州有一位优秀教师，他就是中学校长、我的朋友伊万·古里耶维奇（也许你还记得他，他来过咱们家几次）。在伟大的卫国战争中他参加了游击队，在离兹纳缅卡不远的黑森林里与法西斯作战。不久以前他给我讲述了一段令人肃然起敬的往事。你正在思考思想和理想的意义，你也应该知道这段往事。

事情发生在 1941 年的晚秋，那正是战争最艰难的时期。法西斯大肆宣传红军已经溃不成军，德军即将占领莫斯科。但是，实际上这时候敌人已经被游击队吓破了胆。我们州的游击队也在勇敢地袭击德国人。在离黑森林不远的一个村子里，复仇者烧毁了德军司令部的汽车、电台，杀死了十来个希特勒分子。法西斯决定采用阴险、毒辣的手段对全体村民实施报复。他们在村子中心树起一个大绞架，绞架上面钉着一块用德文和乌克兰文书写的告示牌，上面写着："如果村里出现了一个游击队员，如果游击队员让德国士兵流了一滴血，如果有一个人说了一句为游击队辩解的话，这个绞刑架上就会吊起最先抓到的十个村民的尸体。"德国人把全村老少赶到这里，宣布了这个命令。之后，一个法西斯少校对农民们说："你们的红军完蛋了，苏联也完蛋了，你们所有的土地都属于德意志。"农民们听了，难受地低下了头。

突然，从人群中走出一个身穿绒衣的二十来岁的小伙子，他大声喊道：

"不要相信他的鬼话！红军还在，苏维埃政权还在，莫斯科永远在我们手中！我就是游击队的侦察员！"英雄的举动使法西斯分子惊呆了，一时不知所措。小伙子愤怒地说着，迅速掏出藏在袖子里的手枪，对着少校就是一枪，少校应声倒地。直到这时，匪徒们才清醒过来。他们抓住小伙子，把他绑了起来。在被枪决之前，小伙子曾经和一个游击队员关在同一间牢房。这位游击队员后来逃了出来，人们这才知道这位英雄的一些情况。"我不是游击队员。"小伙子说，"我是被德国人俘虏的苏军战士，战斗中我受了伤。我逃了出来，偶然跑到了那个村子。我看到了农民们在听到红军被消灭、莫斯科即将沦陷时的沮丧神情，我按捺不住自己。我知道我必死无疑，但是我没有其他的选择。我很高兴，因为我的话在人们心中燃起了希望之火。敌人决定就在那个村子，就用那座绞刑架吊死我，他们会再次把村民召集到那里。死对我来说是最艰难的考验。无论如何，死是一件可怕的事情，想一想几分钟后你就不在人世了，确实很可怕。我希望自己在大家面前经受住这个考验。必胜的信念支撑着我，我为这个信念而活着。"

他勇敢地经受了考验。在刽子手即将拉紧他颈上的绞索时，他还在大声呼喊："同胞们，不要向刽子手低头！绞架吓不倒自由，我为祖国而死！"

这就是我们热爱并且至死都热爱的理想。谁珍惜理想，谁就珍惜个人的尊严。我相信你会成为真正的人，相信我们思想的伟大真理会和你的心融为一体。你要记住，人的一生不会总是风平浪静，如诗如画。生活中你常常会遇见丑陋和肮脏的东西。要敢于并且善于让共产主义真理与邪恶正面碰撞，不是让真理成为牺牲品，而是让真理成为胜利者。不过，也许你还记得三年以前我们曾经一起读过的尤里乌斯·伏契克①的一段话："真理必将胜利，只是它需要人们毫不迟疑的帮助。"我们社会有很多"为正义而战的斗士"，也有许多积极的"真理的探索者"，他们不反对"揭露"邪恶，至于与邪恶搏斗，他们说："还是让警察去做吧！"这些蛊惑者、空谈家十分有害。我们的任务不仅仅是在发现邪恶后大声地呼喊，还要冲上前去彻底制伏它。我们更需要的常常不是说，而是做。有一句话说得非常好："呼唤清洁不是斗争，清扫垃圾才是战斗。"我们确实有许多垃圾有待清扫。我相信，你不会因为在人生道路上遇见垃圾而气馁或者张皇失措，更不会因此而失去对善良的信心。

---

① 捷克斯洛伐克共产党党员、新闻工作者、作家、反法西斯战士，他在纳粹监狱写下的《绞刑架下的报告》被译成九十多种文字，成为世界进步人们共同的精神财富。——译者注

真、善、美必将战胜假、恶、丑，它们力量的源泉就是人，就是我们自己。

愿你健康、快乐、精神抖擞。拥抱你，吻你。

你的父亲

第四封信

亲爱的儿子，你好！

我真高兴，因为你在为理想、人生、真理、美好这些问题而激动。我不记得什么时候你对这些问题有过如此"炽热"的兴趣。很高兴我的信激发了你的思想。你现在面对着许多陌生的人，对世界上最神奇、最不可思议的人，你每一天都会有新的了解，也许这就是你的思想发生鲜明变化的原因。要知道，在认识别人的时候，你也在重新认识自己。

我记得在你动身参加升学考试之前，我们有过一场没有完结的争论。是在花园里，我们坐在一棵梨树的下面，还记得吧？就在我们争论最激烈的时候，你妈妈走了过来说："该动身了，还有一个小时火车就开了。"你当时固执地认为：只有在社会鲜明地分成善、恶两个阵营的时候，才会有理想的人诞生。在这种情况下，为何而斗争，同谁斗争，善在哪里，恶又在哪里，一切都一目了然；而现在的情形却不是这样，为理想而斗争与日常劳动混在了一起。你还引用了一个实例：一个女工只是比规定的定额多挤了一千升牛奶，大家就像谈论英雄似的谈论她。你问：难道当英雄就这么容易？我们对平凡劳动的褒奖是不是太过头了？你还说劳动是义务，是人生存的条件，怎么可以用"功勋"这样伟大的字眼来评价它呢？

你在今天的信里发展了你的这些观点。这是一些十分复杂、细致的问题，尤其是"理想的人"的问题。首先应该记住，理想并不等于完美无缺。人非圣贤，孰能无过。我想你总不会否认保尔·柯察金是一个合乎理想的人物吧，但是你记得他是怎样评价自己的吗？——"我也做过许多错事，有时候是因为糊涂，有时候是因为幼稚，更多的时候是因为无知"。英雄本人看见了自己的缺点，但缺点并不能遮盖英雄的主要方面——革命的红旗上染有他的鲜血。

这就是我对"理想的人"的理解。为真理、为革命胜利而战斗的炽热情感和顽强精神，是辨别理想的人的试金石。我总记得海明威说过的一句话："上帝造人不是为了让他承受失败……人可以被消灭，但不可以被征服。"早在海明威之前，保尔·柯察金就说出了这样的豪言壮语，而且他身体力行，他的壮举使世界为之惊叹。

设想一下：如果邀请那些早已离开人世、社会主义对他们来说只是遥远未来和美好理想的人，比如亚历山大·乌里扬诺夫、斯捷潘·哈尔图林①、索菲娅·彼罗芙斯卡娅来看看我们今天的生活和劳动，他们会怎样想呢？他们的心会因为震惊、欢乐而颤抖，他们会认为我们的时代、我们的全部生活都是合乎理想的。这些英雄之中的任何一个人都会由衷地说："这就是我们为之而献身的生活！"

不幸的是，我们自己并没有意识到这些，我们忘记了自己生活在怎样的时代。英雄人物就在我们中间，就在千千万万个普通的劳动者中间。他们无意做英雄，称他们为英雄，他们会感到非常吃惊。我觉得在有些人那里，"平常人"和"普通劳动者"的概念变了味。他们在使用这些概念时表现出对人的某种轻蔑态度。没有真正意义上的普通人！我们现代人——在田野、牧场、机床边工作的劳动者，嗨，远远不是那么简单、普通啊！

我们的人民接过革命的红旗，骄傲地高举起它。革命仍在继续，今天我们正在亲手实现先辈们为之流血牺牲的理想，我们正在建设共产主义，我们时代的意义就在于此。我亲爱的儿子，你应该明白并且感受到这一

---

① 斯捷潘·哈尔图林，俄国工人阶级最早的革命政治组织"俄国北方工人协会"创建人之一，一位木工。——译者注

点。只有我们每一个人都用革命先辈的眼光看待我们今天的生活，才能够理解和感受到这一点。就说那个挤奶女工吧，她确实是个理想的人，是个英雄。她没有丰功伟绩，但是她的一生就是一个丰碑。她的热血也同样滴在了革命的红旗上，因为她的劳动精神鼓舞了别人，使他们变得高尚。亲爱的儿子，你要好好想想，我们劳动，我们建设共产主义，为的是什么？为的就是人的幸福。共产主义不是用来供芸芸众生顶礼膜拜的圣物，它要为人类，为每一个家庭、每一个人创造幸福。但是没有物质的和精神的财富，就没有人类的幸福。人们关注创造物质价值的挤奶女工，是因为她在物质上做出了贡献，为创造精神财富提供了物质基础。没有像挤奶女工这样平凡、普通的劳动者，就不会有巴赫姆托娃美妙的歌曲，不会有萧斯塔柯维奇①雄壮的交响曲，不会有科学院院士安巴尔楚缅关于超级恒星如何诞生的假说，也不会有你学习的那所大学，不会有亿万人民读书、看戏的静谧的夜晚。

这位女工明白，她自己就是生活的创造者，一个平平常常的普通人为什么能成为英雄，根本的原因就在这里，创造性劳动的根也就在这里。没有千千万万个挤奶工、矿工、庄稼人、冶金工，就没有高高飘扬的红旗。理想的人既不是幻想中十全十美的圣人，也不是镀金以后才发出夺目光泽的平庸之辈。

理想的东西就在我们的生活之中。注意看看周围的事，细细观察身边的人，不要停留在表面现象，而是要深入到最里层，这样你就会发现理想的事和理想的人。屠格涅夫说过，没有理想的人是可怜的人。确实如此，一个人，假若没有理想做指路明灯，生活就会浑浑噩噩，毫无生气。

祝福你，孩子，愿你健康、愉快。紧紧地拥抱你。

你的父亲

---

① 萧斯塔柯维奇，1906 年 9 月 25 日—1975 年 8 月 9 日，苏联时期最重要的作曲家之一，20 世纪世界著名作曲家之一。——译者注

第五封信

亲爱的儿子，你好！

来信收到，你们总算开始上课了。你非常兴奋地谈到你们的无线电物理学和电子学研究室，说它有很好的设备，还说这个专业符合你的志向，这使我感到很高兴。如果以后生活能够证实无线电物理学确实是你喜欢的专业，那你就是一个非常幸福的人了。志向不是别人能够强加的。要不是从中学（好像是二年级）起你就经常琢磨收音机的线路图，要不是参加过无线电课外活动小组，你会有今天的志向吗？志向只是才能萌发出的一个小小的芽苗，只有在劳动这片肥沃的土地上，才会长成粗壮的大树。没有劳动热情，没有意志努力，志向这棵幼芽就会枯萎。

有明确的志向，又有适合自己志向的工作，这真是人生的一大幸事。马克·吐温有一篇很有趣的小说，讲的是天国的事情。马克·吐温笔下的天国，没有安琪儿，没有圣徒，也没有游手好闲的懒人。天国的居民和在尘世时一样，也要干活，不同的只是，在天国，他们做的是自己喜好的事情。一个无声无息活了一辈子的鞋匠，死后成了天国声名显赫的大将军；而人世间的大将军，却在天国的将军府屈就，怡然自得地做起了小文书；一个因为文章写得冗长无味遭到读者厌弃的作家，终于在死后找到适合自己的职业——金属旋工；还有一位误入教师行当的老师，自己痛苦了一辈子，也让学生受尽折磨，死后成了一名出色的会计师。

我不止一次地读这篇小说。我总是想，要是尘世的人也能各尽其才，各得其所，因而各得其乐，该有多好啊！遗憾的是，现实生活中，不喜爱自己的工作，因而感受不到劳动快乐的人比比皆是。

人生最大的快乐是什么？是劳动创造。创造性劳动和艺术创作有相近之处，这就是都需要娴熟高超的技艺。如果人被自己的劳动所吸引，他就会竭尽全力，使劳动过程和劳动结果都变得尽善尽美。我曾对你提起过我们的园艺专家叶菲姆·菲利波维奇。像他这样的人，我一生中见到的还不到二十个。他的工作完全可以和伟大的艺术家相媲美。斯坦尼斯拉夫斯基①在戏剧舞台上塑造人物，普拉斯托夫②在画布上创造生活，而叶菲姆·菲利波维奇的艺术创作对象就是一棵棵的树。我曾经见过他怎样从各个侧面反复端详用作砧木的小树，寻找他所说的"唯一"合适的嫁接点，然后小心地切入接穗。在叶菲姆·菲利波维奇的照料下，树遂人意，神奇般地呈现出千姿百态、娇媚动人的造型。创造性劳动使他成为自己这一行的艺术家和诗人。要把叶菲姆·菲利波维奇给树冠造型的手艺学到手，必须和他一起工作好多年。学习这门技艺的过程也是认识人、理解艺术和体验美的过程。生活的幸福就在这样的劳动中。对此，斯坦尼斯拉夫斯基曾经说过这样一段话："人生的幸福在哪里？在认识活动中，在艺术创作和理解艺术美的过程中。你在创造和认识艺术的同时，你也在认识自然、生活、生命，也在认识自己的心灵和才能。没有什么比这更让人感到幸福的了。"

记住，儿子，能够使人认识并且展示自身才能和美的劳动，才是真正的劳动。在成千棵三年生的小树中，我总能找到叶菲姆·菲利波维奇亲手培育的那些树。他培育的树，树冠都朝向太阳，枝条错落有致，互不遮挡，太阳能够照射到每一片叶子。

---

① 斯坦尼斯拉夫斯基，1863—1938年，俄国著名戏剧和表演理论家。——译者注
② 普拉斯托夫，1893—1972年，苏联人民艺术家、苏联美术研究院院士、斯大林奖金和列宁奖金获得者。——译者注

"您是怎样做到这些的？"有一次我问叶菲姆·菲利波维奇。

"人的智慧长在手指尖上。"他回答，"我从三岁起就干活，建议你们也这样教育学生。还有一点不能忘记，就是每一个人都应该努力成为自己这一行的专家。不要满足于挣钱糊口，要在每一个人的心灵里燃起创造的火花。只有这样，才能培养出真正的人。"

人的志向是教育者培养的，但是，人自己也是自己志向的主人。"啊，做个无线电物理学家多好啊！啊，我多么喜欢无线电物理学啊！"我冷静地对待你的这种热情。人喜爱的是自己为之付出过心血的事物。你对无线电物理学有兴趣，这很好。但是你要记住，仅仅有兴趣是远远不够的，要使兴趣变成志趣，还必须付出极大的劳动。兴趣是被乘数，劳动是乘数，只有乘数比被乘数大许多倍，才可能得到可观的乘积。我想对你提出几点建议。科学的发展日新月异，你需要掌握的知识很多，而老师在课堂上讲授的只是其中极小的一部分。如果你真想做个出色的专家，你就必须密切注视无线电物理学领域的新成果，要给自己立下规矩，每天（真正意义的每天，包括节假日）都要阅读、钻研至少五页的本专业和相近专业——电子学、仿生学、天体物理学、宇宙生物学——的学术杂志。我再重复一遍：每天都要坚持。

我不是偶然使用"钻研"这个词的。大学生应该研究问题，就是说应该深入思考，寻找事实与结论的联系。记入笔记本的只应该是自己思考过的、深深印入头脑的东西，不要照抄教科书和别人的论文。对你认为符合自己志趣的事物深入思考得越多，这些事物就越会符合你的志趣。

我还有一个建议。任何一个专业都包括理论思考和实际操作两个部分。在无线电物理学领域，也许实际操作特别有趣。你要利用一切机会到实验室和工场去实践，亲手装配收音机和用无线电控制的运动模型。这些事情你中学时做过，现在应该做得更有水平一些。要精益求精，任何时候都不要满足于"过得去"，这是培养志向的必由之路。失败了没有关系，再来一次就是了。哪怕是最简单、最粗笨的活儿也不要轻视。要勤练你的双手，使它成为你最得心应手的仪器和工具。我这里有一篇关于手和手的劳动的文章，很有意思，我把它和这封信一起寄给你，希望你能和我一样感兴趣。科学证明，人的手能够按照人的意愿做出几亿种与创造性劳动相联系的动作。劳动和创造之所以美，真正的志趣之所以有很大的吸引力，秘密就在这一双神奇的手上。如果你想做一个真正的工程师，就要努力磨炼你的手，使它变得和你的心一样灵巧。

请到书店看看有没有关于劳动心理学和创造心理学方面的新书。有的话，替我买几本寄来。

祝你身体结实，精力旺盛。拥抱你，吻你。

你的父亲

第六封信

亲爱的儿子，你好！

　　你来信同我激烈争论，很好，实在是好极了！看来志趣的问题确实是一个非常激动人心的话题。你指责我过高估计了教育和自我教育的力量，而对禀赋的作用却认识不足。确实，贝多芬在五岁时就写出了自己的作品。但是，这首先要归功于他极为优越的童年生活环境。尽管贝多芬有很好的禀赋，但是如果在他的生活里没有任何乐器，周围的人也不知道旋律为何物，他成不了音乐家。我相信世界上有许多极富音乐天赋的人被荒废；也有许多人，如果他们有优越的发展环境，本来是可以成为著名学者、诗人、作曲家的。我们说共产主义是人道主义的最高体现，正是因为在共产主义条件下，任何人都能获得发展天赋的理想条件，所有潜在的禀赋都能开花结果，成为人的实际才能。让人人都成为有才能的劳动者和创造者——有才能的钳工、电焊工、农艺师、畜牧家，这正是共产主义教育的理想。我认识这样一些人，他们的天赋恰恰是被教育激活的。共产主义制度使人的自然本质和社会本质有机地融合在一起。当然，教育也必须以人的先天素质为基础。我之所以喜爱自己的教师职业，正是因为教育工作的主要内容，就是在了解学生秉性的基础上精雕细刻，使他成才。我的工作总是从了解学生开始。我小心翼翼地走进学生的内心世界，轻轻触动它的各个角落，力求在最隐秘的部位发现学生心灵中善的、符合人性的东西，发现他的天赋和才能，这需要十分高超的教育技巧。你看我面前的这个学生，学数学很吃力，学文法也不轻松，既没有明显的抽象思维能力，也没有明显的艺术思维能力。那么他有没有什么长处呢？有，肯定有，只是还隐藏在某个角落没有被人发现，他的幸福、未来就指靠着它们！如果教育者善于发现他的长处并且精心培养，他就可以成为一个能干的机械师、庄稼人或者心灵手巧的钳工、细木工。我坚信，总有一天我们的社会再也不会出现没有才能和学识、对生活失去信心的人。每一个人内心的闪光点都会被发现、光大。尽管现在这还只是理想，但是我坚信教育的强大力量。

我认识一些人，他们迷恋看起来最简单、最普通的工作，成了自己这一行当里有高度创造性和精湛技艺的高手。正是由于天赋素质与后天教育的相互作用，才使他们的生活放射出夺目的光彩。我的朋友、两次获得社会主义劳动英雄称号的电焊工阿列克谢·乌列索夫就是其中一个。他对我说：

"从小建筑工地就吸引着我。一个电焊工人的工作让我着了迷，我像影子一样跟在他后面，请求他教我，于是我学会了电焊。我修建过水电站，也在西伯利亚建设过新的城市。'你在创造一个世界'——这种幸福的感觉，一生中哪怕只有一次也是值得的。"

我还有一个朋友，他就是我国著名的畜牧学家伊万诺维奇·施泰曼。看看他是怎样认识自己的工作的。

"我从来没有上过天，也没有登过山或是下过海。我的一生大部分时间是在牧场和牛栏里度过的。但是每当我回忆起过去的生活和工作，我总觉得自己是一个旅行者。我一次次地在人迹罕至的小路上艰难跋涉，不知道前方有什么困难在等待着我；我也不止一次地觉得自己好像是个登山运动员，竭尽全力，向着一个又一个顶峰攀登……"

好好想想这些话，孩子！伊万诺维奇·施泰曼过去给别人放牛，小时候没有上过一天学。他在卡拉瓦耶夫国营农场工作了一辈子，他是在顽强的劳动中成长为著名学者和科学博士的。

这些事例又一次向你证实，人是自己志向的创造者。只有劳动才是通向智慧、创造、科学的道路。

树立志向，这意味着要有所作为，有所建树，而不是熟记现成的结论或者坐在那里绞尽脑汁地思考"这个工作……喜欢？还是不喜欢？"人喜欢的是自己倾注过心血的事业，这是最重要的。再一次提醒你，任何时候也不要轻视最粗笨、肮脏的劳动，创造活动往往就是从这样的劳动开始的。

再见，亲爱的儿子。祝你身体健康，精神愉快。

你的父亲

第七封信

亲爱的儿子，你好！

寄来的短信收到了，我也回给你一封短信。你在信中请我给你 45 卢布买半导体收音机，你说几乎所有的大学生都有了这种收音机。

给钱你买需要的东西，任何时候我都不会心疼，但是我不同意你买半导体收音机。原因很简单——它已经成了一种公害。记得吗，有一次我去看你，我们坐在街边的公园里休息。公园很美，到处都是树木花草，只是没有见到小鸟，大喊大叫的半导体收音机把公园里的小鸟吓跑了。不管白天黑夜，每一棵灌木树下都传出收音机的吵闹声，或者哼哼唧唧，或者哭泣哀鸣，或者声嘶力竭地吼叫。为了炫耀，每个人都把自己收音机的音量放得大大的，就像吵架似的，竭力压倒别人。公园里听不到大自然的音乐。你知道什么是大自然的音乐吗？林中树叶的絮语声就是。在灿烂的阳光下，它们用一种旋律歌唱；在有风的天气里，它们又用另一种旋律歌唱；就是面对狂风暴雨，它们依然在歌唱……咱们镇上的小树林很快也要被半导体收音机毁了。有个星期天我到林子里去，想听听大自然的音乐。可是刚刚在草地上躺下，震耳欲聋的爵士音乐声就扑了过来……

你弹得一手好手风琴，难道你不想在空闲时间弹奏一会儿？或者学学小提琴，要知道你有很好的听力。去买一把小提琴，把半导体收音机的事情忘掉吧。中年和渐近老年的城市居民已经开始诅咒这个玩意儿了：简直不能开窗户，一打开窗户，那些难听的声音就立即冲了进来。即使是为了表示对人的尊重，也应该拒绝这种收音机。你想想，节假日里，成千上万的人到森林和公园散步、休息。如果人人都带上一个收音机，将会是个什么景况？公园岂不是变成让人受罪的地狱？

现在一部分人对待精神珍品特别是对待音乐的消费态度使我不安。他们不想学拉提琴，不想学弹奏柯布札①，也不想学唱歌。他们满足于听唱片，一摁按钮，音乐就来了，不需要学习，不需要思考，人就这样轻而易举地变得越来越愚笨。

夏天你回来，我们一起去听听大自然的音乐：听听晴朗夏日原野的音乐，听听日暮时分晚霞的音乐，听听六月夜空里星星的音乐，听听秋天忧郁落叶的音乐。难道你忘记了我们全班同学在田野里听到的云雀的悠扬歌声？

给你寄去45卢布，拿去买小提琴和自修教材，不要舍不得。如果不愿意学小提琴，就用这笔钱买些艺术方面的书。不要错过了《乌克兰艺术史》第一卷的发行，它该出版了。

祝你健康、愉快。拥抱你，吻你。

你的父亲

———————

① 柯布札，乌克兰的一种拨弦乐器。——译者注

第八封信

亲爱的儿子，你好！

你最近的一封信很是让我担忧。你把大学学习看得太简单了。学习生活还没有开始，你就做出了结论，说什么在大学比在中学轻松多了；在大学没有人像管孩子那样每天来过问你，你可以集中精力自学了……

不要忙着做结论，努力以好的成绩通过进大学后的第一次测验和考试。你要明白一个简单的道理：如果你真想做一个有创见、会思考的专家，你在大学就要拼命学习。在大学没有什么绝对轻松的学习。中学时代你学到的只是科学体系中最基础的东西；只有进了大学，你才有机会读到科学这本大书，才有可能一页一页地琢磨它们。我要再一次提醒你，大学生必须要有钻研的精神。大学生的工作不是坐着听几堂课，而是要掌握科学。

说到听课，你也必须明白，它决不像你想象的那样容易。讲台上站着的，是系统讲授一门学科或者它的一个专题的学者。你要弄懂的不仅是知识本身，还有教师的学术观点和他所属学派的主要思想。这些，你只有通过系统听课才能明白。

听学者讲课，需要很高的技巧。在中学时，我们就努力培养你们听课的基本技能，但是中学在这个方面受到许多限制。大学就不同了。大学里除了上课，还安排有思考、讨论、研究的时间，可以发表不同的意见。这正是你需要学习的重要内容。你要掌握一边听讲、一边记笔记、一边紧张思考的技能。建议你在笔记本的后面留下几页，专门记下遇到的问题和自己的想法（可以是短短的几行或者半页）。

不思考，不讨论，听课就成了一个机械的过程，大学生也就成了记笔记的活机器。对这种危险要畏之如火。如果大学生只知道记笔记，然后把它背下来，再原封不动地用它回答问题、通过考试，如果他的脑子里没有任何自己智慧劳动的成果，那就说明他不能胜任大学的学习，他的记忆也一定是残缺不全的。哪里有呆读死记，哪里就有考试作弊；而作弊会毁灭人的创造性思维，这才是最可怕的事情。

在我们的时代，不坚持学习就很难胜任工作。无论你以后到哪里——工厂、实验室、科研所或者中学，你都不要忘记，科学正在进入我们的日常生活和社会生活。如果你决心做个学者，你就要明白，你从事的劳动要比其他任何劳动都艰苦百倍。从青年时代直到你生命的最后一刻，每一天，一连几个小时，和你对话、做你老师的，只有书。大学时代就应该为做学者做好准备，在学习期间就要积累科学研究的经验。读书应该永远是你精神生活的重要内容。你必须拒绝许多诱惑，同时也必须强迫自己接受许多本不愿意接受的东西。我一天工作十四个小时，有时十六个小时，对此你是很了解的。如果你想成为一个学者，也必须这样做，不是以后，而是从现在就要开始。科学要求的不仅仅是智慧，它还需要勇气、勤劳和耐心。愿你做一个勇敢、勤劳、坚韧的人。

祝你身体健康，朝气蓬勃。

你的父亲

第九封信

亲爱的儿子，你好！

　　我在无意中看见，你的一位同学在宣读自己的辩证唯物主义哲学提纲时问旁边的同学："'世界的可知性'……这是什么意思？"那位同学枯燥和费力的回答使我吃惊。看得出来，对哲学，他们谁也没有兴趣。当时我不由得想起了三十年前的一个晚上，那时我们四个语言文学系的一年级大学生热烈讨论的也是这个问题——世界的可知性。

　　消极、冷漠地对待最能激动人心的科学问题，这种状况是怎么形成的？为什么科学真理不能使人激动，不能打动人心？我为此感到很是不安。我想告诉你一位妇女的故事，它就发生在我们中间。这个妇女的命运非常有教育意义，它告诉我们，如果知识不能触动人的心灵，不为人珍视、亲近，人的精神会空虚到什么程度。

　　和我交谈的是一位三十来岁的妇女，聪慧，漂亮，十年前毕业于我们共和国的一所大学。她给我讲述了自己不轻松的经历。在今天，在我国，乍一听到她的故事，一定会让人觉得离奇、不可思议。

　　"我生长在一个诚实、勤劳、对子女要求严格的家庭，母亲和父亲都是虔诚的教徒。在青年早期，我的精神世界和亚·尼·奥斯特洛夫斯基①的话剧《大雷雨》中的主角叶卡捷琳娜的精神世界很相近，也是那样热情，一种封闭、孤僻的热情，也是那样敏感，细腻、易受感动。中学时我们读过《大雷雨》，是的，读过。"她深深叹了口气，重复地说，"我屏住呼吸，一口气读完了剧本。剧本给了我意想不到的启示。我仿佛看见剧中的人物从书里走了出来，我想让她分享我的思想和我的不安。叶卡捷琳娜的命运使我的思想、情感发生了极大的变化。要知道我曾经像她一样相信上帝，相信上帝无所不知，无所不能。是叶卡捷琳娜悲剧性的毁灭使我怀疑起上帝来：为什么人为了证实自己的正义就必须去死？为什么那些可怕的人要借上帝的名义制造罪恶？

"是的，我信过上帝。我的父母到现在还信仰上帝，他们都是很诚实的人。在一些人——演讲者、老师、作家看来，'诚实'和'相信上帝'是不可以用在同一个人身上的。他们认为，一个人如果相信上帝，就说明他多少有点卑鄙、伪善，或者是个宗教狂热分子。这个意思他们从来不明说，但是从他们的话语里能够很明显地听出来。我就是从老师的话语里感觉到的——他是这样宽恕叶卡捷琳娜的：她误入了歧途，但是她生活在那样的年代，有什么办法呢？他的这种宽恕激怒了我。我感到这是在宽恕我和我的父母。老师的话一字一句都让人感到，谁要是信了上帝，谁就多少是个傻瓜。但我并不觉得自己傻，我也不想做个傻瓜……

"您知道，在很多人的眼里我很古怪，甚至几近疯狂。读完中学，进了大学自然科学系，又以优异的成绩毕了业（人们根据毕业证书的评语这么认为），然而却进了修道院，成了一个修道士。是的，一个女修道士。

"许多人认为我虚伪，不相信我的宗教感情来自内心。事实上我大学的许多熟人都这样议论——自然科学系和宗教，极为科学的达尔文主义和信仰上

---

① 亚·尼·奥斯特洛夫斯基，1823—1886年，俄罗斯剧作家，其代表作《大雷雨》成功塑造出一个富有感情、酷爱自由、不堪凌辱、以死抗争旧势力的叶卡捷琳娜形象。——译者注

帝，科学唯物主义教育（所有的人都认为，大学毕业就意味着受到了很好的科学唯物主义教育）和修道院……这些对立的东西怎么可能在一个人身上并存呢？于是许多人就认为我是个假善人、伪君子。他们认为，在宇宙时代，一个有高等学历的人，居然相信上帝……这个事实本身就不合理；还有人推测我有了什么个人悲剧，比如失败的爱情……

"但是，我不是伪君子，生活中也没有什么悲剧。有人听了也许会觉得骇人听闻、不可思议：恰恰是中学讲授达尔文理论和大学讲授一系列自然科学知识的课堂巩固了我对上帝的信仰。

"您问我对这句话应该怎样理解，这也确实是问题的要害。现在，当我在修道院生活过两年，当我在修道院的大墙内明白了宗教世界观和宗教道德的实质，成了一个无神论者的时候，我可以以一个过来人、一个研究者的身份来谈论这个问题。问题就在于，在中学也好，在大学也好，我都只是一个记忆和复述知识的机器。在一个个课堂里我学到了许多的知识：什么是物质，复杂的生化过程如何进行，其他的星球有没有生命，宇宙又是怎样产生的……但是，我忙忙碌碌学这些知识为的是什么呢？就是为了把知识记在脑子里，为了考试时把它们倒出来，换回一个分数。渐渐地，我的思维乃至整个精神生活就形成一种非常可怕的惰性：储存知识，在需要的时候再把它们释放出来。在释放知识，回答老师和教授的问题时，我感到一阵轻松，但随即又紧张起来，再去储存那一份又一份的新的知识。

"所有学过的知识都只是在意识的表层一晃而过，没有触动心灵。老师和教授没有要求我们思考知识的真理性，也没有要求我们用真理的尺子衡量自己和自己看到的事情。既然真理从未激起过我们的情感，因而真理也就从未使我们折服。

"现在我可以评价文学在我的精神生活里应该起的作用了。文学从心理学、社会学的角度认识人，它是中学开设的唯一的一门与人类社会学有关的课程。因此，我认为文学课应该完全不同于其他课程。文学课上的谈话，应该是与人讨论人的谈话，而不应该把文学知识割裂开来，一份一份地交给学生，让学生用它来换取分数。我坚信：如果老师在分析叶卡捷琳娜时能够走近我的心灵，如果他善于了解我需要什么，我在想什么，如果他能让我懂得，为幸福而斗争是人的最高幸福，这种斗争是每一个人都应该做，而且都能够做的，那么我的生活道路就可能完全两样，不会白白浪费了青春岁月。我不是专家，不能评判应该怎样讲授文学课，但是我明白，文学课应该引导学生认识人、认识自己。

"实际上中学里没有人类社会学的课程，我渴望开设这样的课程。我奇怪地问一位我熟悉的文学教师：为什么在中学大纲里没有陀思妥耶夫斯基的作品？为什么没有柯罗连科，没有那些深入到人心灵深处的作家，如：加尔申、格列布·乌斯片斯基、库普林、萨尔特科夫·谢德林、保斯托夫斯基、普里什温①的作品？为什么甚至都不把它们推荐给学生课外阅读？阅读托尔斯泰和契诃夫的反映人的痛苦和忧伤的作品，不也能帮助学生认识人、认识世界吗？还有，为什么不读《堂·吉诃德》？不读这本充满善良、激情和深刻思想的百科全书，怎么能想象对人的教育？

"在修道院，我如饥似渴地阅读神学书籍，苦苦思索，这反而使我成了无神论者。我企图在神学里寻找人的尊严，我却越来越惊奇地发现宗教是在怎样残酷地伤害人、凌辱人。我发现宗教视人为毫无价值的尘土。直到那时，我才开始真正思考我在中学和大学究竟学了些什么？我在心里一页页地复习我学过的生物、物理、化学、历史、文学、辩证唯物主义和历史唯物主义知识。这些知识给了我意外的启示，使我恍然大悟。我仿佛是初次接触它们，所有的知识都走进了我的心灵。我想起了布鲁诺的遭遇。那是一个阴沉沉的雨天，我坐在修道院的凉亭里，以前学过的历史事件一幕幕地在我心里掠过。突然，太阳把我眼前的世界照得通亮。我仿佛看见成千上万的罗马人围挤在

---

① 陀思妥耶夫斯基，1821—1881年，19世纪俄国最伟大的小说家之一，其代表作《罪与罚》以及《白夜》《白痴》《被侮辱与被损害的》等作品为中国读者所熟知。——译者注

熊熊的火堆旁，怀着无聊的好奇心观赏着教会怎样处决这个胆敢不信上帝的人。这幅画面是如此清晰，它指引我站了起来。我走上林荫道，登上可以眺望河面和整个城市美景的山丘。那一刻我真想拥抱世界，拥抱生活。我为布鲁诺的壮举而骄傲。布鲁诺！布鲁诺才是真正的上帝！如果真要祈祷，我就对他祈祷。我笑了。在英雄布鲁诺面前，上帝是那样地渺小。我可怜起上帝来，我笑了。

"我为自己是个人而自豪。我重新审视了在学校和修道院里学过的所有知识。这种独立思考对我来说实在是太珍贵了，可惜太晚了。我不得不在二十五岁时去发现十六七岁就应该知道的真理。最主要的是，在青春早期我就应该通过艺术作品认识到人是多么伟大。可是我没有做到，青春岁月因此而荒废。

"与宗教决裂并没有像人们以为的那样使我感到痛苦。相反，我感到轻松，好像获得了新生。修道院院长问我为什么要离开修道院。在明白了我的观点有多么危险后，她急着撵我走。我立即给我爱的人写了封信。他正处在深深的痛苦中，他认为我进修道院是一种不幸。爱人收到信后飞奔而来。我们结了婚，现在有了儿子，生活得很幸福……"

这就是一位妇女的故事。她令人感叹的命运引起我深深地思考。你也好好想一想：为了使科学真理打动人心，我们应该做些什么。请来信谈谈你对这位妇女命运的感想。现在一些人对读书，对科学共产主义思想不感兴趣，这是为什么，也请谈谈你的看法。

再见，亲爱的儿子，我们已经在盼望着你放寒假了。拥抱你，吻你。祝你健康、愉快。

你的父亲

第十封信

亲爱的儿子，你好！

你说得对，精神空虚是由青年早期只知记诵，很少思考造成的。你在信里写道："总是要求我们背呀背的，搞得我们甚至都没有时间去思考科学真理的实质。"

是的，很遗憾，事情确实像你说的这样。但是，学生，甚至大学生，在听老师讲授知识的时候，为什么就不一起思考知识的实质呢？为什么强大的精神力量——我们的共产主义真理、伟大的科学知识——常常不能打动人心？一个姑娘进了修道院，我们感到震惊、不可思议。但是，很多年轻人脱离正确的思想轨道，失去美好的理想，或者在啤酒馆里消磨时间，或者在不三不四的舞会上寻找刺激，对此我们却无动于衷，这又是为什么呢？

使知识真正融入人的心田，使教育充满崇高、美好的情感，在我看来，这是中小学教育乃至高等教育的头等重要的事情。现在到处都在说我们的时代是数学时代或是电子时代、宇宙时代。这些形象的说法没有错，但是没有反映出我们时代的实质。世界正在进入人的时代，这才是主要的。最近，一些人不知道出于什么动机，一个劲地鼓吹一种叫人无法容忍的愚蠢偏见，说是谁要是缺乏数学才能，谁就是没有多少价值的不幸的人。然而事实是，在我们社会，有不少虔诚的宗教徒拥有技术学校或者自然学科系的中等、高等学历。我要是说出他们在宗教信徒中的比例，有些人就要好好想想，到底应该怎样称呼我们的时代：是数学、宇宙的时代？还是人的时代？

你渴望做一个优秀的工程师，这很重要。但是，你首先应该努力做人，这更重要。我们要比以往任何时候都更认真地思考：我们究竟应该往人的心灵灌输些什么。现在大多数的青年在进入大学以后就不再接受人文教育了，这使我非常不安。我这里指的是广义的人文教育——陶冶道德情操，培养审美情趣，养成细腻、美好的情感和关爱、理解、同情的秉性。为什么你们的同学彼此那么冷漠？为什么他们对身边的人在做什么、想什么毫不关心？为什么人没有成为每个青年最重要的认识对象？为什么对人的认识不能成为你们，我的年轻的朋友们最感兴趣的认识？所有这些问题，根源统统在于我们放松了对人的情感和审美教育。

防止人精神空虚的工作不仅别人要做，每一个青年自己也要做。我给你说过，无论是听课还是读书，都要勤于思考。要掌握每门知识的体系和精髓，要把科学真理与生活、与自己的命运和个性加以对照。只有这样，共产主义真理在你心中才是神圣的。你正在学习辩证唯物主义认识论，看起来它似乎是纯理论，不很贴近生活；但是实际上，我们的物质和精神享受都离不开科学认识论，因为只有认识了世界，人才可能获得幸福。在听老师讲解辩证唯物主义认识论时，你要联系自己的实际，想一想怎样利用自己的知识和劳动为丰富人民的物质、精神生活做出贡献？还要想一想，揭示自然奥秘，认识人类社会，又将会给你自己带来怎样的快乐。你要给自己制订一个长期的学习计划，因为再过上十年、十五年，将会有一半的科学知识是你现在完全没有学过的。

接受人文教育，学习做人，也是自我教育的重要内容。把自己培养成人，这是最重要的事情。五年可以学成个工程师，而学做人却需要一辈子的时间。要使自己具有人的灵魂。净化自己心灵的最主要的手段是美。这是广义的美，是艺术美、音乐美、热诚待人的心灵美。关于这个问题，我们以后还要谈。

最近我很忙。我要尽快完成关于学校教学、教育工作的论文，好送去复印。

拥抱你，吻你，祝你健康、愉快。

你的父亲

第十一封信

亲爱的儿子，你好！

  读了你的信我十分惊恐，直到现在，我还在想你说的那两个人的罪行——一个工人，一个大学生，因为一点小事与人发生口角，就把对方杀了。

  这件事情再一次迫使我们检讨我们的教育，迫使我们深思人的精神状态。我国一半的居民是二十六岁以下的青年，我们应该惦记他们，为他们的精神成长操心。我们的人在中学毕业以后，甚至更早一些，在读完八年级以后，就完全脱离了有智慧的、真正的教育者的影响。除了少数例外，大学和技术学校实际上放弃了对学生的教育，对此我十分担心。不少地方青少年犯罪率正在上升，这个我有准确的数字。对这种危险的现象，我们难道可以视而不见，或者轻描淡写地说上几句吗？当你看到有许多年轻人，杀人对他们来说，就如同拍死一只苍蝇，当你看到法庭判决一个二十岁青年的死刑，得知他在杀人的当晚就拿着从受害者口袋搜出的三个卢布到酒馆喝伏特加（这事就发生在克列明楚格市），这时，难道你的心情会因为"我们的青年总体是好的，青年中有成千上万的英雄"而变得轻松一些吗？

  无论怎样高深的数学，无论怎样先进的计算机，都无法计算因为放松对青年的道德教育而造成的巨大损失。我们的普通教育向着数学、物理等自然学科大大倾斜，一些同志因此而沾沾自喜。但是，如果他们有机会读到那些可怜母亲（她们的儿子不满二十岁就沦为罪犯）的来信，就会明白这种教育失误给我们的社会造成了多么可怕的后果，它的危险性，丝毫也不比姑娘拿着自然科学系的文凭进修道院这件事情小。

青年中正在形成一种极坏的风气：到了俱乐部、舞场或者体育场，第一件事情就是喝酒，酗酒已经成为社会的灾难。这不是危言耸听的俏皮话，而是苦涩得让人难以接受的现实。这种丑恶现象带给我们的痛苦，并不因为我们正准备飞向月球而有一丝一毫的减少；相反，正是因为它发生在科技发达的今天，我们才更加感到痛苦。

大约是两个月前，我去了一次人民法庭，审理的是一个十九岁的小伙子在舞场闹事的案子。当法官讯问被告职业时，他竟然昂着头说"小流氓！"他希望用这种挑衅的回答显示自己勇敢，结果却适得其反。这句故意大声说出的话让人感到哀伤……面对这个罪犯，最先涌上我心头的感觉是怜悯。我可怜这个被毁掉的人，我对导致青年毁灭的人感到愤怒。我坚信，首先应该对此负责的，是所有的教育者——父母、老师、少先队和共青团组织；我还坚信，犯罪的根源可以追溯到童年和少年时期，而且它的主根就是情感冷漠，对人、对生命、对美好事物毫无怜悯之心。肆无忌惮地践踏花木，虐待小猫小狗的孩子是潜在的罪犯；因为从残忍地对待有生命的动植物，到残忍地对待人，只需跨上一小步就够了。自然赋予了人发展美好情感的最大潜力。我想把人的这种潜力比作一个神奇乐器上的无数根琴弦。琴弦能够发出各种声音，从最轻柔的到最高亢的；人也能够产生各种感情，从最温柔、最细腻的到最刚强、最粗犷的。琴弦不调准音律，乐器就弹奏不出乐曲；心灵不受到教化，人也就只能永远地愚昧、荒蛮。人性就是这个神奇乐器上最精细的一根琴弦。你会有孩子的，你也会为他成人而担惊受怕、劳神费力。你必须懂得，造就一个人，最主要的，是教育他珍惜生命，把生命看作最珍贵、最无价的财富。要调准人心灵中那根人性的琴弦，首先就必须引导孩子为了别人的快乐和幸福而劳动，让他自己也从中体验到极大的人的快乐和幸福。丧失人性、愚昧残忍，这是最可怕的邪恶。怎样教育自己的孩子，怎样防止人性的迷失，你们年轻人不妨听听父辈的教诲。

但是，只是要家庭、学校、少先队和共青团组织为犯罪行为承担责任，也是不公平的。人在少年期（我认为从十二岁起）就应该具备自我教育的能力；一进入青年早期（从十六岁起），自我教育就应该成为每一个人，每一个中学生、大学生最重要的义务。我很想知道你是怎样看待自我教育问题的，你认为在自我教育中什么最重要。

再见，亲爱的儿子。愿你结实、愉快。拥抱并亲吻你。

你的父亲

第十二封信

你好，亲爱的儿子！

　　谢谢你热诚但是有点条理不清的来信。你想一口气把所有让你激动不安的想法都告诉我，大概也就顾不上在条理性上多下功夫了。

　　你认为在自我教育中，自我约束是最重要的，也就是说人必须能够强迫自己工作，善于提出并且实现行动的目标。意志力对于自我教育当然很重要，但是在我看来，意志本身是自我教育的结果，自我教育是更深层次的东西。

　　自我教育从自我认识开始，但是人很难正确估价自己，他们往往自我欣赏，认为自己是理想的人，是英雄。我建议你多读一点描写真正英雄的书。读了他们的事迹，你就会用一个公民的眼光来重新认识世界，认识自己。有一本介绍米哈伊尔·帕尼卡科英雄事迹的书，你找来看一看。这位共青团员来自德聂伯罗彼特罗夫辛纳，牺牲时才二十岁。在斯大林格勒保卫战中，当他正准备把燃烧瓶投向驶近的法西斯坦克时，一颗子弹击穿燃烧瓶，他的衣服着了火。他像一个火球扑向坦克，用自己的身体点燃了它。敌人的坦克烧毁了，他自己也在大火中光荣牺牲。德国士兵被他的壮举震慑，停止了开枪。人们把米哈伊尔·帕尼卡科称为伏尔加要塞的丹珂。世界上还有谁能与这样的英雄相媲美呢？在他面前，斯巴达的武士，守卫温泉关①的英雄也都黯然

---

　　① 温泉关，古地名，位于希腊东部爱琴海沿岸，此处背山靠海地势极为险要，公元前480年希腊人和波斯人在此有过一场激战。——译者注

失色。米哈伊尔·帕尼卡科的精神会像火炬一样把你的心照得通明，不让它留下一点阴影。在这个瞬间，你会十分向往像他一样，也做一个道德高尚的人；你会热血沸腾，恨不得马上投身于伟大的事业，为亲爱的祖国做点什么。

要创造这样的瞬间，要珍惜自己在这一瞬间的崇高的道德热情，这非常重要。在一个个你所景仰的英雄面前，你最终会对自己提出这样的问题：我是一个怎样的人？我为什么而活着？我也能像英雄一样建立功勋吗？

你还应该读一读远在西伯利亚的联合收割机手普罗科菲·涅克托夫的事迹。战前他是集体农庄的联合收割机手，战争中失去了双脚。他十分忧郁，觉得自己是家庭的累赘。是布·波列伏伊①的英雄事迹鼓舞了他。他装上假肢，用极大的毅力学会走路，重新登上了联合收割机的驾驶台。为嘉奖他的出色劳动，苏联政府授予他"苏联劳动英雄"的光荣称号。

还有在敖德萨农业试验站工作的伊万·卢基奇·莫尔达科夫斯基。他在前线受了重伤，医生截去了他的双手。他的左腿也严重残废，不能弯曲。就是这样一个人，读完了农学院，成了一名农艺师。

像他们这样的人，仅我认识的就有十八个。在哈尔科夫州的彼得罗甫诺夫斯克（离我们家很近）有一个名叫格里戈里·尼基福罗维奇·兹米延科的拖拉机手。战后，拖拉机触雷使他失去了一只脚。和普罗科菲·涅克托夫一样，他也依靠坚强的意志回到了自己的岗位。要是把所有英雄人物的事迹都收集起来，可以编成厚厚一本书。它是教导青年人学习生活的教科书，也是青年人自我教育的最好教材。我相信以后会有这本书的。

还记得吧，夏天时我答应过给你讲苏联战士阿列克谢·别秋克的英雄事迹。他在执行战斗任务时被俘。因为拒绝回答法西斯匪徒提出的任何问题，敌人先是割掉他的左耳，然后割掉他的右耳，最后又凶残地割掉他的舌头。深夜，敌人把阿列克谢·别秋克押到河边，命令他向前跑，朝他开枪。他倒

---

① 布·波列伏伊，苏联飞行员，人称无脚飞将军。苏联卫国战争中失去双脚，后经顽强努力，终于驾驶飞机重上蓝天。——译者注

在了水里，这救了他。他忍着剧痛，艰难地回到了我军阵地，被送进了医院。

我在医院见过阿列克谢·别秋克，我们的病床几乎并在一起。孩子，好好向他学习，用他的光辉照一照自己的内心世界，做一个保卫祖国的忠实战士。要知道，在我们的生活中，最可宝贵的，就是伟大的祖国和亲爱的人民。缺了任何一个人，祖国都一样巍然屹立；但是任何一个人没有了祖国，他就会变得微不足道。自我教育，首先就要使自己成为一个爱国主义者。

好了，现在该把话题转到你的信上来了。你在信里谈到一些人犯下的可怕罪行。他们之所以空虚、愚昧、狭隘，正是因为他们缺乏人最重要的东西——对祖国的爱。爱祖国，这是最纯洁、最温存、最细腻，同时也最高尚、最强大、最坚决、最严酷的感情。一个真正热爱祖国的人，在各个方面都会表现得像一个真正的人。

要培养自己圣洁的感情，儿子。祖国是千年的大树，让我们每一个人都做这棵大树上充满生机的枝叶。要记住，我们的祖国永远不会对侵略者屈服。真正的爱国者可以被枪杀、火烧、活埋，就像法西斯匪徒干过的那样，但永远不会被征服。

要努力做一个真正的人，不要有任何的自卑；不要以为英雄都是些特殊的人，而自己却是个小人物。在苏联，人不是任由命运摆弄的尘埃。要有坚定的理想，要攀登精神美好的高峰……

要不断磨炼自己，造就自己的人性。对邪恶、欺骗、不公正、践踏人的尊严等丑恶现象要有敏锐的观察力。在这里重要的不仅是认识，还有人的嗅觉。有人在你面前做了坏事，事情可能不大；但是，如果这一次你闭上了眼睛，那么不用多久，你就会对所有的坏事都闭上眼睛。应该使自己的心灵变得敏感，使自己的感情变得细腻。要做到脑子还没有来得及想，你的心就已经被激怒，你的情感就已经迫使你为保卫良善而坚决地行动。

美能磨炼人性。"手捧鲜花的人不会做坏事"我常常想起索洛乌欣的这句诗。这里说的鲜花泛指所有的美好事物。毫无疑问，无耻之徒不会成为狄更斯作品的痴迷读者。从小就受到美的熏陶、特别是受到好书影响的人，不可能成为冷酷无情、庸俗放荡的人。

美的东西，首先是艺术珍品，能使人的感情变得细腻；而感情越细腻，人对世界的感受也就越敏锐，它能够给予世界的也就越多。死记硬背对于文学和艺术简直就是杀手。学校开设文学课的目的不是考试。文学应该走进每一个人的精神世界，让人从心里觉得它很美。形象地说，只有文学展开矫健的翅膀，飞翔在美的天空时，它才能成为生活的教科书。没有美，没有美感，文学这只小鸟就会像石头一样坠落。

有个问题使我不安：你每天都在和美交往吗？在你们宿舍里我几乎没有看到什么文艺书籍。不过你的书架上倒是有两本好书。看到你在读它们，没有虚度时光，我很高兴。要知道，人一生中能够读完的书不会超过两千本，而书的海洋却浩瀚无垠。好书就像茫茫大海上一个个相隔遥远的小岛。你要尽力地游，争取到每一个岛上都看一看。在书的海洋里很容易迷失方向。对那些低劣的惊险小说、间谍小说要避之如虎。有一句话说得很好："有些书尝一口就够了，有些书，最好把它全吃进去。"可惜值得咀嚼的书并不太多。

好的书不仅要读，还要反复地读。有些书值得用一生的时间去读，每读一次，你对人性的美都会有新的发现。我不止一次地读过托尔斯泰的《复活》，陀思妥耶夫斯基的《白痴》《罪与罚》，但丁的《神曲》，莎士比亚的《哈姆雷特》。我十六岁时第一次读这些作品；二十岁时又读了一次；当我三十岁第三次读它们时，感受就完全不一样了……你会慢慢发现，你喜欢的书在逐年减少，但它们却是真正的好书。我建议你现在就开始重读中学时读过的书，就像反复欣赏一张美妙的唱片一样。柴可夫斯基的"天鹅湖"听过多少遍啊，但我们从不厌烦。反复阅读不朽的文学作品，实际上也是在反复地认识自己。你在第六次、第七次阅读契诃夫的中篇小说《草原》和他令人惊叹的短篇小说时，你会产生使自己变得更优秀的渴望。

记住，书是人类几千年智慧的结晶。伏尔泰说："一本好书，第一次读时，我感觉有一位新朋友正向自己走来；再读时，我觉得自己是在拜见一位老朋友。"愿你有越来越多的老朋友、好朋友。读书绝不只是读，它是创造。要学会通过读书思考问题、明辨是非，在读书的过程中自己教育自己。

　　这封信写得太长了，请原谅。不过自我教育的问题也确实不是一两句话说得清楚的。

　　祝你健康愉快。拥抱你，吻你。

你的父亲

第十三封信

亲爱的儿子，你好！

上一封讨论自我教育的信引起了你这么大的兴趣，真让我高兴。你很细心，看出了现在年轻人（其实不仅仅是年轻人）的一个特点——非常容易冲动，有时甚至有一点病态。我相信，人们之所以发生冲突和争吵，很多时候是因为不善于控制自己的情绪，或者更糟糕，是因为完全没有自我约束的意识。

然而，在我们这个时代，使自己养成良好的情绪品质非常重要，对于年轻人就更重要了。几千年来，人的生活基本上决定于肌肉的力量和残忍、鲁莽等神经系统的粗野本性；现代人的行为，则决定于由思维调节的极为细腻、极为敏感的情绪。你还记得两年前我们镇子发生过的一件事吧：三个朋友——军校学员、工人和大学生——高兴地聚在一起。可是，不知谁对谁说了一句不中听的话，小伙子们就打成了一团。进了警察局才平静下来的年轻人惊奇地发现，他们居然记不得是为什么打起来的？这就是没有理性的神经冲动的后果。所以，自我教育，培养自己良好的情绪品质对于人有特别的意义。那么应该怎么做呢？

最重要的，是每一个人都要记住，不要用喊叫、凶狠、狂暴、粗野来掩盖自己思想的贫乏。在人心灵深处的某个地方，在他的潜意识里，隐藏着一种本能，这就是动物的恐惧、凶狠和残忍。人的文明程度越低，他的智力、审美兴趣越贫乏，他的动物本能也就越是经常以粗野的方式表现出来，让人知道自己的存在。当一个人无法证明自己正确时，他或者坦白地承认自己错了（有情感和智慧教养的人会这样做），或者大喊大叫虚张声势，企图用"本能的反抗"来掩盖自己的错误。要珍惜自己和别人的情感。要记住：文明的人像需要空气一样需要细腻、丰富的感情，而这种感情来自细腻的思想和丰富的智慧。正是因为有了丰富、深刻的思想，人的情感才能变成独立的精神力量，才能激发人的高尚行为。

那么，应该怎样培养自己细腻的情感呢？在这里最重要的，是任何时候也不要忽视和你一起劳动的伙伴；要懂得，他们也有自己的牵挂、忧愁、思想、感受。敬重与你共同生活的每一个人，这是人应该掌握的最重要的一门技艺。细腻的情感只能在集体中，在与周围人经常交往中形成。除了人和人之间充满智慧和美感的亲密交往，还有别的什么能够磨炼你的情感呢？这是自我教育的一个非常重要的问题。

要在与人的友好相处中培养自己的情感。友谊帮助你细心、体贴地对待身边的每一个人；友谊使你精神富有；友谊帮助你战胜自己的动物本能、发展人性。那么，真正的友谊需要的又是什么呢？这就是你个人的精神财富。只有你为朋友奉献些什么时，你才会在精神上真正富有起来。当然，你们的集体才建立几个月，不能指望很快就有知心的朋友。但是朋友终归是会有的，你们将一起分享自己的思想、情感、欢乐和忧伤。

如果现在我能去你那里，我会把你的同学们召集在一起。我要对他们说："我亲爱的朋友，请珍惜心灵，培养自己高尚的感情吧。要记住，在我们这个时代，人对周围世界的变化是越来越敏感了。'人和人是朋友、同志和兄弟'，这句话里包含着深刻的思想，可惜远远不是所有的人都能理解它的深刻含意。做朋友，这首先就意味着要教育人，帮助人确立人的本性。"

教育的实质，就是帮助人战胜自己的动物本能，发展人所应该有的全部本性。共产主义教育是最高的人性教育。

　　我想起一个德国共产党员给我讲过的一件事情。法西斯分子妄图从小就扼杀所有国民的人性。他们给在夏令营受训的少年每人发一只毛茸茸的小兔。孩子们非常高兴，每天照料它，和它一起玩耍，小兔成了他们离不开的朋友。返家之前，训导员问孩子们是否准备执行元首的任何命令。孩子们回答说：是的，为了元首，我们甚至愿意献出生命。于是训导员发出命令：每一个人都要亲手杀死自己的兔子。他说："必须战胜自己的怜悯心。"

　　法西斯暴徒就是这样培养出来的。看来，对所有的生物和所有美好事物绝无怜悯之心的野兽本能，对别人的精神世界绝对冷漠，这就是刽子手和强盗暴行的心理基础。要培养自己对所有的生命、所有的美好事物的怜惜之心。你也会有孩子的。你要记住，小时候他怎样对待小鸟、鲜花和树木，长大了他就会怎样对待人。

　　给你寄去一本安东尼·德·圣—埃克苏佩里①的作品选，希望你读一读其中的《小王子》，思考一下这个故事。

　　祝你健康愉快，拥抱你，吻你。

你的父亲

---

　　① 安东尼·德·圣—埃克苏佩里，1900年6月—？飞行家、作家，1939年3月法国向德国宣战后应征入伍，1944年7月31日执行一次空中侦察任务时失踪。《小王子》是其创作的著名法国儿童文学短篇小说。——译者注

第十四封信

亲爱的儿子，你好！

从来信中我感觉到了你惊慌失措的心情。你们年级那位姑娘的话完全出乎你的意料。你发现她几乎和那位去过修道院的姑娘一样崇敬上帝，你感到害怕、不能理解。但是我认为没有什么值得大惊小怪的，它说明我们的教育存在很大的弊端。我反复思考这位姑娘说的话："科学非常清楚地证明了人没有不死的灵魂，人和动物一样，终究也会消亡。但是，科学揭示的这个事实使人感到恐惧。宗教给人以慰藉，而科学，在无情揭露了宗教的虚伪之后，又拿不出任何东西安抚人的心灵。"

你的这位女同学话说得非常严肃，它使我想起一封信，是在《科学与宗教》杂志刊载了我的文章以后收到的。写信的是位十六岁的师范学院的女大学生。姑娘的信就摆在我的面前，里面写道：

"到目前为止我还不相信上帝，但是，我好像很快就会成为一个教徒。不是像人们通常以为的那样，是什么宗教狂热分子在拉我信教，也不是因为受了信教的父母的影响，是我心里的某种东西在驱使我这样做。究竟是什么，我也说不清楚。老师在讲授各门自然科学时，总是反反复复地要求我们记住这个真理：人和其他动物一样，终究是要死的；牛马没有灵魂，人也没有不死的灵魂；人死之后埋进地里也会慢慢腐烂，和猫狗埋在地里没有区别；什么不死的灵魂，这全是教会编造的谎言，绝对不许相信，否则就说明你们愚昧无知。

"当然，老师的原话不完全是这样的，但给我的感觉就是这样，而且非常强烈。以如此坦率的方式表述真理让我害怕：难道人真的没有一点点只有人才有的、哪怕只是与不朽的灵魂稍稍相似的东西？请您相信，有一次，在听了一位教授的课后，我久久不能平静，整夜不能入睡。教授以毋庸置疑的事实证实了人在生物学方面和动物一模一样。可我不想和动物一样，一点也不想！我想拥有某种人才有的深刻的、精神的东西；我还是希望人能拥有某种哪怕是接近于不朽的东西。于是我走进了宗教世界，在里面寻觅……也可以说是在寻觅一条逃避残忍的唯物主义的生路。在我看来，唯物主义不讲人情、不给人出路。请您告诉我：生活的欢乐在哪里？我怎样才能从纠缠不休的'你会死的''你会被埋在土里，世界、太阳、星星将随着你的意识消逝而消逝'的恐惧心态中解脱出来？您说说，往后我该怎么办？"

这封信写得很有智慧，从中我清楚地感受到了姑娘的处境。她的信几乎逐字逐句地再现了她——你的一个同龄人——的思想。让两个姑娘都感到不安的问题，是一个很严肃的问题。很多的演讲者、教师在努力宣传无神论，但是他们把这个复杂的问题简单化了。这种宣传的结果，往往不是把人从宗教迷信中解救出来，而是把人推向了宗教的怀抱。在这种简单化的宣传中，用来证明上帝不存在的最大王牌，就是人没有任何不朽的东西，人会不留痕迹地消逝——就是这样，像任何动物一样。很难想象还有别的什么方式会比这种说法更贬低人、侮辱人。

这个十六岁的女大学生提出的问题很难回答，确实很难；当然，我也难以给你回信，好让你向你的那位女同学转达我的看法（或者，就让她看我写给你的信）。

因为，糟糕的是，人确实面临着死亡的威胁，防备死亡就像串珠上的那根线，贯穿在整个的人生。正因为如此，许诺死后可以升天的宗教，才能获得千百万人如此狂热的欢迎。高尔基说得对，是对死亡的恐惧把人赶进了宗教的牢狱。唯物主义和科学撕开宗教虚伪的面纱，揭穿了天堂与地狱的神话，也让人看见了自己的天真和幼稚；它们告诫人们，与可恶的死亡做斗争是人自己的事情。

人应该怎样和死亡做斗争？人与死亡斗争的方式，就是努力使自己每时每刻都活得充实、有意义。有些人把自己的事业看作自己留在世上的印迹，希望它能像千年的橡树一样永远存留下来，他们做到了。可能你会说，并不是每一个人都有能力在死后留下自己的事业。但是，我坚信每一个人都有自己独特的个性，都有无穷的力量。人不应该满足于平庸，不应该像尘土一样无人知晓；人要像天空的星星一样闪闪发光。每个人都有能力在自己的身后留下生活的痕迹，这在很大程度上取决于他自己。

只有投身于创造，人才能战胜死亡鬼影的纠缠。创造的渴望不会在最后一刻把你丢下不管，创造的最大幸福也在于此。阿·托尔斯泰，谢·普罗科菲耶夫，他们直到生命的最后一刻还在工作。科学确实拿不出任何东西替代宗教虚幻的天堂，科学只能向人说实话。宗教用虚幻的天国麻痹人对死亡的恐惧，叫人用祈祷、斋戒和服从来征服死亡，而科学却要对人说："不！能使人永生的，只有人自己！"

谁说人没有灵魂？人是有灵魂的，而且人的灵魂比宗教虚构的灵魂更丰富、更深刻，这就是他强大的精神，他的思想，他认识和征服自然的决心。人能够使这个灵魂永生。

人还有可以使自己永生的特殊创造，这就是在儿女身上重塑自我。这是最伟大并且永远不朽的创造。这是在更高起点上塑造自我——我要把孩子教育得比我自己更好。

你在读什么书？有些什么心得？《乌克兰艺术史》第一卷刚刚出版，见到就帮我买两本（一本给学校图书馆）。

祝你健康、愉快！

你的父亲

第十五封信

亲爱的儿子，你好！

第一个学期就这样结束了：两个五分，一个四分，看起来还不错。不过你要记住列夫·托尔斯泰的这句话：必须向着目标上游一些的地方游去，否则你就不能在预定的地点上岸。

你差不多有两个星期没有来信了，收到你的信我自然很高兴。你们同学中有了争论的气氛，而且热烈争论的还是"自由和义务"这样重要的问题，真是太好了！你请我也参加你们的讨论，好吧，我很乐意。你在信里说：有些同学坚持认为，在一定的范围内（用你们的话说，就是在个人生活的范围内）人是绝对的自由的；而在其他的场合，自由就要受到社会的限制。你不同意这个观点，我支持你。

你的观点是："自由的人，是善于使自己的行为总是符合人民利益的人。"实际上你是在重复恩格斯的一句名言："意志自由只是借助于对事物的认识来做出决定的能力。"年轻人努力用自己的话来表达自己的思想，这很好。世界上没有、也不可能有绝对的自由，因为人不能离开人群而独自生活。列宁教导说：在社会中生活却不受社会的约束，这是不可能的。你的论敌用刀把生活硬劈成两半：一半，要看社会的眼色做事；另一半，则完全不用考虑别人，自己可以为所欲为。这样划分生活，实际上是允许人有两副面孔：在外面，人必须端庄、体面；而在家里，却可以任意伤害自己的亲人。这种绝对自由的思想，对爱情、婚姻、家庭特别有害，它造就了暴君和伪君子。在我们周围有多少这样的人啊！在个人生活的范围里，自由同样首先意味着责任，一种最伟大的责任。

我们共产党人崇尚自由，但是我们丝毫不隐瞒自己的观点：我们理解的自由，仅仅是在符合人民利益范围内的自由。宣传战争、使用暴力、贪污腐化、淫荡堕落，都必须受到严惩。在这里没有、也不可能有任何的个人自由。如果每一个人都做他想做的事情，社会就成了疯人院。社会利益和个人利益和谐一致是苏维埃人自由的基础。社会要求你们大学生好好学习，做个优秀的专家，这符合全体人民的利益。为了学习好，你可以自由选择几百条不同的道路；你不能自由选择的只有一条，那就是逃避学习，无所事事。

你知道绝对自由的资产阶级思想给爱情、婚姻和家庭带来了什么吗？——母亲的眼泪、儿童的痛苦、被扭曲的童年和对善良人性的不信任。这些孩子的父亲显然是些信奉绝对自由的人，他们理应受到严惩。遗憾的是，我们的法律条文总是有很多与道德标准不相吻合的地方……

享受真正的自由要以人的意志和自我约束为前提。每一个人都应该非常准确地理解这样三个概念：可以、不行、必须。掌握了这三个概念的含义和区别，人就拥有了对公民来说最为重要的义务感。义务感使人的行为变得高尚，它迫使人经常地问自己：我为什么做这件事？我为什么要这样做？在我们的社会，履行义务不会束缚人，不会使他的意志戴上镣铐；恰恰相反，履行义务给了人真正的自由。

费尔巴哈说过："自由不在于能够开始做什么，而在于能够把什么做完。"这个睿智的思想家深刻道出了自由的相对性。我还想起达尔文是怎样认识义务和良知的。达尔文认为，义务和良知是人区别于动物的最重要的特征。努力发展自己人的情感，亲爱的儿子。要记住歌德的教诲："怎样才能认识你自己？不是消极地看，而是积极地做。履行自己的义务吧！只要尝试过一次，你就会知道你是怎样的人，你拥有些什么。"

祝你身体健康、精神饱满。吻你。

你的父亲

第十六封信

亲爱的儿子，你好！

我是在柏林给你写信。临行前我对你说要在这里待十五天。现在我想把时间抓紧些，大约十天内把事情办完，这样就可以早些回去了。

我不是第一次出国，我到过许多国家。但是，每当命运把我抛在远离祖国的异国他乡时，总有一种新的力量激起我的爱国之情。这时候，我更加深刻地体会到祖国发生的一切都和我有关系。只要有人谈起苏联的事情，比如苏联的教育或者经济，我的心就会紧缩，好像他们议论的就是我。如果听到的是赞扬的话，心里是多高兴、多自豪啊！如果朋友们议论的是我们的不足，或者对我们的某些荒唐举措表示惊奇，心里又是多么不自在啊！你也会有机会出国的。你要记住：祖国是你的摇篮，是你的家，是你幸福的源泉。我们的家不可能十全十美，你要是看见它有什么缺陷，不要扭过头去，而要努力改正它，让你的家人平安幸福。只有卑鄙小人才会对自己的家幸灾乐祸。不为家乡做贡献，就没有权利说家乡的坏话；只有在为家乡做了十件善事以后，你才有权利说一句批评家乡的话。

祖国是既温柔又严格的母亲。如果他的儿子不成器——懒惰、冷酷、意志薄弱、虚伪、狡诈，母亲会非常心疼。要让祖国为你骄傲，要把祖国和人民的利益作为约束自己的最高标准。

为了自由和独立，为了从法西斯铁蹄下拯救世界，千千万万个祖国儿女献出了生命，他们是我们的骄傲，是我们心中的至宝。要记住，我们的祖国是世界上第一个社会主义国家，我们的人民为世界造就了列宁，这是我们民族的骄傲。

火车在波兰和德国境内穿行时，我见到了许许多多个苏军战士的陵墓。火车路过一个小站，我曾经在这里和法西斯军队打过仗。火车没有停留，甚至都没有旅客朝窗外看上一眼，而我们却有三百多个战士为它牺牲了生命。我的朋友李森科中校就战死在这里……

我到过布亨瓦利德的法西斯受害者纪念馆，战争期间这里是令人毛骨悚然的死亡集中营。在这里，你会看到法西斯匪徒怎样以德国人特有的精细和条理杀害了几十万（可能是几百万，谁也不知道确切数字，因为所有的文件都被销毁了）囚徒，其中大部分是苏联人。在纪念馆我看见了干枯的人头，看见了用人皮制作的提包，看见了用几十万妇女的长发编织的口袋和床垫，看见了用人骨炼制的肥皂，看见了德国农民怎样用人的骨灰给土地施肥……在这里我还看到了法西斯的杀人计划：他们计划完全消灭斯拉夫人——在火葬场烧死两亿，给五千万人做绝育手术，然后送去做奴隶。记住，正是我们普通的苏军战士从这场可怕的灾难中解救了人类。他们中的许多人和你现在一样大。

你要记住，在死亡营的炼人炉里，在保卫祖国每一寸土地的殊死战斗中，从伏尔加河一直到柏林，许许多多的苏联人牺牲了；要记住我们经历过的这场灭顶之灾；要记住有两千两百万优秀儿女在这场战争中牺牲，许许多多的母亲甚至都不知道自己的儿女身葬何处。在你最感幸福的日子里，一定要去英雄的陵墓，向他们致敬，在他们的墓碑旁放上鲜花，让这两千两百万名战士永远铭刻在人民的心中。

你也许很奇怪，为什么父亲不在信里说点国外的趣闻轶事，而讲这些你早已知道的往事？这是因为，在国外，无论我看到或是听到什么，我总是立即想到我的祖国。我总是想，现在二十来岁的人是多么幸福的一代人啊！孩子，你们的命运真叫人羡慕。你们将亲眼看到二十一世纪，你们的创造力量将放出绚丽的光彩。但是，你们能不能从父辈手里接过我们民族来之不易的全部道德珍宝和精神财富，却使我非常担忧。在伟大的卫国战争时期，在国民经济恢复时期，我们经历的是何等可怕的困难啊，你们能够真正理解吗？

希望你们能够成为真正的接班人；希望你们珍惜前辈创造的一切；最主要的，是希望苏维埃祖国成为你们每一个人心中最神圣、最不可侵犯的圣物。要时刻准备保卫祖国。我见到过西柏林的青年法西斯分子，见到过老墙上留下的"今天我们属于日耳曼，明天我们属于全世界！"的标语。尽管字迹有些模糊，但还是看得清清楚楚。我们每一个男人都要牢牢记住：我有两个专业，其中一个就是"祖国的保卫者"。

再过一周我就该回去了，一定顺路去看你。

祝你健康、愉快。

你的父亲

第十七封信

你好，亲爱的儿子！

你来信提出的问题我思考了很久，所以直到今天才给你回信。

有道德的、纯洁的爱情是心灵的一面镜子。人在爱情生活中的表现反映着他的一般人品。在爱情生活中表现卑劣的人让人极为厌恶，这样的人不会是个规矩人、好公民。

在精神生活的这个领域，理智和意志应该成为防范性欲冲动的特别警惕的卫士。我不同意某些作家和评论家的观点，他们认为对爱情是不能下命令的，因为人对自己的情欲无能为力。他们企图用这块遮羞布掩盖性败坏的丑行，为列宁早就尖锐批评过的"爱情自由"的谬论辩解。这种爱情至上的谬论对刚刚走入生活的人特别有害。早在性欲使人躁动不安之前，人就应该用美好的精神力量去克制它。对你所爱的人，应该有一种在精神上深深依恋的感情，只有这样，爱情才可能是专一的。在真正的爱情里，理智帮助情感，给情感注入道德的力量，使它变得高尚。恋人之间不仅在情感上，而且在理智上也难分难舍，这样的爱情才是高尚的爱情。在理智和情感融为一体的爱情里，主宰人心灵的是良心。

你已经成年，很快也会做父亲，所以我才十分坦诚地对你说上面这些话。作为父亲我有这个责任。公民最重要的社会责任就是给国家培养真正的人。如果儿子变成了下流胚，人们有权质问他的父亲："为什么你不履行自己的责任?"你要记住:"父亲",这是社会赋予公民的崇高的称号。

我曾经说过,许多人轻浮放荡的行为使我不安。众目睽睽之下,小伙子、大姑娘又是拥抱,又是亲吻。有一次我问一个很年轻的姑娘:"周围这么多人看着你,你不觉得难为情吗?"可她却反过来对我说:"照您说,我应该把友谊藏起来?"

姑娘的回答至少是愚蠢的。她的身体已经具备了生孩子的条件,可她的精神却没有做好当母亲的准备——愚蠢地屈从于最初的感觉和冲动;愚蠢、不知羞耻地把应该秘藏、不可向他人展示的隐私拿出来示众。一个十八岁的小伙子爱上一个姑娘,于是就拥抱她、亲吻她,这是放荡的行为。真正的爱情是伟大的,它与一生的责任和义务联系在一起。如果你不想因为自己行为不检点而失去对方的好感,如果你不想做一个道德堕落的人,那就不要屈服于最初的情欲。只有在姑娘赋予你做丈夫、做孩子父亲的道德责任以后,你的亲吻和抚摸才是被允许的。任何其他的爱情,寻求刺激的爱情,排解寂寞的爱情,都属于放荡。

要记住,爱情首先意味着责任,对你爱上的人负责,对她的命运、她的未来负责。只在爱情中寻求快感的人是贪淫好色之徒,是恶棍。爱情首先意味着付出,把自己心灵的力量奉献给所爱的人,为爱人创造幸福。莱蒙托夫在一封信里写道:"我用自己心灵的全部力量去爱。"想一想,是心灵的"全部力量"!

要记住,夫妇是否一生都忠实于对方,决定于他们婚前关系的性质,决定于在这种关系中精神和道德情操占有多大的优势。在爱情方面拥有"经验"和"丰富阅历"是十分可怕的。婚前恋人间的关系越是纯洁、高尚,未来丈夫的道德责任感就越是强烈。对女友,对她未来的道德责任感,会把一个毛头小伙子造就成坚强的男子汉。纯洁的爱情使人成熟,而轻浮的爱情、消遣的爱情却使人堕落。在婚前就体验性生活的人是精神上堕落的人。

恋人们精神交往的最大乐趣,是在智慧和道德情操方面相互充实。他们逐渐了解对方，不断发现对方好的品质和情操，他们急切地从对方吸吮全部的营养，同时又相互给予。谁不向往白头到老的忠贞爱情？而坚贞的爱情决定于什么呢？决定于人无穷无尽的精神力量。我和你母亲结婚快二十五年了。但是，在每次短暂别离后重新相聚时，我总是感到一阵心跳——我在她，在我唯一所爱的这位妇女身上又有了新的发现。她似乎又有了新的成长，在她的目光里，热烈的情感和深邃的思想交织在一起，爱人的眼睛也因此变得更美。内在的精神财富可以用几千种细腻的情感表现出来，人的眼睛传达情感，同时也传达思想。如果感情失去了思想的依托，那么让你惊叹不已的外在的美，就会随着时间的流逝而衰败，爱情也就随之失去光泽。如果爱情对人只有瞬息的诱惑，如果人只是在爱人的面容和身段里寻求愉悦，那么失望和"感情破灭"就是顺理成章的事情了。

记住，儿子，世上没有专门的"爱情科学"，有的只是人性的科学。谁掌握了人性科学的初步知识，谁就做好了与异性建立高尚的精神和道德关系的准备。爱情是对人性的最严峻的考验。当孩子还是儿童和少年时，就要教他把自己的精神力量贡献一些给别人，这是学习爱情和人性的第一课。不尊重别人的尊严和感情，就不可能有真正对人的爱恋。列宁在与克拉拉·蔡特金谈话时特别指出，在爱情生活里需要自我克制、自我约束，在这方面我们男人起着主要的作用。要抑制自己的冲动，因为，只有男女双方在精神上亲密起来——相互尊重，决心相互扶持、共度一生——以后，身体的亲密接触才是道德的。要知道，对于有教养、聪明、正派的姑娘来说，小伙子在婚前提出性要求是对她极大的侮辱，会引起她极大的愤怒。

得到纯洁、理想爱情的时刻，是青年人最幸福的时刻。精神生活丰富的人不忍心轻易破坏这种纯洁的感情，他希望它能长久地保持。小伙子和姑娘相识了，他们都很注重自己的人格和尊严，他们就会严守贞操，不会做出出格的事情。他们不是没有性的欲望，这个欲望可能还十分强烈；但是他们认为，在精神结合之前，身体的结合是不道德的。这样的人，精神上相互亲近的爱情阶段很长。他们有意延长这个阶段，他们从中感受到很大的幸福。

民间有一句老话叫"认识一个人，可不像穿过一片田野那么简单"，你听说过吗？人是复杂的，人在家庭生活中的面貌才是他真实的道德面貌。遗憾的是我们社会有不少这样的人，在外面像个有崇高思想的战士，在家里却是十足的利己主义者或暴君。如果一个人在道德发展水平上没有做好结婚的准备，那么，无论是娶妻还是嫁人，都是很不道德的，对他未来的孩子都是一种罪过。有些人把婚姻当作合法满足自己性本能的手段；一些道德败坏的人看到的只是婚姻赋予他的权利——那种在婚前无论是强索还是哀求都得不到的权利。任何法律条文也无法使没有精神基础的婚姻长久。

记住，人在婚后要承担的不仅是法律和物质的责任，还要承担精神上的义务。一起生活的人怎样对待家庭精神生活，这决定着爱情的命运。有时候，夫妇新婚不久就相互"失望"，"诗一般的爱情"转眼即逝。争吵的形式和结果可能千差万别，但是起因都一样：都以为结了婚，爱情再也没有了阻拦，他们要做的，只是在精神和肉体的亲近中享受无尽的快乐。然而让他们吃惊的是，婚后生活并没有想象的那样令人陶醉，肉体的结合也没有了新鲜的感觉。他们忘记了，既然把爱情比作火，当然它也就需要不断地添加燃料。爱情的燃料就是丰富的精神生活，没有它，爱情之火会很快熄灭或者冒出黑烟，使自己和别人窒息。除爱情之外还有丰富精神生活的家庭，才是巩固的家庭。

记住，结婚以后，青年人应该更加努力地创造爱情，而不能只是消费爱情。在婚姻生活中，生产也应该大大多于消费。不努力积累精神财富，要使两性关系高尚、持久是不可能的。你会在婚后的某一个时刻，突然发现自己已经山穷水尽，再也没有什么值得向妻子或者丈夫展示的了，再也不能给家庭精神生活增添什么新的内容。于是，曾经难分难舍的两个人变得水火不容，甜蜜的婚姻变成了地狱。在这样的家庭里，最大的受害者是孩子。一个好的公民应该关心社会的未来，孩子就是我们的未来。要记住，儿子，当你有意建立家庭的时候，你要好好检查一下自己，看看是否真的做好了履行公民职责的准备。任何时候都不要忘记：结婚、浪漫的爱情生活，它们的结果就是孩子。

对于一个善于创造自己精神财富的人来说，没有一而再，再而三的爱情，爱情对他来说只有一次。小说《旗手》中的主人公布梁斯基说："向四面八方抛洒爱情的人，到头来，会发现自己是个在感情上一无所有的乞丐。"布梁斯基是个道德纯洁，忠实于唯一爱情的人，他的话包含有深刻的真理。如果你是一个真正的人，如果你能使你的爱人在精神上越来越富有，那么你不再爱她的事情就绝不会发生。我再说一遍，真正的爱情只会随时间的流逝而变得浓郁和香醇。我在爱人身上留下自己的一片心，她也同时把自己心灵中最美的东西给予我。我们共同创造只属于我们两个人的精神财富。它是那样地富有，以致谁也不能在失去对方之后，不背负沉重的精神创伤去开始新的生活。人对逝去的爱人终生不能忘怀，因而很难产生新的爱情，这样的事情不是少数。这不是无视现实的浪漫，而是人性的深刻表现。

瞧，这是一封多长的信啊。我知道你对父亲的教诲不会反感。想一想我说的每一句话，在所有方面都努力做个真正的人。

再见，亲爱的儿子。可能的话"五一"节回家一趟，哪怕只待一天也是好的。

祝你身体好，心情愉快。

你的父亲

第十八封信

你好，亲爱的儿子！

你来信问我，学历水平、智力兴趣、精神需求各不相同的人生活在一起有没有幸福，爱情能不能把这样的两个人联结在一起。

大约是一年以前，我过去的学生薇拉的母亲来找我。薇拉中学毕业后进了大学，现在一个大工厂的工地工作。母亲拿出薇拉的信，在信里，薇拉对母亲倾诉了心中的忧虑和不安。我掩去了姑娘的真实姓名，这样我就可以把这件很有教育意义的事情讲给你听了。姑娘在信中写道："他是一个优秀工人，他爱我，但是在我们的交往中却没有我所期待的那种志同道合的幸福感。我几次对他讲，他应该上函授学校，应该努力学习知识，因为不受中等教育将来什么机器也开不了，而他总共才上了六年学；我还说最好咱俩一起到莫斯科和彼得格勒走走，多了解一些自己的祖国。他听了我的话十分惊讶，说：'你想得太远了，还是想一想怎么过好今天的日子吧。有一份好收入，这就很不错了，至于将来怎样，我们会看到的，况且这也不是我们管得了的事情。'完了他还添上这么几句话：'旅行有什么意思，除了白白花钱，还能得到什么？我们需要建房子，还需要计划一下家里的日子，比如养些猪和鸡……至于学习，我可不想。受了中等、高等教育又怎样，会给你加工资吗？瞧瞧你自己，你大学毕业，可挣的钱比我还少。'亲爱的妈妈，您说我该怎么办？我不想再与他约会，甚至都不想见到他。我这样做对吗？是不是真像他说的我太古怪

230

了？或者像我的女友说的，我太理想主义了？我觉得和他一起生活一定非常乏味、沉闷、没有生气，就像咱们家池塘边那棵快要干枯的柳树。"

妈妈做得很对，她告诉女儿："我们每一个人都拥有光明和美好的前程，为什么要让小鸡、小猪把自己拴在家里呢？从维克托说的话和他对你的态度可以断定，一旦你做了他的妻子，他就会要求你放弃工作，然后就抱怨，说是他养活了你……这样的生活是很悲哀的，我的女儿……"

你看到了吧，把自己的命运和怎样的人连接在一起，可真不是一件小事情啊！人对将与自己携手共度一生的人，在精神境界上必须有一定的要求。我很吃惊，为什么一些文章要指责那些在道德和审美方面坚持一定标准的姑娘。当然，人的修养水平也并不总是和学历水平相吻合。愚昧、没有教养、但却受过高等教育甚至拿到学位证书的人并不少见；相反，许多普通的工人、农民，尽管学历不高，却有很高的修养。我们区有一个十八岁的姑娘叫波林娜，是甜菜生产队的小队长。因为父亲去世，她读完八年级就离开了学校。一个刚刚大学毕业的医生爱上了她，但是姑娘却把自己的感情深深埋在了心里。波林娜喜欢这个人，也不怀疑他的真诚；但是，姑娘所爱的人学识丰富，而自己却只有一些零碎不全的知识，这使她痛苦万分。聪明、细心的年轻人看透了波林娜的心事，知道她有极强的自尊心。在第一次求婚被坚决拒绝后，他明白了，姑娘在接近自己的目标之前决不会结婚。姑娘曾经告诉医生，她要读完十年级，然后上大学。她已经在函授中学学习，她的理想是做一名教师。

姑娘的上进心感动了年轻医生。他帮助波林娜学习，同时自己也决心掌握精湛的外科医术。他们生活在对未来的美好憧憬之中，他们相信自己的理想一定会实现。波林娜完成了中学学业，进了大学。在学完大学的两门课程以后，她嫁给了自己的心上人。这时他们相爱已经五年了。

这是纯洁、高尚的爱情。他们的爱情建立在高尚的友谊的基础上。结婚之前他们从未有过性行为，甚至都不允许自己有这种念头。但是他们彼此忠贞，坚信共同的理想，在精神上早已紧密地结合在了一起。假设其中任何一个人企图破坏约定，都会被看作是对对方的侮辱和背叛。要是有哪位作家把这种爱情写出来，那该是一段多么动人的故事，对人又有多大的教育意义啊！记住，人可以为自己创造令人惊叹的人生幸福，人是自己命运和幸福的创造者。

想一想我说的这些话，儿子。

祝你健康、愉快。拥抱你，吻你。

你的父亲

第十九封信

亲爱的儿子，你好！

　　从你的来信看得出来，我对你说的一番话像火种，在你们宿舍引起了一场激烈的争论。没什么，这说明人并非对什么问题都漠不关心，是一件好事。

　　你在信里说，你的一些同学不相信青年男女之间会有纯粹的友谊。他们认为既然是青年男女，友谊就一定是爱情。我将谈谈对这个问题的看法，但是我这封信还是只写给你一个人吧……

　　友谊，这是培养人的情感的学校。我们需要友谊并不是需要用它消磨时间，而是要用它培养人的美德，首先是培养自己的美德。我认为道德教育最重要的原则之一，就是使每一个人在少年和青年早期就能经历一种深刻的情感体验，这就是钦佩和敬重人的高尚品质，对人和人性美的信任实际上就决定于它。对高尚品德没有崇敬之心，人就会精神空虚，一点不顺心的事都会使他牢骚满腹，垂头丧气。精神空虚、没有任何信念，这本身就是最可怕的缺陷，关于这个以前我也写信谈过，今天我再重复一遍。空虚的心灵会贪婪地吸吮坏的东西，而对好的影响却难以接受。这并不奇怪，因为心灵空虚和贫乏本身就是一种病态。心灵空虚的人不可能有真正的朋友，无缘感受存在于友谊之中的人性。

　　生活使我相信，一个人如果在少年和青年早期就受到某种道德理想的鼓舞，如果他明白什么是做人的规范，那么友谊就能充实他的精神生活。他不会把友谊用作消遣，而是要在友谊中寻求自信，把友谊当作自我认识和自我教育的重要手段。

在男人的成长中，这种高尚的精神需要——对友谊的需要——是必不可少的。为了成为一个真正的男子汉，还在青年早期，你就应该在友谊中展示自己的精神财富。你的爱情的纯洁，你未来家庭的幸福就取决于它。

没有友谊，爱情就显得渺小。如果小伙子首先把姑娘作为一个人来尊重，如果他喜欢的首先是姑娘做人的好品质，那么这种友谊就不仅高尚，而且也像爱情一样美好。友谊无须性欲做基础；而爱情，却只有以牢固的友谊做基础，才是真实可靠的。不是爱情使得道德纯洁；相反，是因为有了高尚的道德情操，人才有了崇高和美好的爱情。那些把情欲当作爱情、把全部的精神生活都归结为接吻和争风吃醋的人，恰恰是不珍惜爱情的人。没有高尚的精神生活，没有共同追求的理想，没有为了共同理想而建立的友谊，所谓的爱情就只是肉体的快感。请在自己的笔记本上记下别林斯基的这段话，多读上几遍，好好想一想，对照一下自己：

"爱情是生活的诗歌和太阳。但是，在我们这个时代，只把爱情作为自己幸福大厦基石的人是不幸的……假如我们生活的目的仅仅是我们个人的幸福，而我们个人的幸福又仅仅归结为爱情，那么，生活真的会变得阴森和荒凉，爱情将被撕得粉碎，到处都会是坟墓和灵柩。与人间地狱的这幅可怕景象相比，但丁笔下的炼狱也会黯然失色。"

你想想看：把幸福仅仅归结为爱情，生活就会变成地狱。在别林斯基的时代，人就不能只埋头于个人的幸福；在今天，只是致力于个人爱情的人也必然孤独，不会有所作为。他们的世界已经缩小到只剩下主观的情感和体验。如果说别林斯基在自己的时代已经看到"除了内在的感情世界"，人还有"把思想转化为事业，把高尚的情感转化为人的壮举的伟大的生活世界"，那么，在今天，伟大的生活世界就不再只为个别战士拥有，它已经向所有的人民敞开了大门。不仅把外在的美，而且也把内在的精神财富——人的尊严、能力、创造性、社会作用等也展现在爱人的面前，只有在这个时候，性欲才能把两性在道德上联系起来，人才会为自己的性行为承担道德的责任。建立在性欲基础上的幸福是禽兽的情欲，它让人变得愚蠢和鲁莽。为了使爱情成为人的行为，人在精神方面必须达到这样的高度：有明确、崇高的生活目标，斗志昂扬地克服困难，实现既定的目标。当为实现崇高理想的斗争变成为真正的激情时，热烈的性爱就不再是目的，爱人也就成了并肩战斗的朋友。正因为如此，人才能够凌驾于强烈的情欲之上变得高尚。对个人幸福和全人类幸福的这种理解丝毫不会伤害人；恰恰相反，它大大提高了人的尊严，因为它激励人用高尚的精神需求丰富自己的生活。

明白了个人感情和人类幸福的一致性，就可以预防一些小的纠纷和争吵演变为生活的悲剧。在生活中，这种伤害尊严、使人懊悔的悲剧该有多少啊！一些年轻夫妇之所以有那么多"解决不了的矛盾"和"走不出来的绝境"，就是因为他们把自己的爱情变成了一个狭小的天地。在这样的爱情巢穴里，显然每走一步都会碰壁。精神生活中除了爱情什么也没有的夫妇，一点微不足道的小事也会伤害他们的虚荣心，觉得受到莫大的侮辱，因而一连几个星期互不理睬。他们用一些琐碎的事情来互相折磨，甚至还有意往细小的伤口上撒盐，使矛盾激化。于是，所有这些小的"悲剧"都会上升为原则问题——观点分歧呀，性格不合呀，等等。这些人没有做好在精神和心理上相互沟通的准备，不知道应该怎样谋求个人的幸福，他们本来就不该步入婚姻的殿堂。

就在几个星期前，我们的区检察长给我说起过一件离婚案。一对新人共同生活才两个星期，幸福的蜜月就蒙上厚厚的乌云。至于争吵的起因，说出来实在让人好笑：在电视机应该摆在什么地方这件小事上小两口有了分歧——顺便说一句，电视机是父母送给他们的新婚礼物。争吵越来越厉害，俩人终于得出结论：性格相差太远，婚姻无法维持。妻子的母亲首先采取行动，收回了自己的礼物；丈夫的父亲也不甘示弱，把送给夫妇的沙发和橱柜搬回了家。两周前还在热烈祝贺爱情的嘴唇，现在喷出的是一串串侮辱人的粗话。在法庭上，人民陪审员———一位聪明的妇女，就像人们常说的那样帮助他们解疙瘩。夫妇俩十分艰难地回忆着争吵是怎样一步步升级的，说着说着，他们自己也感到羞愧难当。如果硬要把一点小事膨胀成"世界大事"，如果在思维的视野里没有任何崇高的目的，人就会粗俗到这种地步。

　　对人来说，最重要也是最难做到的，就是在任何情况下都不失去人的尊严，永远做一个人。

　　祝你结实、愉快。拥抱你、吻你。

你的父亲

第二十封信

亲爱的儿子,你好!

　　妈妈病了,在床上已经躺了三天。先是脚疼,一个星期后就病倒了。我和奥莉加照料她,尽力减轻她的痛苦。医生说病根是年轻时落下的。我们的妈妈不少病都是年轻时得下的。当时我们国家很穷,为了建设社会主义,人民贡献了一切。那时候我们大学生每年要去地里劳动三个月。和现在不同,现在几乎什么活都是用机器干,而那时全靠一双手。有一年,已经是冬天了,我们到地里收土豆,用铁锹从已经上冻的地里把土豆挖出来,整整干了一个月。当时妈妈正患着重感冒。

　　给妈妈写信,孩子,现在你的每一句话对她都很珍贵。

　　啊,母亲……每当我想起童年和少年时代的一些事情,尽管是些小事,我就心里难过——我曾经让妈妈伤心,让她为我彻夜不眠、愁白了头发……比如现在,我就想起了一件往事。那是一个早秋的傍晚,天边聚集着乌云,远处传来一阵阵雷鸣声。我提着小皮箱动身去车站,我要回波尔塔瓦的学校。当时妈妈不在屋里,她在菜地里忙活着什么。看到我要走,她惊呆了,像一座雕像,一位满脸痛楚的母亲的活的雕像。我听到母亲在喊:"加件衣服再走,马上要下雨了……"我是穿着一件衬衣出门的,那时的我对什么都满不在乎,而到车站有七公里的路程。我没有回头,当时有种自私的感情激怒了我,心里带着某种怨恨……我走着,耳边仿佛一直还响着母亲的声音:"加衣服，要下雨了……"这些话包含着妈妈多少的疑虑和痛苦啊！她好像有好多的话要说：儿子，为什么你不来拥抱我、吻我，和我告别？你到底受了什么委屈？可不能把对母亲的抱怨藏在心里啊……

事情过去了三十多年，妈妈已是七十岁的人了，享受着这个年纪的老人所能享有的幸福生活。可是直到现在，我的耳边还常常回响着妈妈的声音："要下雨了，快回来加衣服……"使妈妈生气伤心的那些瞬间越是离得久远，对它们的回忆就越是清晰，良心受谴责的体验也就越是深刻。现在我的头发也白了，但是在母亲面前，我仍然觉得自己是个孩子；而且年纪越大，越觉得自己是母亲的孩子。

妇女——母亲是生命的最重要的创造者。你什么时候也不要忘记是母亲给了你生命；是她养育了你，教你说话；也是她让你看到世界的美好，对你进行善恶、真假的启蒙教育。妇女——母亲是人的创造者，因此她也是世界上一切美好事物的创造者。谁忘记了母亲，谁就不可能成为一个真正的爱国者。

记住，作为母亲，她所想的，所牵挂和担忧的，全是孩子。孩子们幸福，她就幸福，孩子们要是遇到什么灾祸，她就伤心落泪。她的命运是和孩子们系在一起的。

记住，任何一个妇女——母亲或者未来的母亲，她们的感情，即使最疼爱孩子的父亲也体会不到。她们按照自己的方式深刻而美好地感受着自己对人类繁衍的责任。母性使妇女变得美丽、聪慧。从女人变成母亲的那一刻起，她的感情就拥有了崇高的、除了她自己谁也不能理解的圣洁的意义。给丈夫的那份感情，如果值得给他的话，对母亲来说，也在孩子身上具体化了。女性美是世上最高尚的美，它总是那么绚丽，永远也不会凋谢。如果你们年轻人真正理解并切身感受到女性的深奥、伟大和力量，你们的思想和行为就会百倍的高尚和纯洁。

在妇女——母亲的眼里，所有的人，包括她的丈夫，在某种程度上都是她自己的孩子。她能感受到每一个人的内在精神世界，感受到他的欢乐和痛苦，这是女性最美的地方。小姑娘显然继承了这种品质，并且在她做母亲之前很久，这种品质就在她的行为里表现了出来。要珍视姑娘身上的女性美，要善于把她们看成未来的母亲。自然和社会赋予她们世界上最了不起的创造力，她可以再造一个你，而且比现在的你更好；她能把你心脏的搏动和智慧的火花带到未来；她能在孩子身上注入你的美和她自己的美。她的劳动比你要复杂一些，要保护她的健康、美丽和生命。女性美集中体现了整个人类的美。不能欺侮姑娘，不能让她遭受不幸。欺侮姑娘，就是欺侮自己的母亲和所有的母亲。对待妇女的态度，是反映你心灵的一面镜子。

祝你身体结实、精神饱满。拥抱你，吻你。

你的父亲

第二十一封信

亲爱的儿子，你好！

　　你让我教你怎样尊重姑娘的女性美，让我解释什么是女性美。你急切地想知道这些，使我很高兴。你要记住，对待妇女的态度是衡量人的精神面貌的一把尺子。马克思说过："根据这种态度，可以评判一个人的一般修养水平。"对妇女蛮横无理的人，对所有的人都会蛮横无理。女性美是人类美的最高体现，新的生命就在这种女性美中诞生和发展，像鲜花一样开放。妇女是生命的负荷者和创造者，在妇女身上最深刻地体现了人类对自己未来负责的高尚态度。真正的女性美是精神美和身体美的统一，它产生于劳动人民之中。除了外在的和内心的美，劳动人民还把女性柔弱，因而有权获得男人尊重和关怀的思想注入了女性美的内涵。

　　女性美越来越多地主宰着整体的人类美。如果妇女认识到而且珍惜自己在创造新生活中的特殊作用，她就不可能不美。不少姑娘并不拥有引人注目的外貌，但却极具魅力，就是因为她们具有女人特有的气质。要善于在妇女身上发现和珍惜的，首先是这样的美。

　　女性美，这是精神纯洁、道德高尚的最高体现，是人类尊严的最高体现。这个特点使得妇女以纯真的感情对待自己与男人的一切道德的和审美的关系。男人要是亵渎了这种感情，对道德高尚的妇女就是极大的侮辱。

　　女人在做了母亲以后，她潜在的美和力量就会全部展现出来。记住，男人越是有德性，女人在与他的关系中起的作用就越大。女人会聪明地利用女性魅力使自己成为家庭生活的精神权威。在一个美满的家庭里，妻子通常是精神上的领导者和主宰者，而且丈夫越是顺从她的意志，对于孩子的教育就越是有利。这一点你要好好记住，别忘记了。

女性美，这是妇女的一种精神力量，它不仅是教育孩子的力量，也是教育我们男人——丈夫和成年儿子的力量。这个，你看看我们家就很清楚了。假如没有你们的母亲，你们就不会像现在这样善恶分明，像现在这样仁爱、这样乐于助人。

自然和人类发展托付给女人的工作，比起托付给男人的更精细、更有情趣。我们喜欢女人柔弱的身体，这没有什么好奇怪的。但是，只有在柔弱的身体和强大的精神兼而有之时，娇柔的身体才会使人喜欢。女性的魅力在于这两者的结合。妇女在操持家务、教育孩子甚至教育丈夫时，意志坚定、言行一致、坚持不懈，正是妇女的这些好品德为家庭赢得了好的声誉。

在许多男人的内心深处还残存有封建思想，有些年轻人也是这样，应该同它做斗争。小伙子结了婚，有了一份不错的收入，于是就要求妻子立即放弃工作，让厨房里那些不费脑子、使人愚钝，用列宁的话说就是把人变成家庭奴隶的琐碎劳动去吞噬妻子的才干，还自以为为妻子做了一件大好事。精神需求丰富、意志坚强的妇女不能容忍这种境遇。一些妇女意志薄弱、不求上进，对丈夫在精神上强于自己感到十分满足。她们认为丈夫应该学习和提高，而妻子只要伺候好丈夫就行了。这不仅对妻子是危险的，对丈夫也是一样。千万不要让你未来的妻子满足于你比她强的现状，对此你要畏之如火。女性魅力的大小，在很大程度上取决于她的智慧发展水平，决定于她能从家务的羁绊中走出多远。要努力使自己的妻子有多方面的精神需求和丰富的精神生活，努力使她在家庭精神生活中有与自己平等甚至超过自己的地位。这样的丈夫，才是真正聪明的丈夫。

如果妻子善于利用自己的优势树立自己在家庭的威信，她的女性美就会得到充分的展示，在丈夫眼里她会显得特别有魅力，她的眼睛和面容也会因为内在的精神美而永葆青春，她会把自己的才智、自己在精神上的不断成熟作为影响丈夫和孩子的最重要的手段。

我认识一位聪明、坚强的妇女，她只有小学文化，嫁给了一位有高等学历的农艺师。她一点也不比丈夫落后，相反，她是家庭精神生活的坚强支柱。从婚后的第一天起，她就开始学习农业方面的科普知识，同时还阅读文学、艺术作品。她明白，自己与丈夫的精神生活是否和谐，取决于自己可以给他多大的帮助，自己和他有多少共同的兴趣，更重要的，是自己能在多大程度上在精神上影响他。她很聪颖，不仅把书上的知识弄得一清二楚，对丈夫的想法和困难也能理解，而且在农艺方面还有一种创造精神。她的一些建议透彻、内行，使丈夫大为惊奇。

在甜菜地里干活的时候，一有空闲她就读书，她的兴趣范围越来越广。孩子们相继上学了。孩子们上低年级时，母亲还能轻松地帮助他们，可是当孩子们学起代数、化学、几何时，母亲就犯难了。她想，这可不好，这会降低自己在孩子面前的威信，要知道孩子们一向认为妈妈什么都知道，什么都会干。她下定决心不落后孩子一步，为此她付出了艰辛的劳动。外语学习对她来说特别困难。她买来电唱机，跟着唱片一遍遍模仿。她做得很成功，以至孩子们确信是妈妈在教自己，而不是自己在教妈妈。

有些妇女这样解释她的行为，说什么玛丽娅是因为害怕被丈夫抛弃才努力学习的。这种解释听起来有点道理，但实际上很庸俗。玛丽娅有很强的自尊心，她认为，为了使自己精神充实，为了使家庭生活更加美好，她必须学习，必须做一个有魅力、受人尊重的女人，而不能做个只知道伺候丈夫、孩子的夫人。她知道，没有内在精神支撑的美，在丈夫眼里是没有生命力的。这个妇女做出了正确的决定：要有更多的精神追求，要不断地在精神上丰富自己，使自己始终处于家庭精神生活的中心地位。她努力这样做了，这使她一生都可以保持女人的魅力。

　　如果你希望未来的妻子成为你一生中唯一的爱人，你就要很好地安排自己的家庭生活，使你妻子的精神生活充实富有。

　　祝你健康，愉快。拥抱你、吻你。

你的父亲

第二十二封信

你好，亲爱的儿子！

    你简直是在催促我写一本论文集：先是要我谈友谊和爱情，然后是谈女性美，这次来信又要求父亲谈谈对美的认识。好吧，我就和你谈谈，只是希望你能永远记住我对你讲过的话。

    从人变成为人，从他望着天边的晚霞出神的那一刻起，人就开始审视自己。爱美，这是人的天性，美给我们的生活带来无穷的快乐。人之所以变成人，是因为他看见了一碧如洗的蔚蓝色天空，看见了夜空中闪烁的群星，看见了晚霞散射的玫瑰色光芒，看见了刮风前一天血红的落日，看见了地平线上若隐若现的海市蜃楼，看见了无边无际的茫茫草原，看见了三月积雪上的蓝色阴影，看见了高空中飞翔的群群白鹤，看见了阴沉秋日的蒙蒙细雨，看见了丁香花丛里紫色的花团，看见了早春时分钻出积雪的娇嫩雪花的细茎——美丽的大自然让他惊叹不已，于是他也在大地上到处创造新的美。面对这样的美景，也请你停下脚步，你不仅会为之惊叹，你的心灵也会因之变得高尚。人的生活之所以那么快乐，还因为他听到了树叶的絮语声，听到了蝈蝈的歌唱声，听到了小溪流水的潺潺声，听到了云雀婉转悠扬的啼叫声，还有雪花飘舞的沙沙声，窗外暴风雪的呼号声，波浪轻轻拍打的哗哗声。在肃穆静寂的夜里，人们屏住呼吸，倾听着，几百年、几千年地倾听着大自然神奇美妙的音乐。你要学会欣赏这种音乐，要珍惜生活的美。

　　在万事万物中，人是最美的，而人类美中最美的，又是女性的美。伟大的诗人荷马、但丁、莎士比亚、普希金都极为称颂女性的美，以巨大的热情塑造出一个又一个不朽的女性艺术形象。他们以纯真的感情歌颂那些热爱生活、充满朝气的妇女。他们钟情的这些女性被许多代的人视作纯洁、高尚爱情的典范。女性美不是由性本能衍生的，也并非不能离开性的需求而单独存在。别林斯基曾经生动描述了与性欲无关的女性美："这是一位非常美丽的年轻妇女。在她的面庞上您看不出任何明显的表情，因为它本来就没有表达什么感情。在这张脸上，您看不到善良、爱情，也看不到自我牺牲和崇高的思想、追求……它仅仅是非常的美丽，非常的迷人，充满了生机，仅此而已。您没有爱上这个女人，也没有被她爱上的愿望。您只是静静地欣赏她优雅的举止和娇媚的姿态。但是此时此刻，在她面前，您的心脏不知何故跳得更加有力，刹那间，一股温暖、幸福的热流荡漾在您的心头。"

　　我们对外在美的要求反映了我们对美的认识。外在的美不仅仅指身体各个部分及其组合的完美，也不仅仅指身体的健美，它还包括丰富的内心世界，深邃的思想，丰富的情感，高尚的品德，自尊和尊重别人，通过身体反映出的一种精气神。人的眼神是人精神生活的集中反映。眼睛是思想的镜子，是感情的表达者。人的道德发展和精神修养的一般水平越高，他内在的精神世界就越是通过外部特征鲜明地表现出来，这种观点已经被越来越多的人接受。内在的精神通过外在容貌反映出来，以至于当人在修饰自己的外表时，如果违背了人的审美习惯或者伤害了人的尊严，也会被认为是心灵空虚的表现。

　　内在美和外在美统一的审美观维护了人的道德尊严。人力求使自己看起来美一些，这没有什么不好。问题是怎样才能使自己美起来。人在从事自己喜爱的、能突出反映自己美好个性品质的活动时，他的外在美表现得最为鲜明和生动。这时，由于内在力量的勃发，整个的人都放射出光彩。古希腊雕塑家米隆，他把铁饼运动员的美定格在内在的精神力量和外在的肌肉力量同时爆发的瞬间，这不是偶然的。这座雕像一直被尊奉为美神。一心想着创造

245

的姑娘比起闲得发慌的姑娘，她的美要鲜明、深刻得多。劳动着的人是美丽的，而游手好闲、无所事事是美的大敌。如果你想做一个美丽的人，就去劳动吧！忘我地劳动，直到成为这一行的能工巧匠和创造者，成为自己喜爱的工作的主人。这时候你会因为陶醉在最大幸福——创造的幸福中而变得很美，很美。

伴随着美的是激情。冈察尔①有一篇非常好的短篇小说叫作《向日葵》，讲的是一个雕塑家的故事。有人委托这位雕塑家为一位姑娘，一位向日葵生产能手塑造半身雕像。在与姑娘见了一面以后雕塑家拒绝了：他认为姑娘很不美，不能激发自己的创作欲望。后来，有一次他驱车去车站，正好经过葵花盛开的向日葵地，在这里他发现了自己的主人公。这时，姑娘的面容在雕塑家眼里完全成了另外的样子。姑娘正在全神贯注地干活，在劳动中她浑身充满活力，内在的美使她容光焕发。"真美啊！"艺术家惊叹道，在头脑中迅速勾画出了姑娘美丽的轮廓。

外在的美有自己内在的道德源泉。人所热爱的创造活动可以使人变得美丽，它能改变人的面貌特征，使它们变得精细、富有表现力。

惊恐和忧愁也能创造美，人们称之为"用悲苦来创造美"。痛苦、惊恐、忧愁会在脸上留下道道皱纹，它们就像技艺高超的雕刻家刻下的一道道精细的线条，使人的面庞表现出深刻、丰富的内涵；反之，空虚的心灵会使人面容冷漠、迟钝。

如果说内在的精神财富创造人的美，那么，无所事事，尤其是不道德的行为就是在毁灭人的美。不道德的行为使人变得丑陋。欺骗、虚伪、空谈成性的人目光游离，竭力躲闪别人的眼睛，很难透过他的眼睛探查到他的思想。献媚和阿谀奉承的人卑躬屈膝、低三下四。为了讨得首长的欢心，他随时准备趴在地上，不知是在表示俯首听命，还是在请求主子宽恕。没有什么比奴

---

① 冈察尔，1918—1995年，乌克兰作家，20世纪下半叶他的名字在乌克兰几乎家喻户晓。——译者注

颜婢膝更下贱的了，它使人的容貌变得粗俗、猥琐、阴沉、让人恶心。要按自己的本性做人，要珍惜自己做人的尊严。一个真正美的人应该具有这样的气节。

人的美的标准，实际上也是人的道德标准。身体的完美、精神的完美、情感的完美，三者统一，就是我们常说的人的和谐发展。只有我们社会的每一个人都美起来，或者形象地说，每一个人都因为内在的美而闪闪发光，人类才能达到美的巅峰。就像高尔基向往的那样，人和人像星星一样相互辉映。我坚信，到了共产主义，所有的人都会非常的美丽。一定会是这样，因为到了那个时候，内在美和外在美这两朵奇葩就会同时开放。

你，就是你自己精神美的创造者，与你共同生活的人美还是不美，在很大程度也决定于你。

给你寄去一本《格林童话》。读这本书不仅需要用脑子，还需要用心。不要只读故事，要用心去揣摩故事后面的意思。

愿你身体好，精神愉快。

你的父亲

第二十三封信

亲爱的儿子，你好！

你从集体农庄写来的信收到了。在大学五年里，你至少可以去五个州，你会很好了解乌克兰农村的。你信中写道，你所在的镇子审判了德国占领时期的一个警察。二十年前，这个叛徒和德国鬼子一起残酷地折磨苏联人，杀害、拷打游击队员、老人、妇女和儿童。你很吃惊：怎么会有这样的人呢？他不是诞生在苏联，成长在社会主义社会吗？怎么一下子就成了叛徒呢？你感叹地说：要知道，生活本身就在教育人啊！

问题就在这里：不是生活本身在教育人，而是人在教育人。生活只能帮助人去教育人，对此我是坚信不疑的。我给你讲一件过去的事情，你听了就会明白变节者是怎样产生的。

在我们区的一个村子，不久前住过一个人，也是卫国战争时期的叛徒。他的命运很可悲，对我们很有教益。

这是在战争初期，战火燃遍乌克兰大地，连从远处吹来的风都带着血腥气。法西斯军队从西边压过来，我们的部队撤退到了第聂伯河的东岸。在八月的一个寂静的早晨，敌人的摩托车队开进了村里的一条主要街道，我们要说的这个人就住在这条街上。村民们都躲在屋子里，孩子们也吓得不敢出声，只敢偷偷地从窗户往外张望。

突然，令人难以置信的事情发生了：只见这个人从屋子里走了出来，身着绣花衬衣，脚上的鞋子擦得锃亮，双手托着的绣花手巾上放着盐和面包。他走到法西斯匪徒面前，谄媚地笑着，躬身举起面包和盐。一个长着棕色头发的小个子上等兵故作姿态地接受了盐和面包。他拍了拍变节者的肩膀，请他抽了一支烟，又从口袋里拿出一盒，想了想，把盒子拆开，把里面的烟抽出一半后递给了这个叛徒。

这一切都被屋子里的孩子们看得一清二楚，他们如实地告诉了妈妈。几分钟后，全村的人都知道了自己这位乡亲的可耻行径。村民们胸中顿时升起一股怒火，纷纷攥紧了拳头。过后人们冷静下来，开始思考：这个人是谁，他怎么会走上背叛的道路？人们从他的祖辈回忆起，细细地思量他童年的事情。怎么会这样呢？要知道他是个只有二十来岁的青年啊！对了，他好像还是一个共青团员！可是，等一等，他叫什么名字？他姓什么是知道的，因为大家认识他的父母，至于名字，就不知道了。大家都熟悉他的母亲——农庄女庄员亚丽拉，这个人从小就被叫作亚丽拉的儿子。人们在想，是什么原因使得这个小伙子沦为叛徒呢？谁也说不清楚，邻居们只记得从小大家都叫他"惯坏了的儿子"。父母就这么一个儿子，他常常一直睡到吃午饭的时候，人未起床，殷勤的母亲就已经在床边摆好牛奶、白面包、酸奶油……别的人家总是清晨就把孩子叫起来，派他们去地里干活，而亚丽拉心疼自己的宝贝儿（她常常叫他"我的宝贝儿""我爱不够的心肝"），不让他干活，也不让他有什么操心、难受的事情。

你说生活在教育人……要知道亚丽拉爱儿子，可儿子又怎样报答她呢？如果真是生活教育人的话，那么母亲的爱也应该换回儿子的爱。但是生活却不是这样简单。在生活里，种下的是爱情，收获的却往往是灾难。

谁也不知道在这艰难的年头里，亚丽拉的儿子是什么时候、怎样回到村子的。黄昏时，老人和妇女们坐在枝叶茂密的樱桃树下谈论着，他们怎么也弄不明白：他这样做，究竟学的是谁？但有一点乡亲们看得很清楚，这就是，法西斯匪徒占领村子的第三天，亚丽拉的儿子就已经戴着警察臂章在村子里晃来晃去了。

"我们费尽脑筋想啊，想啊，"七十岁的尤希姆爷爷说，"这个家伙是怎么成为叛徒的？是因为精神空虚。在这个人的心里没有什么东西是神圣的。他既不心疼母亲，也不心疼家乡的土地。他的心并不因为祖祖辈辈生活的土地遭受蹂躏而战栗。他没有耕作过家乡的土地，也没有为乡亲们做过任何的事情，在他心里，除了一蓬杂草，什么也没有。"

母亲因为儿子而感到羞辱。她发现乡亲们仇恨她养大的这个畜生，也厌恶把这个畜牲养大的母亲。她试图规劝儿子，提醒他苏联政权会回来，他会受到报应的。但是儿子却反过来威胁说："你知道不拥护新秩序的人是什么下场吗？""我再也不认你这个儿子了。"母亲伤心地说，然后离开家住到妹妹家去了。

被占领的日子总算到了头。十一月的一个清晨，村头响起激烈的枪声，苏联红军解放了这个村子。亚丽拉的儿子没有来得及和主子一起逃走，他被捕了。审讯用了很长的时间，因为法庭不能根据传闻给他定罪。法官们需要核实每一个事实：是谁看见他参加处决游击队员？谁能证实是他把一个黑眼睛的漂亮姑娘送去做苦役？尽管大家都知道这些罪行确实是他犯下的，但一一落实也不是一件容易的事情。法庭终于做出判决，亚丽拉的儿子被判了七年徒刑。

七年以后，亚丽拉的儿子服完刑回到村里。原来就很少有人知道这个叛徒的名字，现在人们还像从前一样，把这个三十岁的人称作亚丽拉的儿子，一些人干脆就叫他"卑鄙的家伙"或者"没有良心的人"。他住在父母的房子里，从来都没有人去他那里，邻居们甚至不准自己的孩子走近他的屋子。他的母亲亚丽拉活得非常痛苦。临终前，母亲把亲戚和村里的老人请到了床前，她对大家说："亲人们，求求你们，帮我掀开压在我心上的这块沉重的石头吧，不要再把这个人当作我的儿子了！"尤希姆爷爷代表大家对她说："亚丽拉，就照你说的办。从今以后我们再也不叫他亚丽拉的儿子，连他的名字也不提。"乡亲们果然照着尤希姆爷爷的话做了。现在大家不仅不叫他亚丽拉的儿子，甚至连他的名字也完全忘记了。不过乡亲们又给了他一个新名字——"没有名字的人"，所有的村民都这样称呼他。

我希望这个没有名字的人的可怕命运，能够提醒一些人看一看自己，看一看自己的心灵。他们应该问一问自己：在我们苏维埃社会里，什么东西是我最珍贵的？是什么把我和人民联系在了一起？我该怎样做才能获得人民的尊敬？

你也应该问问自己这些问题。你要知道，对人民的爱是指引人走向幸福的圣火；没有这种爱，人就会把自己推入孤独的深渊。一个诚实、勤劳的妇女怎么养了个当叛徒的儿子？难道是因为他的童年不快乐、不幸福吗？看起来，母亲似乎给了儿子充分的幸福呀！但是这是一种什么样的幸福呢？没有理性的享乐和利己主义思想蒙住了他的眼睛。它们像一堵不透气的墙，把他的心与人民的快乐和痛苦隔绝开来，使他绝情寡义，心硬如铁。一个人，如果把享乐看作人生唯一的快乐，把别人视作为自己提供享乐的奴仆，他就不可能成为诚实、善良、勤劳的公民。

看着你的眼睛，儿子，我在想：你为别人做了些什么呢？把你和劳动人民连在一起的红线在哪里？从革命成果这个取之不尽的美的源泉里吸取营养、给你提供精神财富的根在哪里？你生活中最大的欢乐又是什么？记得那一年的"五一"节，为了让那些疲惫不堪的拖拉机手们喘息一下，你和你的同学们坐在拖拉机的驾驶台上整整工作了两天。两天后你从田里回来，满脸灰尘，非常疲劳，但是你很快乐。你感到了从未有过的幸福，因为你为别人做了好事，你从中寻找到了欢乐。你们往地里运送了几十吨肥料，使一大片野草都不长的荒地变成了良田。你看着自己的这块土地，无比的自豪。但是，你心底升起的这股豪情能够终生不灭吗？坦率地说，我很有一些担心。

在我们各族人民的大花园里，各色的玫瑰，千姿百态、娇艳动人。但是，玫瑰花越是开得繁盛，夹杂其间的荆棘、杂草就越是显得碍眼。它们不知道是怎么长出来的，污染着我们的环境。花园里的荆棘、杂草可以连根铲除，而心灵受到污染的人却不能从我们身边撵走。我们能够做的，只是保护人的心灵不受污染，让落进人心田的每一颗种子都能开出美丽的花朵。

俗话说：近朱者赤，近墨者黑，这话确实不错。但是例外的情况也不少：似乎谁也没有教唆人做坏事，周围也没有什么不道德的行为，但人却长成一个卑鄙的家伙。问题就出在这里：尽管没有人教他作恶，但是也没有人教他行善。他的心田就像疏于管理的花园，一旦落入有毒的种子，它就会自由自在地萌发、生长。

于是，在我们社会里最可怕的事情——精神空虚——就发生了。那个没有名字的人，谁也没有教唆他背叛祖国，折磨人民，他却这样做了。一个人，即使没有人教他学坏，但是如果也没有人教他学好，他也不可能成长为人。为了使我们的孩子真正成为人，必须教他们学好，而且只能教他们学好。

愿你健康、愉快。紧紧地拥抱你，吻你。

你的父亲

第二十四封信

你好，亲爱的儿子！

你的来信难住了我。你问我，怎样才能使共青团小组的活动"热烈、生动、有吸引力"，使团员们不在心里嘀咕，"这无聊的会什么时候才结束呀！"我难以回信，是因为我不太了解是什么在维系你们的集体，它的成员有些什么兴趣和理想。不过谈点自己的想法还是可以的。

我很了解共青团组织生活的这个毛病：大家聚在一起开会，却无话可说，不知道该讨论些什么问题。原因在哪里呢？我认为，原因就在于会议的内容与集体的精神生活脱节，因而引不起争论和辩论。只有会议很有必要，换句话说，只有在大家认为必须聚在一起讨论、辩论某个问题的时候，会议才会有吸引力。

在我看来，无论是中学、大学，还是集体农庄、工厂，共青团最应该做的事情就是培养人。共青团的会议应该成为青年自我教育的学校。要培养青年的才智、情感、公民意识和道德品质，要让每一个青年男女都来认识自己，认真思考自己的前途和命运，把自我认识和对理想的追求结合起来。我坚信，培养世界观、帮助人树立明确的思想方向，是大学及其共青团组织最重要的任务，而这些工作需要从培养人的聪明才智做起。思想好比是根，理想好比是绿色的幼芽，人的念头、行为、冲动、热情，都是从这个幼芽发展起来的。共青团组织应该帮助每一个青年发展智慧，学会思考，使青年的认识逐渐接近真理。现在人人都在抱怨，说学校迫使自己死记硬背，但是，为什么没有人责备自己、抱怨自己没有头脑、懒于思索呢？原因就在于谁也不愿意承认自己的智慧不足，因而也就没有人想过应该怎样使自己变得聪明起来。在各个单位的共青团组织可以看到一种非常奇怪的现象：大家什么问题都谈，唯独不谈怎样培养人的智慧。要知道培养智慧是根，所有其他的工作都要从这个根开始。

那么应该怎样培养智慧、世界观，怎样使人有理想、有追求呢？所有这些问题应该怎样提出来呢？

达·芬奇说过，聪明才智是经验的女儿。铁器不用会生锈，水不流动会发臭，智慧也一样，不用就会枯竭。你们思考、讨论一下这个问题：什么是我们生活的经验？我向你担保，这一定是一次兴趣盎然的讨论。因为在讨论时，你们每一个人都会像打量别人似的打量自己。你们每一个人都会对自己的所作所为进行理智的分析。这时你们就会讨论到思想、理想，而且每一个人的发言都会结合着自己的亲身体验。在争论生活经验的问题时，人仿佛是在为自己做过的事情做总结，而自我总结又离不开自我评价，这个讨论的巨大教育意义就在这里。歌德说过，追随实际目的的强大智慧是世界上最好的智慧。应该从实际目的出发分析自己的经验。你们的全部学习活动、全部智慧劳动都有实际的目的，这就是做优秀的工程师，做出类拔萃的创造者，做头脑清醒、心地纯洁、双手灵巧的诚实、正直的人。你们要想一想，怎样才能成为你们理想中的优秀的人物？你们读过哪些让你们激动的书？在你们的智慧劳动中究竟有多少寻根问底的探究精神？"为了掌握知识，就必须贪婪地吸收知识"，建议你们讨论的时候把这句话写出来，挂在醒目的地方。

你们是看得见共产主义的一代人，你们应该具有创造者的智慧。什么是创造者的智慧？这就是体现在行动中的世界观。大学的学习一般来说应该具有这样的特点：所学的知识不仅能帮助你们认识和解释世界，还能帮助你们有所建树，使你们知道应该捍卫些什么，为了什么而斗争。有一次，一位大学团的工作者对我说：

"大学团组织很难做到让每一个团员都去参加一些具体活动。要知道我们是'纯粹的思想者'，我们与生活会有什么直接的联系呢？"

这真是奇谈怪论。要知道，即使是真正的"纯粹的思想者"，也会因为不放弃自己的信念而选择死亡。在分析自己的生活经验时，你应该回答这样的问题：我信仰什么？我捍卫什么？我在为什么而斗争？我相信，在我们这个社会，正是在思想领域，在科学唯物主义世界观与迷信、偏见、僵化思想之间，还会有长期尖锐的斗争。我们周围还有很多人坚信许多现象都有其不可知的一面，坚信世界上有许多超自然现象是人永远都无法解释的。一般来说，虔诚的宗教徒都持这种观点。应该帮助他们树立另一种信仰和希望，使他们相信：今天一个接一个的新发现，破解的正是自然和思维在昨天还严守的秘密；过去的谜团被解开了，新的谜团又会摆在我们面前，总有一天人类也会把它们解开。我相信，在认识了生命的最精细、最复杂的奥秘之后，人也最终会掌握自身的最大秘密——长寿的秘密。人类孜孜不倦地破解自然和社会的奥秘，就是为了争取理智的胜利，也就是人的胜利。这是一场真正的战斗，它需要人不断地思考。别林斯基说过，到处都是为理智胜利而斗争的战场；因为，给人以智慧，就是要人有理性地活着，而不是让他带着一堆谜团愚昧地活着。为了人的胜利而斗争，在这个斗争中丰富自己的经验，这样你们就会有许多问题可谈、可争论了。正是要在那些似乎神秘的自然领域为科学唯物主义的胜利而斗争。思考，思考，再思考。你们吸取的精神营养越丰富，你们的争论也就越激烈，你们对自己生活经验的认识也就会越深刻。

如果你们能够经常思考还有哪些事情没有做，还有哪些事物未被认识，那么你们就可能成为一个真正聪明的人。列夫·托尔斯泰说过：智慧对于每一个人都是必需的，因此，智慧也是每一个人都固有的。人的智慧表现在他清楚自己的目的和达到目的的手段。他说："假如我们能把智慧从一个聪明的头脑里取出，注入另一个缺乏智慧的头脑，那该多好啊！然而不幸的是，为了接受别人的智慧，人首先必须自己独立地工作。"

对这位智者中的智者的至理名言，我们应该好好地思考。假如你自己不迈开双脚，你身边的人无论多么聪明，也不能在人类智慧的征途中把你向前推进一步；假如你自己不开动脑筋，你身边的争论无论多么富于智慧，也不会使你变得聪明一点。

罗曼·罗兰说过："智慧的勇敢，是在艰苦的智力劳动面前无所畏惧；而智慧的忠诚，则是在真理面前永不退缩。要竭尽全力追求真理，不放过任何一点有价值的东西。要鄙弃似是而非、模棱两可，无论何时何地，都不屈从于使人轻松、舒适的决定和让人失去尊严的谎言。要敢于独立思考，做一个真正的人。"建议你们在共青团的辩论会上讨论一下罗曼·罗兰的这些话。你们要认真地想一想，你们是不是总能战胜智力劳动中的困难？记住，儿子，在艰苦的智力劳动中是很容易受到诱惑的。人们往往绕过最艰辛的道路，挑选轻松的捷径。为了真理的胜利，为了你所信仰的思想和理想，你们有战胜任何艰难险阻，勇往直前的决心吗？

你看，关于聪明和才智有多少可以讨论的问题啊！思想、理想方面可以讨论的问题也不少。我建议你们组织以下专题的讨论："谁是我们学习的榜样""人的理想和有理想的人""道德和美"。记得我上大学的时候就参加过这些问题的辩论会，你们可以试一下，你们会看到各种观点是怎样激烈交锋的。高尔基有个令人惊叹的思想，他说："自然在不让人用四肢爬行的同时，给了他一根拐杖，这就是理想。从这时起，人就无意识地、本能地追求美好和高尚的生活。让我们把这种无意识的追求变成自觉的行动吧！要让人明白，只有自觉地追求美好和崇高，人才能获得真正的幸福。"你知道高尔基说的"由无意识、本能的追求向着自觉行为的跨越"指的是什么吗？指的就是我们常说的自我教育！人通过劳动获得了理想的拐杖（这根拐杖不是自然给的，不是），应该用这根拐杖在黑暗中探路，使它成为人得心应手的工具。

没有理想就不会有任何的进步；没有理想，也不可能有人的幻想，而幻想，这是点燃共青团员革命热情的火种。讨论一下青年人的理想吧，你们会发现，理想能使你们站在更高的地方俯视生活，从而在生活中发现许多对你们来说十分珍贵的东西。

这就是我建议你们在共青团的会议上讨论的问题。这绝不会是那种让大家心烦，谁也不想发言的会议。这将是生动的、充满创造思想和崇高激情的竞技活动。

祝你健康、愉快。拥抱你并吻你。

你的父亲

第二十五封信

亲爱的儿子，你好！

好样的，孩子们！我很高兴你们按照自己的信仰采取了正确的行动。那位年轻的农艺师，怎么能够只是为了不妨碍康拜因收获玉米，就轻率地决定把玉米地里已经成熟的向日葵统统砍掉、埋进土里呢？你们凭着共青团员的良知拒绝执行这个愚蠢、没有理性的命令，加了几个小时的班，抢救了几千公斤的向日葵籽，这是多大的一笔物质财富啊！你们因此也获得了巨大的精神财富，这就是罗曼·罗兰所说的"正直的头脑"。

人的心灵美首先就表现在有坚定的信念，忠实于自己崇高的信仰。这个问题记得去年曾经写信和你谈过。而关于信仰，简直可以写出一首长诗来。正义感，再乘以对自己人格的尊重，就会使人树立起只凭良心做事的坚强信念。不久以前我们这里发生过一件很启发人的事情。有个十三岁的女学生叫玛林娜，父母都是教徒。几个月前，玛林娜的父母开始带她去教堂祈祷。他们告诉女儿，要是不信上帝，人就没法活下去，但是女儿始终相信只有人才是最伟大的。有一次，玛林娜问传教士：

"您说是上帝创造了地球上所有的动物，您还说上帝只为人做好事。但是，上帝在造人的时候，还造出了那么多害人、甚至能把人害死的细菌，这又是为什么呢？"

传教士回答说："真正的上帝只能用心和情感去景仰，而不是智慧。不要

258

自作聪明，不要追根寻底，上帝会保佑你的。"

"不，我不能相信没有道理的东西。"从此女孩再也不去教堂了。父母威胁说，不去教堂就不认她是女儿。小姑娘说："那我只好离开你们了。"

现在玛林娜在同学家已经住了一个月。我相信，她的父母很快就会请求女儿原谅的，因为女儿坚定的态度会迫使他们思考很多问题，使他们觉醒。

这就是真正的信念。为什么一个十三岁的孩子对真理如此忠诚，而那位三十岁的农艺师却要做违背自己良心的事情呢？毫无疑问，把已经到手的向日葵埋在地里，他也会感到痛心的。但是，为什么他还决定这样做呢？

说到这里，又要说到精神了。像农艺师这样的人，讲起大道理来，相信是一个字也不会说错的。但是这些道理没有融进他的思想、精神和感情，就像列宁说的，真理只是沾在他们的舌头尖上。任何重要的事情都不能交给这些只会说漂亮话、做表面文章的人。我想起了一件很可笑的事情。我们农场有一位年轻的畜牧师，有一次区主席来视察工作，对他说："奶牛应该养在没有单个牛栏的大棚里。"也就是说，不让牛有自己单独的"工作间"，而是让它在大棚里到处游荡。畜牧师立即照办。可是不几天后农庄主席休假回来了，非常生气地阻止这种荒唐的试验，奶牛又回到了原来的地方。就在这个时候，区里的大小报纸齐声赞扬这位畜牧师，说他是个了不起的革新能手。畜牧师进退两难，尴尬极了，只好在区领导经常光顾的地方选了一个小畜牧场继续执行区主席的指示，其他畜牧场则遵照农庄主席的命令，走老路子。你看，人一旦失去主见，就会荒唐到如此的程度。

你要记住，巴结讨好和不讲原则，离背叛行为只有一步之遥。要记住："信仰之所以珍贵，只是因为它符合真理，而完全不是因为它符合我们的需要。"要学会坚持自己的信仰。真理往往藏在事物和现象的深层，不是一眼就能看出来的。比如，我们可以举出很多事例，证明农庄畜牧场的劳动文明程度很高；也可以举出同样多的事例，证明它的劳动方式还非常原始。现实是很复杂的，常常自相矛盾。如果你对此不能理解，生活就会把一个个不解之谜和你无法克服的困难扔给你。要用辩证的观点分析事实和现象，要看它们的发展趋势，这样，所有的事情就能一目了然。

从集体农庄回校后，请尽快去书店看看有没有《爱因斯坦文集》第一卷，帮我买两本寄来。

祝你一切都好。拥抱你，吻你。

你的父亲

第二十六封信

你好，亲爱的儿子！

　　你的来信使我非常不安，它使我想到，在人的心灵深处，总会有一些教育难以奏效的地方，教育者往往忽略了它们。你告诉我，一个同学的母亲从老远的家乡来了，可他却因为自己的妈妈只是一个普通农民而躲着她。他让别人对妈妈说自己不在学校，却没有忘记嘱咐妈妈把装满鸡蛋、腌肉和黄油的篮子留下。

　　你很气愤，而我却在思考。我认为用共产主义改造世界，难度最大的领域是人和人的相互关系，是在人的心灵培植真正的人性。在人自身不具备人的思想和人的感情之前，谈不上共产主义生产关系的胜利。

　　有些教育学理论工作者认为，真正的思想教育应该从孩子戴上红领巾的时候开始。这是十分错误的。真正的思想教育应该从孩子学会喊妈妈的时候就开始。新生儿具备了人的身体特征，他会成为怎样的人，在很大程度上取决于他在说出"妈妈"这个词时体验到的是何种感情，决定于他怎样对待自己的母亲。怎样尽儿子的义务，这是对人性的严峻考验。

　　没有什么爱比母爱更强大，没有什么柔情比母亲的抚摸和关怀更温柔，也没有什么人比为儿子担惊受怕、整夜不眠的母亲更让人心疼。"人类因为有了母爱才得以生存，没有什么比母亲的爱更强烈、更圣洁、更无私。任何的眷念，任何的爱情，任何的热情，和母爱比起来，或者软弱无力，或者夹杂着个人私欲。"别林斯基赞美母爱的这些话语一点也不过分。

做子女的，应该深深感谢自己的父母。如果父母觉察到子女忘记了父母的养育之恩，冷漠地对待自己，他们该有多么伤心啊！人到暮年，没有什么比孩子们的孝心更让他高兴的了。在民间，不孝被看作是最大的罪孽。我们应该向劳动人民学习，培养自己纯洁高尚的心灵。应该从劳动人民的道德思想里吸取精神力量，否则，就不可能有真正的人性和真正的同志、兄弟情谊。我给你讲一个故事，看看人民是怎样对待一个不孝之子的。

赫里斯金娜含辛茹苦养大的儿子从前线健康地回来了，但他决定离开母亲单过。他在村头离母亲很远的地方盖起一座结实、漂亮的新房，娶了媳妇，把母亲抛在了脑后，快快活活地过起了自己的小日子。母亲的房子要垮了，请儿子帮忙修修，儿子却说："我自己的事情还忙不过来哩，自己想办法吧。"母亲伤心地哭了……后来母亲病倒在床，不能动弹。邻居们找到儿子，对他说："安德烈，你要是还有一点良心，就应该去照顾你的妈妈。"儿子嘴里答应着，可是半年过去了，一年也过去了，尽管母亲的身体越来越糟，可是一次也没有看望过母亲。全村的人都在谴责儿子，说他是个冷酷的人，是畜牲。安德烈的四户邻居原本打算就在旧宅地上翻盖新房，但是，诚实的人怎么可以和一个没有良心的畜牲住在一起呢？这几户人家搬走了，留下了四座破房子。一年后又有五户邻居搬走。人们甚至都不愿意从安德烈住的这条街走过。从黄昏到清晨，从那些空旷的院子里不断传出猫头鹰凄惨的叫声。安德烈请求农庄主席把周围的空地划给别人建房，但是谁也不愿和他做邻居。

一个雷电交加的夜晚，雷电引起大火烧掉了邻居们留下的破草房。就在这个晚上安德烈的母亲去世了。在邻居们厌恶的眼光里，安德烈和妻子勉强挤出几滴眼泪，拿着母亲留下的衣物走了。

火灾留下的废墟上长出了野草。人们发现，夜里，狼在安德烈屋子周围出没。

大家绕着安德烈走，见面也不和他打招呼。这个没有心肝的人害怕了，他不敢出门，直到深夜才敢出来在长满杂草的野地里游荡。终于有一天，安德烈在废墟中的一根房柱上吊死了。

我不认识那个躲着自己母亲的大学生，但是我有理由相信他是一个可怕的人，困难时刻不能指望他。以后他也不会善待自己的妻子和孩子。他会用卑鄙的个人主义思想教育孩子，教他们用轻蔑和冷漠的态度对待别人。

祝你健康、愉快。

你的父亲

第二十七封信

你好，亲爱的儿子！

你在信里写道："您写信的口气，就好像明天我就要结婚，再过一年我就会有孩子似的……"你的话让我吃惊。

人应该预先学习所需要的知识。人真正的劳动从十八岁开始，但是教他劳动，却要在他学迈第一步的时候。教给孩子有关人类繁衍的知识也是一样。教人如何教育自己的孩子，实际上就是在培养他的人性。让我吃惊的是，我们教少年、青年很多的东西：翻耕土地、播种粮食、开拖拉机、使用机床，可谁也没有想到，还应该教他们怎样教育自己的孩子。人们想起这件事情往往是在孩子有了孩子之后。

我的每一天都是在孩子们的欢笑声中开始的。花园里正在绽开的玫瑰花蕾、蓝天上神奇变幻的云彩、灌木丛中飞舞的色彩斑斓的蝴蝶……大自然的一切，都让孩子们兴奋不已、赞叹不已。多好啊，社会和父母给了孩子们这么多的欢乐！但是每当看到这些天真烂漫的孩子们时，有个问题总是让我不安，希望每一个未来的父亲，包括你，都来一起思考。这个问题就是，我们对孩子的爱像一个巨大的、永不熄灭的火炬，但是，它能在孩子们的心里引起一点点感激的小火星吗？孩子们能感觉到他们的欢乐和平安，是父母和许许多多与他非亲非故、但是离开了他们自己甚至都活不下去的陌生人的心血和汗水换来的吗？

在孩子身上延续、再造自己，这是父母最大的幸福。你会像欣赏一件令人赞叹、举世无双的奇迹一样欣赏自己的孩子，你会毫不犹豫地把你所有的好东西都给他。但是你别忘记，你的孩子首先应该成为一个人。而人最重要的，是要对那些有恩于自己的人有一种感激之情和义务感。只有在他也为你——父亲、母亲做好事时，他才会感激你为他做的一切。用善行回报善行，这是父母教育子女的最重要的法则。

记住，儿童对幸福的理解在自然本质上是自私的。在他看来，父母长辈为他操劳是理所当然的。在他切实体验到长辈的劳动是他幸福的源泉之前，他会坚信母亲和父亲只是为了他，为了给他幸福和欢乐而活着。有一种现象似乎不合常情：父母是诚实的劳动者，孩子却成了没有心肝的人。其实没有什么奇怪的，这是因为，尽管父母是很好的公民，但是对待孩子，却只是让他消费欢乐，而不教育他为别人创造欢乐。这是最可怕的教育失误。只有亲身体验到帮助别人快乐是自己最大快乐的人，才懂得为别人做好事有多么伟大、美好。这种没有私心的欢乐才是人真正的欢乐，它是使青年的心变得高尚的力量。

怎样才能使父母、长辈给予儿女的粒粒金沙变成儿女回报父母，回报社会的金矿？最重要的，是让儿童看到、感受到、用全部心灵理解和体验到：他生活在人群中间；为了使他平安、幸福，有很多人用尽了自己的力量和智慧；他无忧无虑度过的每一天都是别人用劳动和心血换来的。

你的孩子出世后，你要教他看得见人，感受到人。在儿女身上重现自己，使他比自己更完美，这是教育中最复杂、最困难的事情。

记住，从孩子有了自我意识时起，就要教他关心、帮助别人。教育孩子为别人做好事，是从引导他关心美好的事物开始的。所有能使人产生美感、使人快乐的东西，都具有神奇的教育力量。

年轻的父母应该学会设计人。应该认真思考，为了使孩子敏锐地感知周围世界，为了使他真正感受到自己生活在很多人中间，应该让孩子做些什么？

你的家庭应该有自己的节日。在这一天，孩子要为亲人带来快乐。我们这里许多家庭都过玫瑰节，这是家庭的玫瑰节。你当然会记得你小的时候和奥莉加一起栽种玫瑰的事情，记得怎样为它浇水施肥。开始孩子们很愿意从事这项并不复杂的劳动，但是他的热情会很快地冷却。需要经常提醒他们，该浇水了，该防冻了，该松土了。他们不太喜欢这种单调的劳动。劳动的结果——香气扑鼻的鲜花——在他的头脑里还显得非常遥远和渺茫。要教他学会忍耐和等待。

春天，第一片绿叶冒出来了，这时儿童的眼睛迸发出快乐的光彩。长时间的、新的单调劳动又开始了。一次又一次地浇水、锄地、施肥……终于，孩子们欣喜地发现了第一个花蕾，然后是第二个、第三个……孩子们快乐无比，不是那种收到礼物时的快乐，不是和小伙伴嬉戏玩耍时的快乐，也不是外出旅行即将出发时的快乐。这种快乐是独特的、从未体验过的。

这是为自己最亲爱的人——父母、爷爷、奶奶创造快乐的快乐。这件事情之所以让孩子们兴奋、激动、快乐，是因为为别人做好事是一件美好的事情。孩子们急切地盼望自己的玫瑰早日开花。现在他们已经有一点耐心了。这时候如果有人折断他准备让母亲惊喜的玫瑰，孩子就无异于遭到天大的不幸。谁要是在一生中从未体验过这种痛苦，谁就还算不上一个真正的人。

对于父母来说，没有什么是比看着孩子蓝色的眼睛，从孩子手里接过他亲手栽培的玫瑰更幸福的时刻了。在这个瞬间，孩子眼睛清澈、纯洁，闪烁着人性的火花。它洋溢着内心的喜悦，为别人创造幸福的喜悦。

这种圣洁的光辉，这种人性的照耀，仿佛使孩子看到了一个新的世界，这就是人，以及人的欢乐、忧愁、恐慌、苦难。孩子在给母亲送花时第一次在母亲的眼里看到了惊喜和快乐。在这一瞬间，孩子对自己说：母亲很少有这样快乐的时候，她有很多烦心的事情。他对自己亲爱的人产生了怜惜之情，决心努力为母亲带来更多的快乐，这些瞬间时光像一粒粒的金沙，不断丰富着孩子的心灵。孩子会越来越热切地盼望为亲人、为父母创造美。

这是对人进行真正的共产主义教育的开端。经历过为别人做善事、创造美的美好感受的孩子，眼睛能够看到更多的东西。他会在每一棵苹果树，每一串葡萄，每一朵鲜花上都看到人的劳动、焦虑、惊恐和希望。他不会随意折断树枝、摘下花朵，因为良心不允许他做坏事。

一年、两年过去了……家庭形成了传统——在父母和爷爷、奶奶生日那天，孩子都要献上一束鲜花。假如生日是在冬天，就让孩子在暖房或者在屋里暖和的地方养上一盆花。孩子会为这些花操心，这很好，这能触动他的心灵！

让你的孩子有一点让他牵挂的事情；让他们为秋风里的小苹果树冷不冷、小灰兔会不会啃苹果树的皮这样的事情操心；让他清晨去果园摸摸苹果树细嫩的枝干，给它裹上干草；让他为春寒中冻死的花芽、暴风雨中从巢里跌出的雏鸟而心疼。

在上学一两年后，让孩子们为"知恩园"奠基。在那里为父母和爷爷奶奶种上苹果、葡萄。这是孩子对长辈们的一片心意。要提醒孩子像照料玫瑰一样照料好果树，这可不是一件轻松的事情。在这里一切都决定于父母的教育智慧和坚持性。要经常提醒孩子他是在为谁劳动，他的劳动将会给谁带来快乐。两三年过去了，他们栽下的树开始结果。孩子们会觉得这是自己童年生活中最光辉的日子。这时就无须别人提醒给树浇水施肥，他自己记着呢！他盼望着苹果、葡萄快快成熟，好送给亲人，让他们高兴。

这些瞬间在孩子的心里留下了永远不会磨灭的痕迹。他好像登上了人生道德发展的第一个高峰。孩子们为了亲人灌注在劳动中的那些精力和体力，是情感体验的一个完整的世界。为别人带去快乐成了他的需要，他从内心感到应该帮助同伴、朋友和亲人。有做善事需要的孩子关心周围的人和事。父母的困难和需要躲不过他的眼睛，他们对父母的忧愁和苦痛特别敏感。

即使看起来没有什么不道德的行为，也会使心地善良的孩子感到羞耻。"我必须学好每门功课，妈妈有心脏病，不能让她为我操心。"不久以前四年级的科利亚对我说。男孩子认为，假如分数册上出现不好的分数，妈妈就会难受。他希望妈妈宁静地生活。让妈妈快活的愿望是孩子努力学习的主要动力。这个愿望只有在他体验过为父母创造快乐的快乐以后，才能激励他好好学习。我坚信，一个真心疼爱父母的孩子，是能够迫使自己努力学习的。

记住，道德教育，首先是要教育孩子用理性和智慧约束自己的言行。从孩子有了自我意识的时候起，就要让他明白三个概念：可以、不行、必须。不善于用这三个概念教育孩子就会犯严重的错误。有些教育者，对已经十二三岁甚至十五六岁的孩子，还只会说"可以"。于是孩子以为他就是宇宙的中心，所有的人都必须围着他转。可是，突然有一天，像人们常说的那样，大人们发现孩子骑在了自己的脖子上，这时他才想起说"不"。这不行，那也不行，孩子立即感到自己受到了很大的侮辱和委屈。他突然发现自己不再是父母的欢乐，不再是父母"看不够的小儿子"，拳头和皮带代替了温柔的废话，于是，孩子产生了病态的自尊心，而且越来越严重。父母每一句刺耳的话，都是在往他心灵的伤口抹盐。他的是非、善恶观念开始扭曲，他越来越可怜自己。这种精神状态是个人主义永不枯竭的源泉。这话一点也不过分。不要让孩子产生这种精神状态，它会衍生出冷酷和残暴。只有善待和怜惜别人的人，才会真正善待和怜惜自己。

要学会爱孩子。父母对孩子的爱应该深沉、明智，而不能只是出自本能。希望你也把这些零零碎碎的经验传达给你的后辈。

祝你身体健康，精神振奋。

你的父亲

第二十八封信

亲爱的儿子，你好！

你来信说不知道怎样才能经济、合理地利用时间（"合理"这个词用得很是恰当），让我给你提一点建议。你抱怨，"工作一个接一个压过来，一眨眼，一天就过去了，该完成的工作却没有完成。"你还抱怨说"一大堆"该读的书压在你头上，可你没有时间读完它们。

根据自己的经验，我给你提出以下建议。

1. 第一位，也是最主要的，是要学会听讲，这个我在去年就写信对你说过了。不会听讲的大学生，在测验或者考试前，会一连几天捧着笔记本不放，甚至一天只睡两三个小时，平日该做的事情都集中到了这几天。据我统计，像这样需要"总动员"的"非常时期"，一年至少也有五十天，几乎占了全部工作时间的四分之一。时间不够用，主要是在这个时候。必须防止这种突击复习的做法。必须学会一边听课，一边思考，一边把老师讲授的内容整理成提纲。笔记要及时整理。我建议你把笔记本分成两栏，一栏记课堂讲授的内容，另一栏记从课堂笔记中整理出的提纲，它们是整个课程的框架，你认为需要思考的问题也记在这一栏里。每天都要结合笔记阅读一些有关的资料。如果每门课程都能坚持这样做，就没有必要在考试前临时突击了。每一门课的笔记就是一份独特的大纲，根据它，你就能回忆起这门课程的全部内容。

2. 如果你想拥有充裕的时间，平日里就要坚持读书。每天都要认真读几页与所学课程有关的科学文献。此外，每天还要阅读不少于 10—15 页的其他学科的书籍，包括科普读物；不必深钻，但也还是要用心去读。你通过阅读所获得的所有知识，都是你专业学习所必需的背景材料。这些知识背景越是丰厚，专业学习就越是轻松。你每天在读书上花费的时间越多，你为自己储存的时间也就越多。因为你所阅读的知识与你课堂学习的内容有成千上万个接触点。我把这些接触点称作记忆的锚，它们把你必须记住的知识牢牢固定在脑海里。要强迫自己每天阅读，不要把今天该读的书推到明天。要知道，今天从你手中溜走的东西，是不可能在明天找回来的。

3. 要从清晨，从六点钟起就开始工作。五点半起床，做完操，喝杯牛奶（不要养成喝茶的习惯，这件事情成年以后再做也来得及）就开始工作。如果你习惯了从六点开始工作，还可以再提早 15 到 20 分，这会给一天的工作开个好头。

要利用上午上课之前的一个半小时，这是一段黄金时间。三十年来我都是从清晨五点开始工作，一直到八点。我的三十本教育学方面的书和三百多篇别的学术著作，都是在清晨这段时间完成的。我已经养成了这种工作习惯，即使我想在早晨睡觉也不行，因为这时我的身心只适合从事脑力劳动。

我建议你用清早的一个半小时完成最复杂的创造性的智力劳动：思考重要的理论问题，阅读较为艰深的学术文献，做文摘。如果你有研究性质的工作，也只应该安排在清晨。

这样，你就不会每天工作到深夜了。晚上睡觉的时间要安排在十点半以前，这样你就有充足的睡眠，足以消除一天的疲劳。

4. 要分清主次。这一点特别重要，事业能否成功在很大程度上就决定于它。主要的工作要优先安排，不要让次要的事情挤占它的时间。重要的事情要天天做。找出你们专业的一些最重要的学术问题，你对这些问题的理解决定你能不能成为一个工程师，钻研这些问题就应该是你每天早晨最重要的工作。这些学术问题相互渗透，涉及许多学科，要学会搜集与之有关的主要著作和论文，要安排整块的时间阅读这些文献。

5. 要善于给自己创造工作的内部动力。在脑力劳动中也会有许多工作是你不感兴趣的，"必须"是你工作的唯一动因。一天的工作恰恰要从最不愿意做的事情开始。要把精力集中在思考问题上，思想和理论的深入会使这件工作渐渐成为你感兴趣的事情。一般情况下，最感兴趣的工作，应该放到最后。

6. 书籍和报刊多得像大海，在大学时代，读书必须经过严格的选择。求知欲强的人总希望把所有的书都读完，但这是极不现实的。要学会限制自己的阅读范围，超出这个范围，就可能影响你实现自己的主要目标。当然，你随时都有可能遇到非读不可的新书。这时，为了不影响原来的计划，就必须动用你储备的时间。就像我在信里对你讲过的那样，这些时间是你因为提高了平日的工作效率（比如善于听讲、会做笔记、坚持每天阅读）而一点一滴积累下来的。

7. 要学会对自己说"不"。你的周围有各种各样的活动：科学小组、文艺小组、运动队、舞会以及许多的俱乐部，参加这些活动都需要时间。它们都很诱人，不加选择，会给你带来危害。娱乐和休息是必要的，但是不能忘记主要的事情。你是一个劳动者，国家在你身上花费了许多的钱，你首要的事情不是跳舞和休息，而是劳动。我建议你把下棋、阅读文学书籍作为休息的一种方式。对弈必须在绝对安静的环境里进行，需要聚精会神，它是放松神经，使思维条理化的绝好手段。

8. 不要把时间耗费在毫无意义的闲聊上。常常有这样的情况：几个人围在一起，就聊开了。一两个小时过去了，什么事也没做成。没有边际的闲聊不会产生任何新的思想，而时间却一去不复返。要善于和同志们交谈，使它成为充实自己精神生活的一个源泉。

9. 要养成分类做笔记的习惯。分类而又有系统的笔记，能为以后的工作节省许多时间。我现在有近 40 个笔记本，每一本都只用于记载我对教育学一个方面问题的思考（特别是记下那些在灵感中出现的鲜明、然而稍纵即逝的思想，它们"习惯"于只在头脑里出现一次），还有我在阅读中发现的关于这个问题的最有见地的观点和最能说明问题的材料。它们大大丰富了我的智慧，也为我以后的研究在观点和材料上做了很好的准备。我知道你也有笔记本，但是没有分类，也没有系统。

10. 对每一项工作，都要找到最适合于它的智力劳动方式。要尽量避免走老路，要舍得花时间思考。思考越深入，记忆就越牢靠。在理解之前不要强记，这是白白浪费时间。要学会浏览已经理解的知识，同时切忌对没有弄懂的东西走马观花。一知半解会迫使你一次又一次地返回原地，重新学习。

11. 一个房间住着好几个人，如果没有严格的规章制度，要进行有效率的脑力劳动是不可能的。应该有个约定：在规定的时间里绝对禁止说话和做任何妨碍别人的事情。在聚精会神进行智力劳动的时间里，每一个人都必须完全独立地工作。要尽量利用阅览室，到阅览室工作。

12. 脑力劳动要求数学般精确的抽象思维和艺术的形象思维交替进行。在阅读科学文献时，最好穿插读一些轻松的文学、艺术作品。

13. 一些坏习惯必须坚决改掉，比如：开始工作前呆呆地坐上十来分钟；翻阅与当前工作没有关系的书籍、报纸；醒来以后不立即起床，还要再赖上几分钟……

14. "明天"是勤劳的最危险的敌人，任何时候也不要把今天应该完成的工作推到明天。相反，要养成习惯，把明天的一部分工作提前到今天完成，这对明天一整天的工作都有非常好的推动作用。

15. 任何时候也不要停止脑力劳动，一天也不要停止。夏天是休假的好季节，但也不要放下手中的书本。每一天都用新的知识充实自己，意味着每一天都在为以后的智力劳作积累一点时间。

这就是我给你提出的合理利用时间的十五个建议。我认为每一个大学生都应该坚持这样做。

祝愿你身体健康、精神抖擞、有一份好的心情。

你的父亲

第二十九封信

你好，亲爱的儿子！

我收到了你这封透着伤感的信。你在新年前夕产生这种情绪我并不感到惊奇，因为我也有过这种时候，我也曾经为："人为什么活着?""生活的意义在哪里?"这样的问题苦恼过。

生活的意义在哪里，这是伦理学的一个基本问题。你为这个问题不安，我甚至都感到高兴。一个人如果不知道什么是忧愁，他的生活也不会真正快乐。

不久以前我参观过华沙附近的一个博物馆，这里曾经是法西斯的死亡集中营。博物馆里展出了杀人犯们挖空心思发明的许多刑具，其中一个看起来极为简陋、用心却极其歹毒的刑具吸引了我。这是一个很大的运货用的四轮大车。死犯们被逼着把十多吨重的大石头装到车上，极其费力地把车拉到两公里以外的地方，卸下石头，再装上去；然后把车拉回原地，卸下石头再装上，再把车拉向两公里外的地方……犯人们就这样一连许多个星期、许多个月，来回不停地搬运这些石头。这种毫无意义、不断重复的苦役不仅在身体上，更是在精神上残酷地折磨人。你还记得希腊神话里的西西弗斯吧？他欺骗了神，神罚他把一块巨大的石头推到山顶。可是石头推到山顶却马上滚了下来，再推上去，再滚下来。于是，西西弗斯只好一生一世、永无休止地推滚这块石头。如果人被迫去做毫无意义又永无止境的事情，他会感到极其痛苦。法西斯暴君就是企图用这种办法彻底摧毁人的精神。

既然无论是行善还是作恶，人到最后都要死，那么人活着还有什么意思呢？宗教正好钻了这个空子，它向人们许诺在另外一个世界可以获得永生。但是，在古代就已经有人明白，没有也不可能有让人永生的世界。不过认识也有不同。古希伯来的思想家埃克莱西阿斯特认为，既然一切都来自尘埃又归于尘埃，人活着也就没有什么意义。可是，同样是在古代，也已经有人把永生与用自己的生命为后代造福联系在了一起。

每一个苏维埃人都有自己的生活目的，有的人甚至有好几个目的。一些人希望成为工程师，另一些人希望培育出能结两个穗的小麦，还有一些人希望成为教师、医生或者心灵手巧的工人。能不能说生活的意义就在于实现这一个个的目的呢？不能。我认为生活的意义要更深刻、更广泛。生活的意义不在于实现某个具体的生活目标，而在于生活的原则和路线。为什么工作、为什么克服困难，取得了成就为什么高兴等，生活的意义就体现在这里。建造宇宙飞船也好，培育丰产小麦也好，生活的意义都一样，这就是为人类造福，使人的生活更加美好。

我给你讲讲两个工人——谢苗·拉夫连季耶维奇和阿列克谢·杰米多维奇的故事。他们同住在一个小城市里，年龄相仿，都不到五十岁，都在工厂工作了大约二十五年。他们都在自己小房子的周围种上了大片的葡萄，甚至连葡萄的株数、产量也差不多——每人每年能收获三吨左右的葡萄。两个人对葡萄的迷恋都到了忘我的程度，从早春到晚秋，几乎所有的业余时间都泡在了葡萄园里。但是人们对他俩的态度却不同。尽管许多人认为谢苗·拉夫连季耶维奇是个怪人，但是大家喜欢他；而对阿列克谢·杰米多维奇，却很厌恶。说起来这不是没有原因的。

葡萄刚刚开始成熟，谢苗·拉夫连季耶维奇的葡萄园里就充满了孩子们的欢笑声。谢苗·拉夫连季耶维奇有好几十个小朋友，他在葡萄地里搭起了窝棚，他的小朋友们就在这里欢聚。他几乎把所有的葡萄都分给了孩子们。

他们不仅自己在葡萄园里津津有味地吃，还把葡萄带给家里的人品尝。晚秋时分，当葡萄叶子脱落，一根根枝条变得光秃秃时，谢苗·拉夫连季耶维奇就把所有的小朋友都叫来，发给每人几支苗木，要他们拿回家建起自己的葡萄园，也为别人带去欢乐。不仅孩子，就连成年人，特别是小朋友们的父亲们也喜欢到谢苗·拉夫连季耶维奇的葡萄园里坐一坐。

不少人认为谢苗·拉夫连季耶维奇是个怪人，问他："葡萄园到底给了你什么？你一年忙到头，什么也没有得到。三吨葡萄，这可不是个小数，你早就可以靠它建起一座大房子了。"

谢苗·拉夫连季耶维奇想了想，笑着说："我从自己的劳动中收获了许多。我觉得自己很富有，是个最幸福的人。房子我已经有了，这座小房子对我来说已经足够了。"

谢苗·拉夫连季耶维奇非常喜欢孩子，孩子们也把自己的心交给了他。在他上班的时候，孩子们就坐在窝棚等他，谁也不会私自动一颗葡萄。谁要是起了这个念头，孩子们就会揪他的耳朵。我坚信，孩子的态度是测量人性、善良、诚实的最好尺子。孩子们喜欢的人是真正的人。任何时候你也别想骗过孩子。无论用什么方法，你也别指望在孩子面前遮住自己的本来面目。

至于阿列克谢·杰米多维奇，同事们知道他是个有经验、勤快的工人，但是谁也不喜欢他。人们说他心胸狭窄，总在提防别人。和谢苗·拉夫连季耶维奇不一样，在他的葡萄园里，任何时候也听不到孩子们的声音。葡萄园用高高的栅栏围着，栅栏的木板上还缠着一道道带刺的铁丝。大门外拴着两只凶恶的看家狗，阿列克谢专门为它们建起了结实的岗棚。如果有人来买葡萄苗（他家的葡萄苗是从不送人的），阿列克谢就走出大门，把自己的货指给他看。就像他自己说的，他恨不得立即把来人打发走。在葡萄成熟的季节，他就日夜守在葡萄园里。他的园子里也有一个窝棚，只是除了他自己，没有任何人在里面待过。收获的葡萄一串也不留，全都送到了集贸市场。据说他积攒的钱已经超过了一千卢布。

　　谢苗·拉夫连季耶维奇和阿列克谢·杰米多维奇就是这样两个生活哲学完全不同的人。我希望他们的故事能帮助你思考。生活的意义就在于为大众服务。老百姓鄙视阿列克谢·杰米多维奇这样的人。他们可能自以为很幸福，但是他们的幸福是泼留希金式①的吝啬鬼的幸福。我想用古代传下的医生们的座右铭来结束这封信："燃烧自己，照亮别人！"想一想这句话，儿子。如果没有千千万万的先辈为了人民的利益自我牺牲，就不会有人类的光辉历史，我们的生活就会一片漆黑。他们就像天上的星星，永远灿烂。让这些星星的光芒照亮你前进的路程！儿子，请记住这句话：燃烧自己，照亮别人！

　　祝你身体结实、精力充沛。

你的父亲

---

　　①　泼留希金，果戈理在《死魂灵》里塑造的经典人物形象。——译者注

第三十封信

你好，亲爱的儿子！

你提出了三个问题让我回答：

1. 共产主义社会的人是什么样子的？他们有什么特点？

2. 最危险、最不能容忍的道德恶习是什么？

3. 在我看来，在青年一代的教育中，最严重的问题是什么？

先谈第一个问题。共产主义社会的人已经生活在我们之中，不能设想会有某一个庄严的时刻，钟声响起，宣告第一个共产主义新人的诞生。我给你讲过的谢苗·拉夫连季耶维奇，就已经是未来社会的新人。庸俗的人把这样的人叫作怪人（顺便说说，我有一个想法：写一本关于怪人的书，书名就叫《怪人的世界》）。离我们学校不远也住着一个这样的怪人，你当然能猜到我说的是伊万·普罗科菲耶维奇。他有一个花园，对大家开放，他自己是他那条街十五个孩子的辅导员。整个夏天他都在花园里为孩子们忙碌，组织孩子们装配收音机、做游戏、唱歌、学拉小提琴……

在邻近的一个镇子里住着一个退伍军官，领着一份数目可观的退休金，原本可以安心休息，可他还是从早到晚忙着为大家服务。他是共产主义思想的宣传家，天天下地，到生产队、畜牧场，给农民和畜牧场的工人讲世界上正在发生的事情，给大家读文学作品。每一次他都要在生产现场工作两三天，然后转到另一个生产现场。

依我看，共产主义社会的人，首先是善良的人。体贴别人，在精神上需要别人，是未来新人最主要的特点。他们从内心深处希望每一个人、每一个同胞都精神富有、道德美好、聪明勤劳。他们懂得，在自己的生活中，人是最可宝贵的，因而他们珍惜人、尊重人、热爱人。我把人的这些德行称为善良，称为人性。

一个真正善良、有人性的人也有强烈的恨。他们憎恨一切丑恶现象，憎恨我们的敌人。让我们像教人学会善良一样，也教人学会憎恨吧！

在乌·弗·科热夫尼科的长篇小说《请你们相识，巴卢耶夫》中有一段十分动人的话："我以为，如果一个人因为忘我劳动而无比快乐，如果他善于为了获得这份快乐而努力工作，那么，就可以认为他的一只脚已经跨入了共产主义。"热爱劳动，在劳动中展现自己，这是共产主义理想在我们现实生活的生动体现。在我国，只有到了再也没有人冷漠地对待劳动，再也没有人只把劳动看作谋生手段的时候，才能说共产主义已经深入人心。"如果真的有什么上帝值得崇拜的话，那就是劳动和劳动创造的奇迹。"我想借用这句话来表达这样的思想：劳动给人自我教育、自我认识、自我完善以无限广阔的天地；劳动是没有止境的，人的自我教育、自我认识也就没有止境，因而人的完善也是没有极限的。

再回答你的第二个问题。我认为，没有人性、对人冷漠、残忍，是最危险、最不能容忍的恶德。在我们社会里，这样的恶德有很多。我给你讲一件不久前我亲眼见到的一件事情。

在第聂伯河上游的一个大村子里，一位九十二岁的老妇人去世了。她是四个儿子的母亲，十一个孙子的祖母，二十二个重孙子的曾祖母。她的一生过得十分艰难。在东普鲁士，在玛祖尔族人①的沼泽地里，在喀尔巴阡山脉，在柏林城下，到处都埋葬有她的骨肉。有六个战士纪念碑刻上了她家的姓氏，

---

① 玛祖尔族人，波兰的一个民族。——译者注

这上面的每一个孩子都曾经是她的快乐和希望，这些名字的每一个字母都刻下了她悲痛的不眠之夜。

老妇人的五十岁的最小儿子悲伤、焦虑地对大家说，请帮我送母亲最后一程吧。木材场没有现成的棺木，但是有善良的人。他们脱下帽子向老妇人致敬，然后把一棵大松树的树干锯成一块块木板，对儿子说："拿走吧，母亲的孩子，拿去给母亲盖最后一座房子吧！"木材场所有的汽车都忙着，这时又遇上一个好心的人。儿子拦下他看见的第一辆汽车，请司机分担自己的痛苦。司机停下自己的工作，装上木板，把车开出了木材场的院子。就在这时，发生了一件不讲情理、粗暴野蛮的事情。车队队长发现司机在用绳子固定车上的木板，气得大叫起来：

"这是怎么回事？为什么不干自己的活儿？"

司机和老妇人的儿子说："请别叫喊，想想看，有人死了，需要帮助。"这位队长听了这话更加凶恶，他跺着双脚，在气得脸色苍白的司机面前挥舞着拳头。他愤怒地爬上汽车，把木板扔了下来……司机把车开走了，儿子站在一堆木板前哭了起来。这时一个陌生人赶着一辆马车向他走来。他正好路过这里，知道发生了什么事情。陌生人把木板装上马车，走到还在伤心的儿子身边，轻声问道："往哪里送？"

没有人性，没有同情心，这是最可怕、最不能容忍的道德败坏。我一次又一次地问自己：在我们的社会，是什么土壤造就了那些很难称之为人的人？是什么原因使他们变得那样冷酷，毫无恻隐之心？我们的社会制度不应该滋生残忍无情和对人的仇视，那么问题出在什么地方呢？这是社会向我们提出的一个最尖锐、最重要但又最难解决的问题。只要我们身边还有像汽车队长这样的人，共产主义就只能是幻想。对这些人进行再教育十分困难，只能在童年和少年时代就用正确的教育防止这类人物产生。

我从小就认识这位队长。小时候的伊万卡和千千万万个其他孩子一样，也每天上学读书，也喜欢在夏天的雨后光着脚板在积满水的小坑里跳来跳去，也喜欢爬过栅栏偷吃邻居家的苹果，好像偷来的苹果吃起来格外香甜。

但是也有一些和别的孩子不一样的事情，让邻居们提起来就生气。伊万卡的祖母和他们一起生活。儿媳妇不知为什么不喜欢婆婆，让老人家住在狭小的贮藏室里，自己烧饭。小男孩常常听到母亲说奶奶的坏话，说她凶狠，不是好人。有一次过节，母亲做了一些凉菜，她对伊万卡说："端一点给奶奶，喏，就用那只小猫用的小碗……"在让孩子取木柴时她也说："伊万卡，挑些干的，把湿柴留给奶奶，她不喜欢屋子太热。"

慢慢地，在孩子眼里奶奶成了一个可以随便欺负的人。

有一年夏天，奶奶请求伊万卡：小孙孙，去牧场给我采点野酸模草，我想煮汤喝。小男孩懒得去牧场，他跑到菜园揪了一些甜菜叶给奶奶。奶奶眼神不好，用这些叶子煮了菜汤。事后伊万卡还向伙伴们吹嘘自己是怎样骗过奶奶的。

小伙伴们听了伊万卡的叙述非常吃惊：要是自己做出这样的事情，父母该会怎样收拾自己呀！孩子们回家把伊万卡的恶作剧全都告诉了父母，于是恶毒的儿媳和狠心的孙子受到了全村人的责备。

几年过去，伊万卡长大，去了部队。也许是命好，整个战争期间他都平平安安。复员后他没有回父母家，到了离村子不远的一个大电站。伊万卡被安置在那里负责运输建筑材料。他升得挺快，不几天就当上了汽车队队长——有人喜欢他。不用上司张嘴，他就能猜出上司的心事；无论上司需要什么，他都有办法替他弄到手。

父亲去世了，奶奶也去世了，只留下一个老妈妈。儿子也把她安置在自家的小贮藏室里，搬来一个炉子，说："妈妈，自己做着吃吧。安安静静地过日子，别来打扰我。"也许就在这一刻，母亲想起了自己是怎样教育伊万卡的……

人们把汽车队长这样的人叫作坏人，未来不属于他们。未来属于那些现在已经踏上共产主义人性台阶的人。集体农庄的锻工沙马赫穆德·沙赫梅托夫住在遥远的乌兹别克斯坦。他和他的妻子在艰苦的战争年代收养了十六名孤儿，把他们抚育成人。社会主义劳动英雄娜杰日达·扎格拉达就住在我们乌克兰。在饥荒年代，她收养和培育了二十二个孤儿。这就是真正的英雄，这就是真正的人性。

现在回答你的第三个问题。我认为，年轻一代教育中最严重的问题，就是忘记了今天的儿童是明天的成人。很多的父母，还有不少教师，他们对待孩子的态度就好像孩子永远也不会长大似的。他们都不知道自己的孩子是怎样从儿童长成了少年、青年。直到有一天青年人告诉父母自己打算结婚，这才使他们大吃一惊……我认为，父母、教师以及所有的儿童教育工作者的智慧，就在于把今天的孩子看作明天的成人，换句话说，就是会爱孩子。契诃夫说过："孩子是圣洁的，就是强盗和鳄鱼，也会把孩子当作天使。我们自己无论误入怎样的陷阱都无所谓，但是孩子应该生活在适合于他们身份的环境。不能听凭自己的情绪玩弄孩子，时而温存地亲吻，时而粗暴地打骂。专横的爱，还不如没有爱。"专横的爱是一种摧残儿童的可怕的爱。父母心情好的时候，孩子的所有言行都可以被包容，他可以随心所欲，直至用拳头捶打祖母，或者对她做出侮辱人的手势；反之，父母就可以毫无由来地责骂和殴打孩子。

至于学校教育的最大问题，我认为是不重视，甚至完全放弃了对学生的公民教育。应该把培养公民放在最重要的位置。应该经常强调学校教育的这个任务。

祝你身体健康，精力充沛。拥抱你并吻你。

你的父亲

第四辑

给女儿的信

多好啊，亲爱的女儿！我和你现在能像两个成年人一样互相交谈，而且你已经翻开了人类智慧的第一页，开始思索这本大书上最艰深的问题——什么是爱情，这多么让人高兴啊！如果所有的青年男女都毫无例外地拥有爱情的智慧，我们的社会就会和谐，所有的人也都会幸福。

给女儿的信——论爱情

亲爱的女儿，读完你的信我很激动。你现在十四岁了，你正在进入成为女人的年龄。你问我："父亲，什么叫作爱情？"

一想到我不再是和一个小孩子，而是和一个大姑娘在交谈，我的心就禁不住地颤抖。在你跨入人生这个重要阶段的时刻，我祝你幸福。但是，只有在你成为一个明智的女人时，你才会得到真正的幸福。

是的，几百万的妇女，还有像你这样的十四岁少女，都在忐忑不安地思考同一个问题：什么是爱情？对爱情，每一位妇女都有自己的见解，每一个盼望成为男子汉的小伙子也都会有自己的看法。我亲爱的小女儿，从现在起，我给你的信就会与以前不一样了。我内心深处的愿望，是向你转达生活的智慧，也就是说要教你学会生活。真希望父亲说出的每一句话，都能像一颗小小的种子落入你的心田，在里面生根、发芽，引发出你自己的观点和信念。

爱情的问题也同样困扰过我。玛丽娅奶奶是我青年早期最亲近的人，她是一个了不起的人，我的一切美好品质，我的聪慧和诚实，都要归功于她。她死于战争前夕，那一年她一百零七岁。是玛丽娅奶奶带我走进童话、本族语言和人性美的世界。在我十六岁那年，在早秋一个寂静的夜晚，我和她坐在枝叶茂密的苹果树下。我望着南飞的仙鹤，问："奶奶，请告诉我，什么是爱情？"

奶奶善于用童话故事解释最复杂的事情。听了我的问话，她黑色的眼睛显出若有所思又略有惊讶的神情。她用一种不曾有过的目光望着我，慢慢地给我讲了起来。

"什么是爱情……上帝在创造世界的时候，教会了所有的动物繁衍自己的种系，这就是生产和自己一样的动物。上帝把一个男人和一个女人安排在野地里，教他们搭起窝棚，然后给了男人一把铁锹，给了女人一把种子，说：'你们就在这里过日子、繁衍后代吧！我要去忙自己的事情了，一年以后再来看看你们过得怎样。'

"刚刚过了一年，上帝就带着他的天使长加百利来到了人这里。这是一个大清早，太阳刚刚从天边探出头来。上帝看见田里的庄稼已经成熟，男人和女人坐在窝棚旁，身边的摇篮里睡着一个婴儿。男人和女人时而看看天边红红的朝霞，时而彼此对视。在他们目光相遇的一刹那，上帝在他们的眼睛里看到了一种神秘的力量和不可思议的美。这种美胜过天空，胜过太阳，胜过土地，胜过长满庄稼的田野——胜过上帝造出的一切事物，甚至胜过上帝本人。上帝是如此震惊、恐惧、嫉妒，心都颤抖起来。上帝想：这是怎么一回事呀？是我创造了大地，是我用泥土捏出了人，给了他生命，但是我没有给人这样的美呀？它是从哪里来的，它是什么东西？

"天使长加百利告诉上帝说'这是爱情'。'什么是爱情？'上帝问，加百利回答不上，只好耸了耸肩膀。

"于是上帝走到男人面前，用自己苍老的手轻轻碰了一下他的肩膀，说：'人，你告诉我，什么是爱情。'男人甚至都没有察觉到上帝的动作，他以为是一只苍蝇落在了肩头，依然望着妻子的眼睛。

"上帝身体虚弱，没有气力，但是他的脾气却很坏，是个报复心很强的老家伙。看到人不理睬他，上帝气得大声吼叫起来：'啊呀呀，人，这么说你是不想教我啦？我要让你记住我！我要让你即刻变老，让你的青春和力量一小时、一小时地消耗掉，我要让你变得衰老不堪。五十年以后我再来，看看你的眼睛里还能剩下什么！'

"五十年后，上帝果然带着天使长加百利来了。只见原来的窝棚不见了，代替它的是一座漂亮的木屋；空地上建造了花园；地里的庄稼熟了，女儿们正在收割，儿子们正在翻耕收获过的土地，孙子们在草地上嬉戏玩耍。老头儿和老太太并肩坐在木屋前，一会儿看看天边的朝霞，一会儿看看对方的眼睛。上帝在他们的眼睛里看到了更加强大、更加持久的美。在男人和女人的眼睛里，上帝不仅看到了爱情，还看到了忠贞。上帝暴跳如雷，气得两手发抖，他唾沫四溅，喊叫着：'人，你怎么没怎么变老？不行，我要让你死，让你在痛苦中死去，让你在土里腐烂，变成尘土。我还要来，我倒要看看你的爱情会变成什么样子！'

"三年以后上帝又来了。他看见男人坐在小山岗上的一座坟墓旁，满脸忧伤，但是神情却更加坚毅，全身焕发出一种不可思议、令上帝恐惧的人性美。这时上帝看到的已经不仅仅是爱情和忠贞，他还看到了刻骨铭心的思念。上帝终于认识到了自己的无能，他吓得两手发抖，跪在人的面前央求说：'人，把你的美让给我吧。无论拿什么换都行，只要你答应把美让给我。''我做不到，'人回答说，'美实在是太珍贵了，只能用生命来换；而你，上帝，据说是永生的。''那我就把永生让给你吧，只要你给我爱情！'上帝哀求道。'不，不需要。无论是永葆青春还是长生不老，都不如爱情珍贵。'人回答说。

"上帝无可奈何，只好站起身来，捏着自己的胡须，离开了坐在小山岗上的老头。他面朝东方，看见金色的麦地里站着一群男人和女人，他们时而看看天边的红霞，时而彼此对视……上帝用手抓住自己的头发，懊丧地离开大地回到了天空。从此以后，人就成了地球上的上帝。

"这就是爱情，我的小孙子。爱情比上帝还要强大。爱情是永恒的美，是人类的无价之宝。人终究会变成一抔黄土，而爱情却是永恒的。"

这就是爱情，我的女儿。地球上所有的动物都在繁衍后代，可是只有人才拥有爱情。人只有在像人一样去爱人的时候，才算得上人；如果不会爱，不把自己提高到人性美的高度，他就只是由人生出的、外形像人的动物，永远也不会变成人。

多好啊，亲爱的女儿！我和你现在能像两个成年人一样互相交谈，而且你已经翻开了人类智慧的第一页，开始思索这本大书上最艰深的问题——什么是爱情，这多么让人高兴啊！如果所有的青年男女都毫无例外地拥有爱情的智慧，我们的社会就会和谐，所有的人也都会幸福。我的女儿，你要知道，不仅你们青年人的个人幸福，而且整个社会的美好幸福和道德纯洁，都取决于青年一代怎样掌握这个伟大的智慧。人能够学会建造电站、宫殿、飞船、潜艇，但是如果他没有学会真正的爱，他只是一个野人。而且，比起没有受过教育的野人，受过教育的野人更要危险百倍。

我们每一个人的生活都有两个方面的内容：一个是我们在各个岗位上的工作、我们的社会面貌，以及我们作为公民对社会的贡献；另一个就是人的精神心理和道德审美方面的内容——我们的家庭、孩子、我们对子女及父母的责任和义务。遗憾的是，在这后一个方面，人们常常显得无知无识，一些人甚至沦为奴隶或者下流胚。这是一种可怕的灾难，它是滋生邪恶的土壤。在精神心理和道德审美方面无知的人，还有这个领域的奴隶或者下流胚，都不能成为真正的公民、真正的创造者和真正的爱国主义者，因为人生活的这两个方面是互相联系、密不可分的。

亲爱的女儿，我收到很多和你一样大或者稍大一些的女孩子的来信，有几千封，你回家时可以读一读。很多女孩在信里哭诉了自己的不幸，这就提醒我们：爱情不能像生殖本能一样用生物的方式传递，它需要人来创造和培育。

有一封信，是技术学院的一位十七岁的女大学生写来的。她认识了一个小伙子，两人好上了。小伙子爱喝酒，粗暴地对待姑娘，还对她说："你不要在我面前假装正经……"姑娘哭了，她很痛苦，但还是原谅了小伙子的粗鲁（实际上是下流）。她说，"要知道我是爱他的。"她委身于他，与其说是因为爱，不如说是因为怕。她担心，如果拒绝他的要求，他就会离开自己，去找更加顺从、更好说话的姑娘。姑娘怀孕了，她对小伙子说："我们将有孩子啦！"小伙子听了姑娘的话很是惊讶："什么，我们的孩子？不，是你的孩子，不是我们的孩子。"说完扬长而去。姑娘受到严重伤害，只好辍学，搬到了另外一个城市。不久她得知，她孩子的父亲被学校开除了。

"他爱我，但是不尊重我。""我怎么做才能使他不仅爱我，而且尊重我呢？"许多姑娘在信里不知所措地说。这一封封信，就像一片片烧得通红的铁片，烧灼着我的心。

你现在该明白了吧，我的小女儿，我不是毫无来由地想起智慧的玛丽娅奶奶讲过的故事，也不是平白无故地和你讨论什么是爱情。我是想预先提醒你，不要去犯很多姑娘犯过的错误，她们为此失去了幸福、欢乐、健康甚至生命。爱情不仅应该美好，还应该明智、机警，审慎甚至挑剔。只有明智、谨慎的爱情才可能有美好幸福的结局。记住，生活里不仅有善良和高尚，还有邪恶、奸诈、虚伪、欺骗。你的心应该坦诚、善良，也应该严厉、坚强、果断。

"他打我，可我还是爱他"——真不知道这种逆来顺受的奴隶哲学是从哪里学来的？生活中你要是遇上这样的人，你会为她感到害怕、痛苦和屈辱。有一次，一个一年级女学生的母亲偷偷告诉我，她的丈夫怀疑她不忠，因而不是打她，就是用其他什么法子侮辱她。这位妇女对此甚为满意，说："他要是不爱我，就不会打我了……这说明我在他心里还是有地位的……"当我告诉她应该憎恨、反抗丈夫的这种行为时，她很吃惊，生怕自己的秘密被声张出去，慌忙和我告别，并且连连声明："我可什么也没有对你说啊，是吧？"我心里隐藏着多少别人的秘密啊！一些妇女甚至不敢诉说自己的屈辱、悲伤、忧虑和痛苦；实在憋不住说了，也是提心吊胆，生怕更多的人知道。

这一切都是怎么造成的呢？

阿·倍倍尔说过："早在奴隶制出现以前，妇女就已经沦为奴隶了。"看来，精神上的奴隶制度在人世间的最后一个避难所，就是女人的头脑。受过很高的教育，在精神上却是一个奴隶。我的女儿，千万不要成为这样的女人！

　　我认为，在精神心理和道德审美方面，有些人确实不学无术，他们或者甘愿做奴隶，或者沦为了下流胚。这样说一点也不过分。无知无识，心甘情愿做精神奴隶的人助长了卑鄙下流。这话是怎么说出来的："他爱我，但不尊重我……""怎样才能使他不仅爱我，而且尊重我？"——好像这是两个互不相干的事情：这边是爱情，那边是尊重；今天他爱我，可是不尊重我，明天他尊重我，可是不爱我……

　　莱蒙托夫说过一句非常感人的话："我用自己心灵的全部力量去爱。"为了真正的爱情，必须有强大的精神力量。学校、家庭和老一辈人的使命，就是激励年轻人的这种精神力量。所有的学校教育，究其实质，就是在人的身上培养爱的情感、自尊感和不妥协的精神，同时也要教人学会恨：爱祖国，爱人民，爱父母，爱你将与之结为一体、与你有共同观点、信念、激情的人；仇恨敌人和一切邪恶势力。

　　如果有一个人，你一看见他，甚至一想起他，你就耳热心跳，你希望他用惊讶、赞赏的目光看你，把你看作世上唯一所爱的女人，这就意味着你已经有了女性意识，在你心中沉睡的、渴望创造新生命的母性已经苏醒。从此以后，你不仅要为自己负责，还要为你未来的孩子负责，你的生活从此就进入一个崭新的阶段。

　　母性的苏醒表现为对异姓的渴望和为了创造新的生命而与异姓结合的冲动。一种不可抗拒的本能力量，使男女青年不由自主地相互走近。但是，由本能驱动的相互吸引不是爱情。我们设想一下，有一块质地很好的大理石，雕刻家用自己的双手使它变成一件珍贵的艺术品——一朵石质的玫瑰。它是那么精致，栩栩如生，足以与花园里带着露珠、映着朝霞、散发出浓郁芳香的鲜花相媲美。雕刻家在一块美丽但是形体不明、没有生气的石头上看到了一朵花。他一凿一凿地雕琢它，累得汗流满面，终于把这块石头变成一朵鲜活、美丽的玫瑰。这是人用双手、心灵和才能创造出的美。采摘爱情的花朵也需要劳动、心灵和才能。不懂得通过劳动收获爱情的人，在我看来，只是一个披着兽皮的原始人。他把大理石拖进自己的洞穴，摸它，看它，爱不释手，可就是想象不到，在这块神秘的石头里深藏着多么妙不可言的美。

问题恰恰就出在很多人并不比这个原始人聪明多少。他们和他一样，只知玩赏手中的石头，而不想把它雕琢得更美。这些人有了性欲就急于满足，以为这就是爱情。如果除了性欲之外什么也没有，那么夫妻生活就只剩下生孩子了。生孩子不需要什么智慧，你看母鸡不也会孵小鸡吗？可是孩子毕竟不是小鸡。如果孩子的父母比公鸡、母鸡聪明不了多少，他们将会非常的不幸。

要记住，我亲爱的小女儿，你是人。人和动物的区别，就在于他抬起了自己的头，看得见天上的星星。人所追求的，不仅是与异性肉体结合以延续人种，人更加看重的，是配偶在精神上与自己的一致，更看重精神上的结合。正是这种追求使人凌驾于动物之上。

少年和青年早期是人生的朝霞。年轻人应该迎着朝霞，为明智而勇敢的爱情创造精神的力量。我的女儿，你要好好思考这些问题：为了获得伴你一生的爱情，应该怎样创造自己的精神力量；怎样珍惜爱情，才能使双方互相忠诚，矢志不渝；怎样避免错误，不至于有一天你对爱情失望。明智、勇敢、真正的爱情就应该是这样的。如果在感情里没有人的智慧和人的勇敢精神，如果连自己也不知道该把感情的小舟划往何方，任它随波逐流，那么不仅不会有任何的幸福，相反，还可能遇到极大的灾难。如果不假思索，放纵情欲，只是追求瞬时的慰藉和快感，这就意味着，你，我亲爱的女儿，正处在可怕的危险之中——要知道，能置人于死地的花朵常常美得惊人。我们不害怕说出这个事实：没有崇高精神，没有理智和勇敢的性欲是恶魔，它正在暗中窥测你。这个恶魔，因为年轻人似乎并不打算做坏事，他只是要求姑娘迎合自己而变得更加可怕。年轻人好像真的爱姑娘，不幸的是他的爱情在精神上和道德上是不成熟的。他的身体发育得可以做父亲了，而在道德发展方面，他还是个孩子。然而，他又不是没有恶意、不会伤人的真正的孩子——他是孩子，他却可能成为父亲，可怕之处就在这里。

这种不幸的根源是感情上缺乏教养，对于爱情一窍不通；而爱情上的无知与下流的性行为之间只有半步的距离。我的女儿，你想一想我的这些话对不对：无知无识的，不仅仅是急于满足性欲又不准备做个真正男人的人，还有那些意志薄弱、不计后果、在感情波涛中放纵自己、一次次用"我自己也不知道为什么，我就是爱他"这样的陈词滥调为自己辩解的轻浮姑娘。小伙子的无知给别人、给社会带来了灾难，而他的轻率行为给自己带来的灾难，他却可能根本意识不到；然而，姑娘们的无知和轻率，伤害的却首先是姑娘自己。无论如何你们也不要成为在爱情上无知的人。你们的自然本性要求你们聪慧、勇敢、机警、谨慎、有判断能力，要求你们近乎苛刻地严格要求自己。从自然唤醒你们女性意识的那一刻起，就努力做一个真正的女人吧！我建议姑娘们：在挑选配偶时，要谨慎、谨慎、再谨慎。如果你的谨慎和挑剔是与女性的智慧和勇敢结合在一起的，你就不要害怕这样做。如果聪明勇敢的妇女能够成为爱情生活的主宰者和统治者，那么我们的社会在精神心理和道德审美方面就会达到全面的和谐一致。

在爱情生活中发挥主宰和统治作用的妇女，是培养真正男人的强大的教育力量。我完全相信，女人能用自己的勇敢和智慧创造男人的精神财富，使他成为高尚、美好、忠诚的人。你问我：女人怎样才能成为爱情的主宰者和统治者，怎样理解爱情的智慧和勇敢，爱情的强大的力量又是从哪里来的？

女孩、姑娘、年轻的母亲，都应该懂得这样一个真理：爱情，这是一种责任；首先是责任，然后才是愉悦和欢乐；爱情的幸福也就在于它对别人承担着责任。在我看来，学校也好，家庭也好，都要营造浓烈的责任气氛。也就是说，要让每一个人都为身边人的平安、幸福、快乐、命运承担一定的责任。这是一个重要的教育原则。要使孩子从小就懂得，他走的每一步、他的每一个行为，都会影响和他一起生活的同学、父母、老师以及与他关系密切但并不相识的"其他人"。一个人，只有当他不给别人造成灾难和痛苦，不破坏别人的幸福和安宁时，他才会感受到自己的平安和幸福。刚刚跨入校门的孩子也好，少年、青年也好，都不能让他们心安理得地做坏事；要让他们知道，即使是自己不经意犯下的错误，也可能给别人的心灵造成痛苦。亲爱的女儿，这就是我说的创造爱情的精神力量。人需要一个在精神上比自己更强大、更富有、更慷慨的人来帮助自己创造这种力量；同时每一个人也应该是自己的教育者。要主动体察身边的人，对他心灵的细小变化都予以回应。只有这样的人才能够理智、勇敢地爱别人。只有感觉敏锐、情感细腻、热情待人、心地善良的人，才能真正做到严格要求自己和别人，才会对邪恶、轻佻、下流胚，以及甘于做精神奴隶等现象不容忍、不妥协。对学生责任心的教育应该贯穿在学校工作的方方面面。关于这个问题，我会再和你讨论的。

每当我看到一些人由于在小事上漫不经心，发展到对大事也毫无责任感时，我的心痛苦得都要碎了。记住，亲爱的女儿，爱情和孩子联系在一起。脉脉含情的对视，拥抱，接吻，这些只是创造新生命的第一步。你孩子的幸福、你和你亲人的命运，都取决于你想象中的爱情是怎样的，取决你希望在爱情里寻求些什么，你又在爱情里得到些什么。我认识一些不幸的孩子，他们是轻佻爱情的结果，没有任何爱情，没有任何生孩子的打算，糊里糊涂，孩子就来到了眼前。

一个阴沉的秋日，天正下着小雨。七岁的小科利亚站在汽车场的大门外。他来这里干什么？他在这里等候父亲。他的家里只有妈妈。从妈妈和其他人那里他得知自己的父亲就在这里工作。有一次，善良的人们还指给他看：瞧，那个男人，他就是你的父亲。小男孩还记得父亲的大致模样，现在他只想再看他一眼。不知为什么，在他的心灵深处燃起了一种希望：也许父亲会把车停下，走到他的跟前，说："嘿，儿子，过得怎样？"说不定还会让他到驾驶室里坐一坐。孩子想着想着，都入神了。父亲开着车从他身旁驶过，科利亚发现他认出了自己，但他甚至都没有多看自己一眼。

　　失望、痛苦、愤怒、仇恨，一起涌上孩子的心头。他回家了。从此以后，孩子对任何人都失去了信任；对他来说，世界上再也没有什么神圣的东西。你要知道，小小年纪的孩子，一旦对善良、公正失去信任，会滋生出怎样邪恶和凶狠的念头啊！这对社会又是多大的灾难啊！孩子刚一有了自我意识，就不得不经受精神上的痛苦折磨：谁也不需要我；我是完全偶然来到这个世界的；我的出生是对母亲的惩罚，我使她感到痛苦……社会有了这样不幸的孩子，社会就不可能幸福。对孩子来说，任何东西都无法替代父母的亲情；父母轻佻行为给孩子造成的伤害，也是任何方式都无法补偿的。

　　人的爱情是人类高度文明的表现。看看一个人怎样对待爱情，就可以评判他是一个怎样的人。不会错的，因为人对爱情的态度最集中、最鲜明地反映了他对社会未来、社会道德的态度和他的社会责任感。